东北亚研究论丛（第12辑）

郑春颖　主编

科学出版社
北京

内容简介

本书共设东北亚历史与考古研究、东北亚民族与疆域研究、东北亚国际关系研究、东北亚文献整理与研究和海外译介5个专栏，收录19篇论文（包括韩国和日本学者3篇论著的译文），内容涉及乐浪木简、好太王碑拓本、北朝乐浪王氏、高句丽渤海研究现状、辽代大族与西京、东北亚古代文献整理与研究等诸多方面。

本书为研究东北亚历史、考古、民族、疆域、国际关系、文献等领域的学者及对这些内容感兴趣的爱好者提供借鉴参考。

图书在版编目（CIP）数据

东北亚研究论丛. 第12辑 / 郑春颖主编. -- 北京：科学出版社, 2024.9.
-- ISBN 978-7-03-078332-5

Ⅰ. K310.07-55

中国国家版本馆CIP数据核字第2024V4N701号

责任编辑：李春伶 李秉乾 / 责任校对：韩 杨
责任印制：肖 兴 / 封面设计：黄华斌

科学出版社 出版
北京东黄城根北街16号
邮政编码：100717
http://www.sciencep.com

北京华宇信诺印刷有限公司印刷
科学出版社发行 各地新华书店经销

*

2024年9月第 一 版　开本：787×1092 1/16
2024年9月第一次印刷　印张：12 1/2
字数：252 000

定价：98.00元
（如有印装质量问题，我社负责调换）

主　　编：郑春颖
副 主 编：李晓光

编　　委：（按姓氏笔画排序）
　　　　于焕金　毕元辉　刘海洋　刘喜涛　李　威　姜维东　黄为放
　　　　盛宇平　潘博星

学术顾问：（按姓氏笔画排序）
　　　　刁书仁　王绵厚　刘　炬　刘晓东　李乐营　李德山　朴灿奎
　　　　杨　军　宋玉彬　张鹤泉　张晓刚　苗　威　尚永琪　范恩实
　　　　赵永春　拜根兴　姜维公　耿铁华　高福顺　程妮娜　魏存成

目　录

东北亚历史与考古研究

耿铁华：酒匂景信好太王碑双勾加墨本及相关问题 …………………………… 1

王安泰：史料所见北朝乐浪王氏 ……………………………………………… 17

都兴智：辽代国舅小翁帐萧知玄家族述论 …………………………………… 29

张　烨　孙伟祥：辽代西京相关问题研究综述 ……………………………… 36

黄为放　吴诗玙：国内二十世纪《高丽记》研究综述 ……………………… 47

东北亚民族与疆域研究

李　爽：高句丽与夫余的关系研究 …………………………………………… 56

郑　昊：渤海南境问题再考
　　　　——以渤海南境与新罗交界的时间问题为中心 …………………… 63

胡梧挺：《延喜式·典药寮》涉渤海国史料药名考辨
　　　　——兼论学界相关研究之得失 ………………………………………… 73

梁超前　薛　刚：清代吉林地区府、厅、州、县研究综述 ………………… 86

高龙彬：政策、机遇与突破：哈尔滨城市发展的区位优势与重新定位研究 ………… 93

东北亚国际关系研究

朱红军：从《入唐求法巡礼行记》来看登州海岸的边检制度
　　　　——兼与扬州、海州做比较 ………………………………………… 101

朱虹桥　金锦子：高丽时期檀君认识的演变过程及其原因 ……………… 112

刘喜涛：明代中朝友好交流的使者
　　　　——董越 …………………………………………………………… 120

东北亚文献整理与研究

陈俊达　王　征：许穆《记言》中高句丽相关史料辑录 ………………… 127

朴哲希　时　哲：《东国李相国集》成书、流传、版本考 ………………… 144

胡　珀：从《金史简编》看张博泉的史学思想 ……………………………… 152

海外译介

〔韩〕尹龙九 著　潘博星 译：新发现的乐浪木简
　　　　　　——乐浪郡初元四年县别户口簿 …………………………… 159

〔韩〕曹泳光 著　申秋月　包雨鑫 译：高句丽左右辅的起源与性质（节译） …… 173

〔日〕古畑徹 著　姜成山 译：日本的渤海史研究现状
　　　　　　——以文献史学为中心 …………………………………… 181

东北亚历史与考古研究

酒匂景信好太王碑双勾加墨本及相关问题

耿铁华*

摘　要：酒匂景信带回日本的好太王碑双勾加墨本是高句丽好太王碑最早的拓本之一。现藏于日本东京国立博物馆。关于此拓本的性质、制作时间、传入日本的情况及酒匂景信个人经历等，一直是学界关注的问题，也是存在分歧意见较多的问题。本文依据文献资料和实地考察提出一些不同的看法，以期对好太王碑及其拓本的流传与研究有所帮助。

关键词：酒匂景信　好太王碑　双勾加墨本

日本东京国立博物馆收藏的一套好太王碑拓本，装裱成四幅，是光绪十年（1884）由日本陆军参谋本部派往中国的间谍酒匂景信带回去的。最初存放在参谋本部，后来归到博物馆，当时称之为"双勾加墨本"。陆军参谋本部出于军国主义的目的，寻找侵略朝鲜半岛和中国东北的历史依据，开始对双勾加墨本进行研究，后来在学术界引起极大关注，学者纷纷著文进行讨论交流，推动了日本学术界好太王碑研究活动的开展。该拓本也是目前见到的好太王碑拓本中比较有特点的拓本之一。[①]一百多年来，对于酒匂景信得到拓本的时间、拓本的制作及相关问题的讨论、记录，还存在着某些不同的意见分歧，需要进一步探讨和研究，以期得到更加符合历史事实的结论，也有助于弄清好太王碑发现初期捶拓的情况和拓本的种类与流传。

一、酒匂景信其人

东京国立博物馆收藏的好太王碑双勾加墨本，是由酒匂景信得到并带回日本的，这

---

* 耿铁华，通化师范学院历史系教授、高句丽研究院特聘院长、东北师范大学历史文化学院博士生导师。

① 关于双勾加墨本是否属于拓本，还存在不同的看法。本文将其归入好太王碑拓本之列进行讨论。

一点毫无疑问。中国和日本的好太王碑研究著作中都有记载。①酒勾景信也成为高句丽历史与好太王碑研究中点击率较高的人物之一。然而,在诸多文章、著作的记载中,这个人的姓名却有几种不同的记法。(图1、图2)

1889年,横井忠直记录:"高句丽古碑拓本者,僚友酒勾大尉清国漫游中所获也。"②

1898年,日本三宅米吉记载:获得拓本之人,"为一陆军炮兵大尉酒勾某"③。

1918年,日本陆军上将押上森藏在日本历史地理学会上讲演时,说好太王碑拓本是陆军炮兵大尉酒勾景明得到并带回日本的。④1966年,朝鲜朴时亨教授采用此说法。⑤

1972年,李进熙认为:是"日本参谋本部的酒勾景信1884年(明治十七年)带回的广开土王陵碑'拓本'(实际是双勾加墨本)"。第六章则多处记作"酒句景信"。⑥

1994年,笔者引用了他人的提法,将"酒勾景信"记为"酒句景信"。⑦

图1　酒勾景信

图2　酒勾景信墓碑

以上资料表明,除了酒勾景信之外,还有记作酒匂景信、酒句(勾)景信、酒勾景明的。后来,人们在参谋本部的历史档案中发现了两份重要的文件:一件是明治十六年(1883,光绪九年)酒勾景信在牛庄写给参谋本部长官大山岩的信件,后面有他的亲笔签

---

① 王健群:《好太王碑研究》,长春:吉林人民出版社,1984年,第75页;耿铁华:《好太王碑新考》,长春:吉林人民出版社,1994年,第2页;朴真奭:《好太王碑拓本研究》,牡丹江:黑龙江朝鲜民族出版社,2001年,第366页;徐建新:《好太王碑拓本研究》,东京:东京堂出版社,2006年,第50页;〔日〕水谷悌二郎:《好太王碑考》,《书品》1959年第100号,第123页;〔日〕李进熙:《广开土王陵碑研究》,东京:吉川弘文馆,1972年,第121页;〔日〕佐伯有清:《研究史广开土王碑》,东京:吉川弘文馆,1974年,第4页;〔日〕武田幸男:《广开土王碑原石拓本集成》,东京:东京大学出版会,1988年,第237页。
② 〔日〕横井忠直:《高句丽古碑考》,京都大学附属图书馆本,第1页。
③ 〔日〕三宅米吉:《高句丽古碑考》,《考古学会杂志》1989年第2编第1号,第2页。
④ 〔日〕佐伯有清:《研究史广开土王碑》,东京:吉川弘文馆,1974年,第264—265页。
⑤ 〔朝〕朴时亨:《好太王碑研究》,平壤:朝鲜社会科学院出版社,1966年,第278—279页。
⑥ 〔日〕李进熙:《广开土王陵碑研究》,东京:吉川弘文馆,1972年,第121、211—241页。
⑦ 耿铁华:《好太王碑新考》,长春:吉林人民出版社,1994年,第2页。

名——"酒匂景信"（图3）；另一件则是酒匂景信将好太王碑拓本呈献给宫内次官的通达文书，后面也有酒匂景信的亲笔签名（图4）。①这两份亲笔签字的信件和文书，比起其他记录、讲话、著述等文字是更为真实有力的证明，酒匂景信这一名称及写法是正确的。根据参谋本部的资料和相关文书、报告记载，可以知道酒匂景信于1850年（道光三十年）8月在日本旧岛津藩士日向国都城藏马场（现为都城市藏原町）出生。少年时在校学习汉语，汉学造诣较深，这也为他后来被派驻到中国打下了基础。1874年（同治十三年）9月，陆军教导团炮兵科毕业。从此走上明治时代的军人之路。②

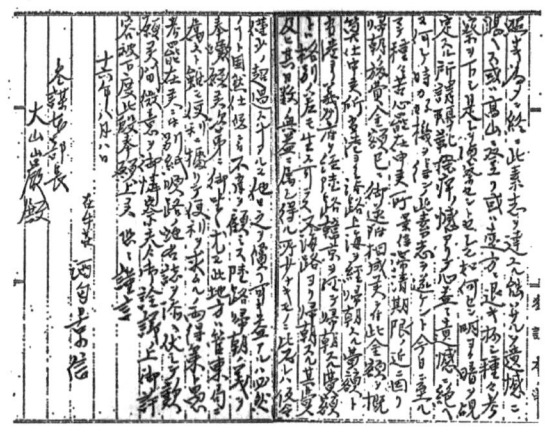

图3 酒匂景信的签名信件

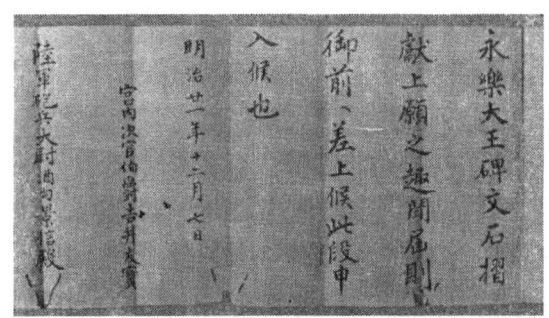

图4 酒匂景信的签名文书

根据中日文献资料记载，我们将酒匂景信的活动与好太王碑相关部分排列如下：

1875年（光绪元年）2月，25岁的酒匂景信进入日本陆军士官学校炮兵科（第一期）。

1877年（光绪三年）7月，清政府开边禁，批准设立通化、怀仁、宽甸三县。章樾与书启关月山到任怀仁。关月山公余访诸野，在通沟的荒野蔓草中发现了好太王碑，手拓数字，分赠同好。王志修在诗文中记载了好太王碑的发现时间："吾皇御宇之三载，衽席黎首开边疆。奇文自有鬼神护，逢时不敢名山藏。"③

---

① 〔日〕佐伯有清：《研究史广开土王碑》，东京：吉川弘文馆，1974年，第265、267、271页。
② 〔日〕李进熙：《广开土王陵碑研究》，东京：吉川弘文馆，1972年，第211—229页；〔日〕佐伯有清：《研究史广开土王碑》，东京：吉川弘文馆，1981年，第264—271页。
③ （清）王志修：《高句丽永乐太王古碑歌考》，沈阳：奉天军粮署石印，1895年，第2—3页。

1878年（光绪四年）12月，酒匂景信毕业于日本陆军士官学校炮兵科，被授予陆军炮兵少尉军衔。

1879年（光绪五年）2月，酒匂景信受命到东京镇台炮兵第一大队任职，8月调任参谋本部管西局。张延厚记载"又闻寅卯年间，碑下截毁于火"①。光绪四年为戊寅，光绪五年为己卯。好太王碑火焚除苔应当在光绪四、五年之间。

1880年（光绪六年）9月3日，酒匂景信接到被派往中国的命令。10月6日乘船到达上海，之后去北京加强汉语学习，以利于在中国活动，搜集情报。好太王碑经过前两年火焚除苔，年内捶拓出完整拓本，传入京师。多数学者认为最初的完整拓本应该是双勾加墨本。

1881年（光绪七年）5月14日，酒匂景信晋升为陆军炮兵中尉。

1883年（光绪九年）8月8日，酒匂景信在牛庄向参谋本部长官大山岩发出秘密侦查任务完成的报告书。9月3日，酒匂景信向参谋本部管西局长步兵大佐桂太郎提交到清国（中国）盛京和朝鲜平壤等地旅行的申请。10月接到归国命令。据佐伯有清记载："明治十六年（1883，光绪九年）秋，参谋本部员向清国（中国）派遣军人酒匂景信在现地获得拓本（双勾本）一本将其带回日本，从此成为好太王碑文研究的开端。"②时间与酒匂景信到新宾、义州一带旅行相吻合。也就是说，他得到好太王碑双勾加墨本是在1883年的9—10月。

1884年（光绪十年）2月，酒匂景信担任日本参谋本部议定官。5月晋升为陆军炮兵大尉。6月调炮兵第三联队任职。7月，青江秀根据酒匂景信带回的双勾加墨本做出好太王碑文解读本。

1885年（光绪十一年）8月，酒匂景信调任名古屋镇台。

1886年（光绪十二年）6月，酒匂景信调任近卫炮兵联队。

1887年（光绪十三年）4月，酒匂景信担任近卫副官部武库主管。

1888年（光绪十四年）10月，酒匂景信出席好太王碑双勾加墨本文字解读总结会议。12月7日，以陆军炮兵大尉之身份，将带回的好太王碑双勾加墨本献给宫内次官吉井友实，并亲笔签名。

1889年（光绪十五年）3月，酒匂景信调任要塞炮兵干部训练所（浦贺）副官。6月，《会余录》第五集出版。收录了横井忠直等撰写的《高句丽碑出土记》《高句丽古碑考》《高句丽古碑释文》等文章。③这是日本最早正式出版的关于好太王碑研究的成果专集。其中错误和漏洞不少，特别是《高句丽碑出土记》中"据土人云，此碑旧埋没土中，三百余年前，始渐渐显出。前年有人由天津雇工人四名来此，掘出洗刷，费二年之功，稍至可读"，说明好太王碑发现情况是"据土人云"，乃道听途说（图5）。

---

① 张延厚：《跋语》，载金毓黻：《奉天通志》卷254《金石石刻》晋15，1934年排印本。
② 〔日〕佐伯有清：《研究史广开土王碑》，东京：吉川弘文馆，1981年，第4页。
③ 《会余录》第五集的文章中，"高句丽"均作"高勾丽"。

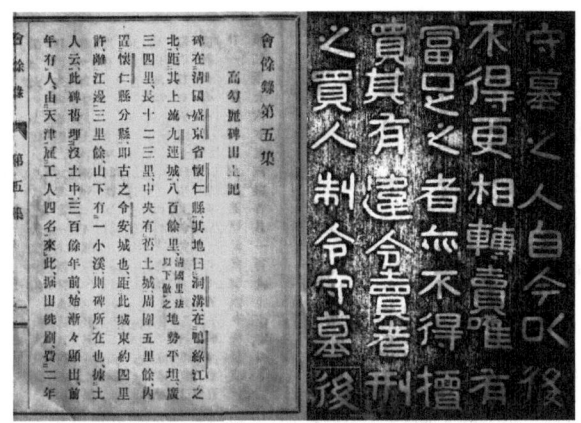

图 5 《会余录》第五集文章与双勾本局部

年内,北京著名碑贾李大龙携纸墨到通沟,辛苦拓得好太王碑精拓本。

1891年(光绪十七年)3月15日,酒匂景信死亡,终年41岁。

酒匂景信作为一名军人,曾到中国搜集军事情报。1883年秋,酒匂景信得到了好太王碑双勾加墨本,并于1884年将其带回日本陆军参谋本部进行研究。根据碑文记载:"百残、新罗,旧是属民,由来朝贡。而倭以辛卯年来渡,每破百残,□□新罗,以为臣民。"①认为公元4世纪末,日本就在朝鲜半岛南部设立统治机构,并引用《日本书纪》《朝鲜史略》等文献资料进行演绎和解说,认为"日本曾统治过百济、新罗、任那等国"②。企图寻找侵略朝鲜半岛的历史依据。酒匂景信为陆军参谋本部立了功,也与好太王碑研究结了缘。

二、双勾加墨本的概况

1883年(光绪九年)秋,酒匂景信得到了好太王碑双勾加墨本,并于1884年(光绪十年)将其带回日本陆军参谋本部进行研究。由于带回去的拓本是由许多小块拓片组成,上面写有编号,因此只有将其按照编号的顺序黏接成四大幅,才与好太王碑碑石上文字的样子一致。其间经过了许多反复,由于只靠几位军人是难以办到的,后来便找到一些学者,经过多方努力,大体可以按照碑文的顺序连接。再后来,又有较早的拓本传入日本,学界对好太王碑的研究不断深入,对好太王碑拓本的认识也逐渐提高,最终将酒匂景信带回的双勾加墨本按照碑文的顺序连接起来,使其成为研究好太王碑拓本制作与流传的重要性和标志性的样本,交由日本东京国立博物馆收藏。我们目前所能见到的这一拓本之图片,大都来自李进熙先生著作《广开土王陵碑研究》一书"资料篇"所附的拓本图片。学者都习惯称之为"酒匂景信双勾加墨本"或"酒匂双勾加墨本"

---

① 此句水谷悌二郎释为:"百残、新罗,旧是属民,由来朝贡。而倭以辛卯年来,渡□破百残,□□新罗,以为臣民。"
王健群释为:"百残、新罗,旧是属民,由来朝贡。而倭以辛卯年来渡,渡海破百残,□□新罗,以为臣民。"
② 〔日〕佐伯有清:《研究史广开土王碑》,东京:吉川弘文馆,1974年,第80页。

"酒匂本"。

这种双勾加墨本应该是好太王碑被发现后流行不久的拓本，先是将小块纸敷在碑上，轻轻捶拓，出现文字的影像，再用墨勾出文字边缘，最后用墨水将文字外面涂黑，做成拓本的样子，比拓本文字更加清晰。由于用笔描画文字时，对于碑文了解认知不够，拓者"以意描画，往往失真"，造成以讹传讹的情况。正如叶昌炽记载："穷边无纸墨，土人以径尺皮纸捣煤汁拓之。苔藓封蚀，其坳垤之处，拓者又以意描画，往往失真。乙酉年（光绪十一年，1885），中江李眉生丈得两本，以其一赠潘文勤师，共三四十纸，属余为排比考释，竭旬日之力未能连缀。"① 1886 年（光绪十二年）2 月，吴大澂赴珲春查边途中，路过铁岭，"县令陈鹤舟士芸来见。鹤舟曾任怀仁县。询以怀仁有高句丽王碑，距城百数十里，在深峡中，碑高不能精拓。鹤舟赠余拓本一分，字多清朗，文理不甚贯，盖以墨水廓填之本，与潘伯寅师所藏拓册纸墨皆同，惜不得良工一往椎拓耳"②。看来当时一些官吏、金石学家手中的好太王碑拓本也都是双勾加墨本。这两条记载，与酒匂景信得到双勾加墨本的时间相隔两三年。

酒匂景信的双勾加墨本是目前见到最早的拓本之一，是没有经过粘接的零散拓片。第一面 30 张纸，第二面 28 张纸，第三面 40 张纸，第四面 33 张纸，总计 131 张纸，每张纸上都记有编号。最后粘接成完整的四大幅（图 6）。③

第四面　　　　第三面　　　　第二面　　　　第一面

图 6　酒匂景信双勾加墨本保存现状

---

① （清）叶昌炽：《语石》，载金毓黻：《辽东文献征略》，吉林：永衡印书局，1927 年，第 11 页。
② （清）吴大澂：《皇华纪程》，载李澍田主编：《长白丛书》（初集），长春：吉林文史出版社，1986 年，第 300 页。
③ 〔日〕李进熙：《广开土王陵碑研究》，东京：吉川弘文馆，1972 年，附录拓本第 1 页。

尽管已经知道碑文有四大幅，在连接编排时，每幅的文字顺序还是有不少被弄错了。1889年《会余录》第五集上刊印的拓片局部（图5右侧）最后面的"後"字，本不是这一段的文字，而是从其他地方串过来的。这样的例子还很多。将拓片顺序弄错而出现上下移位，才使得碑文语句不通。这种拓片移位造成释文错乱的情况，佐伯有清在他的著作中已经指明。[①] 王健群先生进一步说明："由于拼接的双勾加墨本移位错行，所以产生了青江秀、横井忠直的错乱难通的释文（图7）。为了解决这个问题，1888年（明治二十一年）10月11日于宫内省召见了酒匂景信，让他订正双勾本纸片的番号；让川田刚、丸山作乐、横井忠直、井上赖圀等再进行研究，作成新的释文。这次黏接的碑文，其二、四两面虽较前次有所改进，但仍然存在错误，这连酒匂景信本人也无法解决（图8）。"[②]

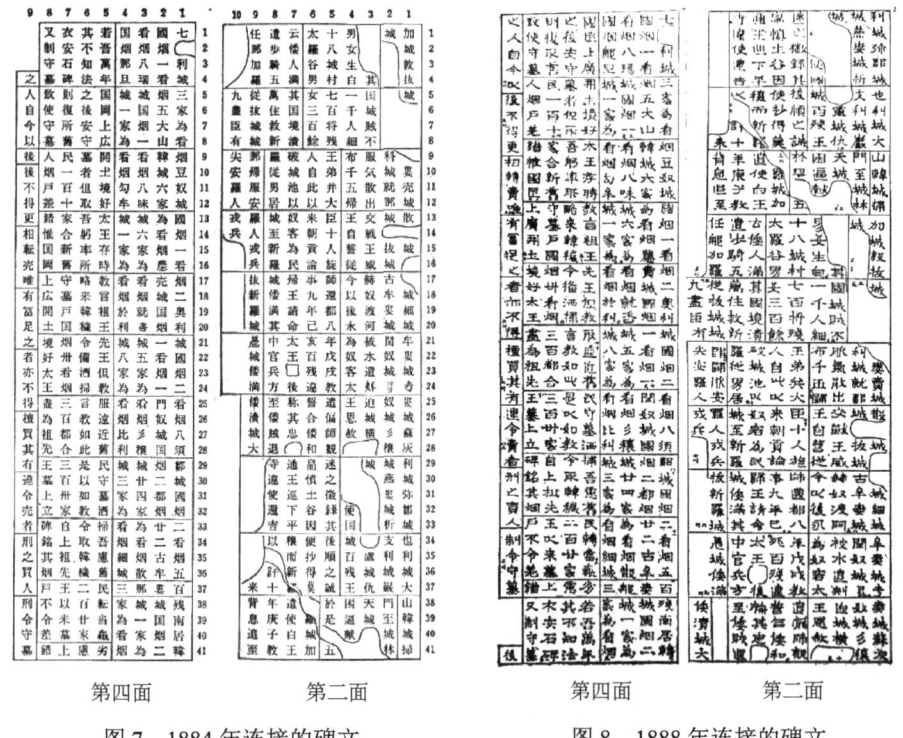

图7　1884年连接的碑文　　　　图8　1888年连接的碑文

面对双勾加墨本连接移位而造成好太王碑释文错乱的情况，酒匂景信也毫无办法。证明他对好太王碑及其拓本的了解十分有限，提供不了更加准确的位置与编号，进而导致《会余录》第五集刊登的《高句丽碑出土记》《高句丽古碑释文》错误百出。这些失误的出现，不得不让人怀疑，酒匂景信是否到过好太王碑现地——通沟？他带回日本的好太王碑双勾加墨本是不是从通沟拓碑人初天富手中获得的？

---

① 〔日〕佐伯有清：《好太王碑研究史》，东京：吉川弘文馆，1981年，第8—14页。
② 王健群：《好太王碑研究》，长春：吉林人民出版社，1984年，第78页。

对于酒匂景信从哪里得到好太王碑拓片，日本相关记载有所不同，而且并不是很明确。李进熙只记了好太王碑双勾加墨本是"酒匂景信1884年（明治十七年）带回来"的[1]，没有说明是从哪里得到的拓本。佐伯有清记载：酒匂景信是从"现地获得拓本（双勾本）一本将其带回日本"。没有注明资料来源，是不是酒匂景信讲的，也没有报告和证明，很有可能是他的推测。[2]只有中国学者王健群明确记载："光绪九年（日本明治十六年，1883）秋季左右，日军参谋本部派遣到中国的间谍、青年军官酒匂景信到达集安。他从拓工手中得到一套广开土王碑双勾加墨本碑文，并把它带回日本。同时带回去的还有广开土王墓文字墓砖数枚。另外，有关此碑的一些错误传说也传至日本，为各书所引用。"[3]王健群先生提出"酒匂景信到达集安"的证据没有注明，不知从何而来。中国的文献资料绝无记载。日本的资料也只有1889年《会余录》第五集的《高句丽碑出土记》记载的一段话："据土人云：此碑旧埋没土中，三百余年前，始渐渐显出。前年有人由天津雇工人四名来此，掘出洗刷，费二年之功，稍至可读。然久为溪流所激，欠损处甚多。初掘至四尺许，阅其文，始知其为高句丽碑。于是四面搭架，令工毡拓。然碑面凸凹不平，不能用大幅一时施工。不得已，用尺余之纸，次第拓取。故费工多而成功少，至今仅得二幅云。日本人某适游此地，因求得其一赍还。碑已掘出者，其高一丈八尺，前后广五尺六七寸，两侧四尺四五寸，埋没土中者，尚不知有几尺。面南而背北，四面皆刻有字，南十一行，西十行，北十三行，东九行，通计四十三行，每行四十一字，大略一千七百五十九字。字长短不齐，长者五寸，短或三寸，刻深至五六寸。其残欠者凡一百九十七字。"[4]其中"埋没土中，三百余年前，始渐渐显出""雇工人四名来此，掘出洗刷"等，纯属子虚乌有。碑的尺寸、方向、文字行数，也都不准确。至于"日本人某适游此地，因求得其一赍还"，并没有明确提到酒匂景信的名字。百余年后佐伯有清提出酒匂景信的双勾加墨本是"现地获得拓本"，同样也是根据《会余录》中的"日本人某"做出的推测。难道"日本人某"就一定是酒匂景信吗？由此可见，王健群先生"酒匂景信到达集安"也只是一种推测而已。但无论是佐伯有清，还是王健群，他们的推断都缺乏直接的资料记载或相关文献证明。

按照当时的形势，酒匂景信得到好太王碑拓本，应该是日本陆军参谋本部的一件大事，如果酒匂景信是在怀仁县通沟得到的拓本，不但没有必要隐瞒地点，而且还要大肆宣扬一番。可是，酒匂景信呈献拓本的公文上却只字未提拓本是从何处得来。参谋本部的各种记录中也没有明确记载，这不是一件很令人奇怪的事情吗？另外，酒匂景信在向管西局长桂太郎提出旅游申请时，也只提到了清国（中国）盛京地方、朝鲜义州地方，并没有提到怀仁，更没有提到通沟。说明当时他旅游的主要地点是盛京和义州，并非怀

---

[1] 〔日〕李进熙：《广开土王陵碑研究》，东京：吉川弘文馆，1972年，第112页。
[2] 〔日〕佐伯有清：《好太王碑研究史》，东京：吉川弘文馆，1981年，第4页。
[3] 王健群：《好太王碑研究》，长春：吉林人民出版社，1984年，第75页。
[4] 〔日〕横井忠直：《高句丽碑出土记》，《会余录》第5集，1889年，第2页。

仁,也没有打算到通沟好太王碑现地去。在他得到好太王碑拓本之后,也没有在旅游归国报告书之类文件中提到在哪里获得及其简要经过。1884 年,酒匂景信将双勾加墨本带回陆军参谋本部,交由青江秀、横井忠直等解读,总要向他们介绍一下碑文的来历和碑石的现状吧,然而却没有这方面的记录。1888 年,酒匂景信出席了碑文解读总结会议,也没有发现任何记录他讲述或介绍碑文拓本获得时间、地点和经过的文字。这些都不合乎常理。年末,向宫内次官呈献拓本时,他也没交代是从哪里得到的。这些本应该讲到或介绍拓本得来时间、地点与经过的最佳场合,都没有见到酒匂景信明确的回答与说明。因此,酒匂景信是否是从好太王碑现地——通沟得到的,就很值得怀疑了。

其一,酒匂景信自己最清楚拓本是从哪里得到的,却没有留下相关记录和文字记载,或者说酒匂景信有意识地隐瞒了拓本得到的时间、地点,甚至隐瞒得到拓本的手段与经过。说明其不是从好太王碑现地通沟拓碑人初天富手中获得的,而是从其他的人手中得到的。这些人应该包括商人或地方小官吏。他们只是为了钱财,对于好太王碑的情况一知半解,乱讲乱说,欺骗酒匂景信,而酒匂景信也是将信将疑。假如酒匂景信相信是真的,就不会介绍"据土人云",而会说自己亲眼所见。恰恰是由于不完全相信传言,他才不敢说自己到过通沟。那么,酒匂景信得到好太王碑拓本的地点,可能在盛京、怀仁一带,两地相距不太远,距离通沟则过于遥远,交通极不便利。沿途大山深谷,日本人往返很不安全。

其二,如果酒匂景信是从好太王碑当地得到的拓本,很容易看到好太王碑的状况:碑石一直立在那里,没有挖掘的痕迹。碑文最下面的文字,距离基础和地面有一尺多高。碑石完整,没有埋在土中的部分。因此,绝不会听信"土人云:此碑旧埋没土中,三百余年前,始渐渐显出。前年有人由天津雇工人四名来此,掘出洗刷,费二年之功,稍至可读。然久为溪流所激,欠损处甚多"之类的胡说,更不会相信"埋没土中,尚不知几尺"的说法。如果他是从住在碑旁看守和捶拓好太王碑的初天富手中得到的拓本,他一定会了解到好太王碑发现以来如何火焚除苔、如何捶拓等更多的情况。绝不会出现向青江秀、横井忠直提供如《会余录》《好太王碑出土记》中那些极为错误的情况。此前,日本并无人知道好太王碑的情况。中国学者吴大澂、谈国桓、王志修、陆心源、傅云龙、郑文焯、叶昌炽、荣禧、罗振玉、杨守敬等的著述中[①],没有记录过《会余录》所载"此碑旧埋没土中,三百余年前,始渐渐显出。前年有人由天津雇工人四名来此,掘出洗刷,费二年之功,稍至可读……埋没土中,尚不知几尺"等文字。

其三,作为一名日本军人,而且是经过多年特殊训练的军事间谍,酒匂景信出于职业的本能,对于所到的地方,所见的古建筑、古文物遗迹附近的地形地貌、地理位置、自然方位、距离远近、重要标志及其文化特点,都会极为敏感,都会留下准确的记忆或记录。如果他真的到达通沟,懂得汉语的军人就绝不会忽略中朝边境战略地位明显的通

[①] 中国学者各种记载的书影或手稿,收录在李进熙《广开土王陵碑研究》资料篇第 3—48 页。王健群《好太王碑研究》附录三中也悉数收录。

沟巡检地,更不会把"通沟"误记成"洞沟"。历尽艰辛,好不容易见到好太王碑,一定会留下照片、绘图和详细测量记录,而且会将这些重要的情报资料连同好太王碑拓本一起带回日本陆军参谋本部。然而,这些最为简单易行的工作都没有见诸记录。不要说一位资深的军事间谍,就是一位普通游客,见到好太王碑这样高大的碑刻也会有明确的记忆和记录。因此,酒匂景信没能提供通沟及好太王碑真实的资料记录,绝不符合经过特殊训练的军事情报人员的性格特点与职业本能。要么,就是酒匂景信根本就没到过通沟,更没有亲眼见到好太王碑。

其四,酒匂景信如果到过通沟好太王碑现场,对于得到的若干小张拓片的顺序会记录核对清楚,以防止带回国后弄不清拓片的顺序而出现错误。可是,他带回来的拓片还是因为编号不清、顺序弄错而出现上下移位、语句不通的情况。正如王健群先生所说:"由于拼接的双勾加墨本移位错行,所以产生了青江秀、横井忠直的错乱难通的释文。为了解决这个问题,1888年(明治二十一年)10月11日酒匂景信于宫内省被召见,让他订正双勾本纸片的番号;让川田刚、丸山作乐、横井忠直、井上赖囵等再进行研究,作新的释文。这次黏接的碑文,其二、四两面虽较前次有所改进,但仍然存在错误。"王健群先生这段话,主要是批判李进熙的日本军部派人"石灰涂抹作战","伪造篡改碑文"。"证明双勾加墨本不是出自他(酒匂景信)手,更谈不上伪造,他也没有这种能力。酒匂携去日本的双勾加墨本,所勾的字有不少错误,这正像前面讲的,是由于碑上字迹模糊,拓碑者以意为之的结果,这与酒匂景信无关。"[①]可以肯定,双勾加墨本不是酒匂景信拓的。但是,如果他真的到了通沟好太王碑跟前,还能不弄清拓本制作的情况,还能不标明每一面每一块拓片的编号,还会因为他的失误导致顺序颠倒、碑文错乱?一般的金石爱好者都不会放过这样的机会,何况是一位多年在中国刺探情报的军事间谍。这是令人难以置信的。

通过以上事实的排比分析,我们认为,酒匂景信没有到过通沟,更没有到过好太王碑附近。他得到并带回日本的双勾加墨本也绝不是从通沟获得的。

三、双勾加墨本的制作

酒匂景信的双勾加墨本1883年(光绪九年)制成,年代较早。后来也有过其他双勾加墨本被制作并流传下来。在研究中,学者对于双勾加墨本的性质与制作方法,也有不同的看法。

王健群先生,一方面讲双勾加墨本"形似拓本,不是拓本",另一方面又在拓本比较中将其同其他各种拓本放在一起。其认识还不是很明确。他认为,"双勾加墨本,就是把纸贴在碑面上,经过轻捶之后,把字的轮廓描下来,取下之后,再在空隙和无字的地方

---

① 王健群:《好太王碑研究》,长春:吉林人民出版社,1984年,第78页。

涂墨，形似拓本，不是拓本"①。可是在书的附录五"各种拓本"标题下，第一个便是"酒匀景信双勾加墨本"。客观上还是将其放在了"各种拓本"中。中国古代传拓技法中，早已有双勾加墨之法，先是将纸敷在碑上轻轻捶出文字轮廓，再用墨涂黑字外的空白。也有将轻拓之文字就牖户摹成双勾本而不用加墨的，也称为"搨"。后来用宣纸在碑上捶打，因声音较大，也称打碑或响拓。最初的"搨"字也渐渐统一为"拓"。双勾加墨本与双勾本最初也都属于拓本之一种。因此，称其为拓本也不为错。更何况双勾加墨本确实存在轻轻捶拓的过程。

王健群先生把好太王碑拓本的制作过程分为五个时期：

（1）光绪初年至光绪十三年（1887）左右，双勾加墨本流行时期。

（2）光绪十三年左右至光绪十五年左右，双勾本和正式拓本并行时期。

（3）光绪十五年左右至光绪二十八年左右，正式拓本流行时期。

（4）光绪二十八年左右至 1937 年左右，涂抹石灰后再拓本流行时期。

（5）从 1963 年开始，为石灰脱落后拓制时期。②

好太王碑双勾加墨本的出现，主要是碑石凸凹不平，石齿嶙峋，用宣纸轻轻捶拓纸张都会破碎，只有用径尺皮纸或窗户纸（高丽纸）轻拓，才能描画出字的轮廓。就是后来李大龙、亓丹山等拓出的精拓本，其文字清朗、黑白分明的程度，也不如双勾加墨本。所以最初的双勾加墨本虽然费工费力，却很受欢迎。罗振玉记载："盖此碑善拓难得，以前厂肆碑贾李云从拓此碑时，每次上纸二三层，故第一层字迹较清晰，第二三层模糊不辨之处，辄以墨勾填，不免讹误。"③罗先生的说法应该是符合事实的。张延厚也记载："胜清光绪初，吴县潘郑盦尚书始访得之，命京师李大龙裹粮往拓，历尽艰险，得五十本，一时贵游，争相购玩。大龙颇欲再往，以道远工巨而止。"④ 1981 年 7 月，王健群、方起东访问辛文厚的记录中，说"民国的时候，他（初大碑）四天拓一套，一天拓一面"⑤。若以此速度，当年李大龙拓五十本（套）至少得二百多天，再加上阴天下雨和路途所费时间，正常拓得到五十套，总得一年左右。而且通沟一带至少有半年天冷不能捶拓。看来还是罗振玉所说比较靠谱，一次上二三层纸，得二三套。这样也得需要两三个月时间。加上往返，四个多月还是合乎情理的。如果是这样的话，李大龙拓得精拓本的同时，也制作出一批双勾加墨本。由于地处边陲，路途遥远，外来人捶拓毕竟是少数，大量的拓本还是当地拓工初天富制作的，其中双勾加墨本也不会少的。

最早的拓碑人，就是发现好太王碑的怀仁县书启关月山。由于碑上布满青苔，只能"手拓数字，分赠同好"，时间在光绪三年秋。关月山让初天富除去青苔，让他看碑、拓碑，

---

① 王健群：《好太王碑研究》，长春：吉林人民出版社，1984 年，第 21—22 页。
② 王健群：《好太王碑研究》，长春：吉林人民出版社，1984 年，第 31 页。
③ 罗振玉：《好太陵碑》，载金毓黻：《辽东文献征略》，吉林：永衡印书局，1927 年，第 11 页。
④ 张延厚：《跋语》，载金毓黻：《奉天通志》卷 254《金石石刻》晋 5，1934 年排印本。
⑤ 王健群：《好太王碑研究》，长春：吉林人民出版社，1984 年，第 16 页。

教他捶拓之法。从谈国桓的记忆中，"弟髫年犹及见之，字颇精整"①的情况看，关月山赠给他的文字，可能捶拓之后经过双勾加墨，才会更加精整。以此观之，初天富最初制作双勾加墨本的方法也应该是从关月山那里学来的。

可以肯定，最早的双勾加墨本是经过上纸轻轻捶拓，之后用墨廓填制成。这种办法十分费力，也是不得已而为之。另一种办法，就是李大龙的做法，一次上两三层纸，第二、第三层只拓出字形，不太清楚的再做成双勾加墨本。当然，也可以根据实际需求，用做成的双勾加墨本为底本，进行描画，制成二次描摹的双勾加墨本。

至于酒匂景信带回去的双勾加墨本是如何做成的，学者也有不同的看法，值得稍加讨论与说明。

水谷悌二郎认为："最初由于碑面被苔藓封蚀，无法拓出拓本，不得不制作双勾本。""光绪八年（1882）以前，因碑面覆盖着厚密的苔藓，所以无法捶拓，这是事实。""火焚除苔是拓碑的前提条件。基于此种情况，发现者们急于得到完整碑文，只好先制出双勾本。在碑石上制作双勾本，苔藓是不会成为太大困难的。"②

王健群认为："好太王碑是角砾凝灰岩巨石略加修琢而成，碑面石齿嶙峋，用宣纸墨拓，即行破碎，而且很难取下，所以只好轻捶之后，描其字形轮廓，再行加工。这就是早期产生双勾加墨本的原因。""好太王碑文，早期很少拓本，大部分都是双勾加墨本，已于前述。酒匂所得者，正是这一种。"③

末松保和则与水谷悌二郎、王健群意见不同，他指出："酒匂景信本在制作过程中并没有经过双勾的过程，而是同吴大澂得到的墨本相同，不如称作'墨水廓填本'更为妥当些。"④

武田幸男赞成末松保和的意见，认为酒匂景信的墨本上没有见到双勾的笔迹，进而推测，"首先拓出碑文，然后在工房内以拓本为底本进行释文，经过修改，或在光线照射下，摹写在另纸上作成的墨水廓填本"⑤。

徐建新起初提出怀疑：酒匂本究竟是"就石勾勒"而成的，还是依据类似王氏藏本的拓本拓描廓填而成的？后来他较肯定地指出："酒匂本很可能就是依据第一类型的拓本（按：指傅馆乙本与王氏藏本、北图藏本）以墨廓填而成的。"⑥

很明显，水谷悌二郎、王健群认为，酒匂景信的双勾加墨本，是经过在碑石上轻轻

---

① 谈国桓：《手札》，载金毓黻：《辽东文献征略》，吉林：永衡印书局，1927年，第12页。
② 〔日〕水谷悌二郎：《好太王碑考》，《书品》1959年第100号。
③ 王健群：《好太王碑研究》，长春：吉林人民出版社，1984年，第22、27页。
④ 〔日〕末松保和：《好太王碑研究史》，转引自〔日〕武田幸男：《广开土王碑原石拓本集成》，东京：东京大学出版会，1988年，第244页。
⑤ 〔日〕武田幸男：《广开土王碑原石拓本集成》，东京：东京大学出版会，1988年，第244—246页。
⑥ 王培真、徐建新：《好太王碑原石拓本的新发现及其研究》，《世界历史》1993年第2期，第12页；徐建新：《中国学界对高句丽好太王碑碑文及拓本的研究》，《广开土好太王碑研究100年》，汉城：学术文化社，1996年，第80页；转引自高明士：《"中央研究院"历史语言研究所藏高句丽好太王碑乙本原石拓本的史学价值》，《古今论衡》1999年第3期，第100—101页。

捶拓之后,描出字形,再行加工的。末松保和、武田幸男、徐建新认为没有经过石上勾勒,是从较早的拓本,如傅馆乙本、王氏藏本、北图藏本上描摹出来的。

就酒匂景信的双勾加墨本看来,很难看出经过碑石捶拓或勾勒的迹象。但是,也不可能是从傅馆乙本、王氏藏本、北图藏本上描摹下来的。

2006年,徐建新在日本出版了《好太王碑拓本之研究》一书,是关于好太王碑拓本研究的最新成果。书中第七章附录二"本论文所引用的好太王碑各时期拓本的概况",可以说是目前见到的好太王碑主要拓本的编年介绍。排在前面的几种拓本如下:

(1) 1881年旧藏本,摹拓本或称为初期廓填本、墨水廓填本。
(2) 酒匂景信本,摹拓本或称为初期廓填本、墨水廓填本。1883年得到。
(3) 北京王少箴旧藏本,即王氏藏本、石灰涂抹前拓本,1889年以前拓出。
(4) 中国国家图书馆藏本,当时称北京图书馆藏本、北图藏本,1889年以前拓出。
(5) 北京大学图书馆藏E本,即北大E本,与傅馆乙本相似。
(6) 台湾"中研院"历史语言研究所傅斯年图书馆藏乙本,即傅馆乙本。
(7) ……①

从拓本排列的年代顺序看,王氏藏本、北图藏本、傅馆乙本,都是酒匂景信双勾加墨本做成以后五六年才捶拓出来的,绝不可能成为酒匂本的底本。

从酒匂景信双勾本的文字状况看,可以有以下几种情况:

其一,与碑文和早期水谷拓本、释文明显不同,而且证明是错误的文字,按顺序(第1面第1行第29字以下略同)排列如下:

1.1.29	出	碑文与水谷释文为	世
1.1.31	子		而
1.2.2	车		幸
1.2.33	木		我
1.3.23	永		不
1.4.14	舆		兴
1.4.32	土		上
1.6.33	永		示
1.7.11	碑		稗
1.7.21	囘		过
1.7.38	当		营
1.7.39	用		牛
1.7.41	兼		群
1.9.8	来		辛(亲)

---

① 徐建新:《好太王碑拓本研究》,东京:东京堂出版社,2006年,第280—282页。

1.11.17	页	莫
2.3.20	贼	残
2.3.23	气	义
2.3.31	奴	怒
2.3.34	被	利
2.4.17	白	口
2.5.22	王	主
2.6.39	合	与
2.9.11	息	急

其二，拓片与碑文不同，而又莫名其妙的文字，如：

1.11.40　八　从拓片上看，与上文"奴城沸"相连，位置不错，应是勾描所致。

1.11.41　那　此字单独一纸，很可能是从第 2 面第 1 行第 29 字"那"移过来的。

4.9.41　后　不知从何而来。

其三，拓片上被黏接串位的文字，如：

3.2.41　溃　是从 3.1.41 处移来。

3.3.40　仆　是从 3.2.40 处移来。

3.3.41　勾　是从 3.2.41 处移来。

3.4.40　平　是从 3.3.40 处移来。

3.4.41　穰　是从 3.3.41 处移来。

3.5.40　师　是从 3.4.41 处移来。

3.6.41　那　是从 3.5.41 处移来。

4.1.1　　七　是从本行第 5 字依次上串的。造成第 4 面每行都向前一行串 4 个字。

4.9.1　　之　是从本行第 41 字串上来的。

其四，拓片上的文字，与诸家释文各有不同，如：

1.3.41　黄　水谷释作履，王健群释作黄，耿铁华释作履。

1.4.2　　页　水谷释作首，王健群释作复，耿铁华释作首。

1.7.14　息　水谷不释作□，佐伯有清释作息，王健群释作归。

1.7.16　又　水谷不释作□，王健群释作人，武田幸男释作人。

1.8.12　驾　水谷不释作□，佐伯有清释作契，王健群释作襄。

1.9.13　海　水谷不释作□，藤田友治释作每，林基中释作泗。

1.10.4　壹　水谷释作壹，藤田友治释作宁，耿铁华释作宁。

1.10.22　阁　水谷释作關，佐伯有清释作阁，王健群释作阁。

2.4.5　　国　水谷不释作□，佐伯有清释作国，王健群释作围。

2.4.25　归　水谷不释作□，佐伯有清释作归，王健群释作跪。

2.9.41	大	水谷不释作□，佐伯有清释作大，王健群释作内。
2.10.20	臣	水谷释作更，佐伯有清释臣，王健群释作拒。
2.10.21	有	水谷不释作□，佐伯有清释作有，王健群释作随。
2.10.22	尖	水谷释作来，佐伯有清不释作□，王健群释作倭。

其五，碑石上文字模糊、残损，拓片上却保留的部分文字，如：

1.5.13	右下	口	水谷不释。
1.8.17	右半	阝	水谷不释。
3.1.35		至	此字只是文字的左侧，一般拓本不见，酒匂本黏在第2行了。
3.2.1		赤	此字是第1行，还是第2行不可知，一般拓本不见。

这些文字中，既有和水谷藏本相同的文字，也有和石灰涂抹后的拓本文字相同的，还有自己独特的几个字。学术界对于拓本的年代虽然还有不同的看法，但是都认为水谷藏拓本质量好、年代早。王健群先生"怀疑水谷拓本，可能是谈氏失于金州署中者"[1]。谈氏为谈国桓之父谈广庆，字云浦，汉军镶白旗人，出生在奉天，进士出身，曾任金州厅海防同知，光绪五年（1879）至光绪九年出任宁远知州，光绪十一年任承德县令。十六年又任宁远知州几个月。谈国桓回忆："章樾字幼樵，河南光州人。光绪十一年，岁在乙酉，先君子宰承德县首邑，引晋入都。章君代理县事。其书启西席关君月山，赠余手拓碑字数枚，每纸一字，即此碑也。字甚完整，拓工亦精，惜髫年不知宝贵，随手抛弃。唯时奉天督学使者，为茂名杨蓉浦先生，属先君子用良墨佳纸往拓。初用宣德纸，以石齿甚利，改用高丽纸，先后拓得数本，乃精装两本藏之。甲午之役，失于金州署中。回首前尘，恍如梦寐。"还有记载"光绪十三年间，学使杨蓉浦颐，广东之茂名县人，闻此碑，属家君觅人往拓，约得六本。弟家藏两本，失于甲午之役"。[2]可知，水谷悌二郎藏本应该拓于光绪十三年，早于李大龙光绪十五年的拓本。酒匂景信双勾加墨本早于这两种拓本，不可能以它们为底本。而且，酒匂本还有几个字或偏旁是其他拓本上很少见到的。这种既有早期拓本的特点，又有石灰涂抹后拓本特点的双勾本，也只有当地拓工初天富具有时间、地点、能力等条件才可以完成。

从酒匂景信带回去的双勾加墨本的外观特点看，的确不像是经过碑上捶拓的状态，而更像是从同类的双勾加墨本上摹下来的。也就是说，初天富知道在碑上轻轻捶拓之后再勾描文字，再用墨水廓填，十分费力。于是，以一种做好的双勾加墨本作为底本，再照着这些小块拓片一张一张地描摹，这样会省很多力气，又提高拓本的制作速度。一举两得，何乐而不为呢。类似酒匂本、吴大澂本，甚至潘祖荫得到的双勾加墨本，都是这样如法炮制的，因此才会出现上面提到的文字方面的特点。

---

[1] 王健群：《好太王碑研究》，长春：吉林人民出版社，1984年，第47页。
[2] 谈国桓：《跋语》《手札》，载金毓黻：《奉天通志》卷254《金石石刻》晋16，1934年排印本。

解决了酒匂景信带回日本双勾加墨本的做法，了解了这一拓本外观特点与文字状况，对于正确认识此类双勾加墨本在好太王碑及其拓本研究方面的地位和价值，也是大有帮助的。

（编辑：郑春颖）

史料所见北朝乐浪王氏*

王安泰**

摘　要：公元 5 世纪北燕灭亡后，许多原仕于北燕的王氏后裔陆续至北魏任官，成为北魏著名的郡望乐浪王氏。至北朝后期，随着郡望位阶的固定化，乐浪王氏多冒称太原王氏；加上北齐废除侨州郡，乐浪王氏的本籍地乐浪郡自地方行政制度中抽离，乐浪王氏遂不再见于隋唐的主要郡望体系之中。而 7 世纪以降自辽东半岛与朝鲜半岛北部迁移而来的高丽王氏、营州王氏等，其性质与北朝的乐浪王氏差异甚大，不应径将其视为乐浪王氏的同枝。

关键词：乐浪　侨州郡　郡望　士族

一、引　言

乐浪王氏是十六国北朝时期的著名家族，在正史与出土资料中，皆有关于乐浪王氏的记录。自北魏文成帝时期开始，乐浪王氏与常太后、冯皇后家族关系密切，且是西魏宇文泰的外家，其重要性可见一斑。然而，北朝诸正史全未出现以乐浪王氏为传主的列传，且至北齐、北周以后，乐浪王氏不再出现于史籍记载。

以此为背景，自 20 世纪以来，就有学者探讨乐浪王氏的源流与发展，以及 4 世纪以降居住于朝鲜半岛北部的汉人家族动向。对于乐浪王氏的认识，最具代表性的是姚薇元的《北朝胡姓考》。姚薇元以西魏北周自称乐浪王氏后裔的王盟家族为出发点，认为乐浪王氏本姓拓王，属高丽族，且河南洛阳王氏、代郡王氏、拓王氏的先祖皆为乐浪王氏。[1]殷宪同样认为，王氏为高句丽乐浪大族，并认为乐浪王氏其后有依附太原王氏的倾向。[2]毛远明释《王舒墓志》时，亦认为乐浪王氏本高丽人，北魏赐姓拓王氏，后改为王

---

* 本文为国家社会科学基金一般项目"魏晋南北朝的政治地理空间与天下秩序研究"（项目编号：19BZS041）的部分成果。
** 王安泰，南开大学历史学院暨韩国研究中心副教授。
[1] 姚薇元：《北朝胡姓考》（第 2 版），北京：中华书局，2007 年，第 296—297 页。
[2] 殷宪：《从北魏王礼斑妻舆砖、王斑残砖说到太和辽东政治圈》，《中华文史论丛》2006 年第 4 期，第 129—160 页。

氏。①樊波分析《王怜墓志》时认为，西魏将领王思政为宇文泰外家，亦为乐浪王氏，因此王思政兵败降东魏后，其家族在西魏北周仍获得较好待遇。②赵振华、王治淮也提及，唐代傅游艺妻河南拓王氏与西魏北周王思政家族，皆为乐浪王氏移居中原后的后裔。③

另有学者提出不同意见。陈连庆认为，乐浪王氏并未参与北魏孝文帝迁都洛阳后的改姓运动，因此鲜卑拓王氏与乐浪王氏是两支不同的族群。④罗新指出，根据史料记载王盟与王祯、王基等乐浪遂城王氏应是同族同辈，但《周书·王盟传》记王波为太宰，与其他记载不同，因而对王盟家族与乐浪王氏的关系提出质疑。⑤其他学者则对于居住于乐浪郡的人群进行分析，如园田俊介集中探讨了乐浪郡与乐浪王氏的关联性⑥；今西龙、三上次男、王培新从考古学视角探讨乐浪郡的社会文化⑦；关野雄、西本昌弘与赵俊杰则考察四世纪乐浪郡崩解以后，原居乐浪、带方周边的汉人活动情形⑧。

自北魏以来，士族对于郡望的构建已逐渐成为常态，且具体反映于正史、石刻史料之中。⑨然而到了隋唐以降，无论是谱牒还是姓氏书所见，"乐浪"都不再是王氏的郡望之一。既然乐浪王氏在北魏、北周有相当的地位与影响力，为何数代以后的乐浪王氏后裔选择隐藏乐浪郡望，改称其他王氏郡望？除了伪冒士籍、攀附先世外⑩，是否还有其

---

① 毛远明校注：《汉魏六朝碑刻校注》第 6 册，北京：线装书局，2008 年，第 313 页。
② 樊波：《西安韦曲出土唐〈王怜墓志〉探赜——兼谈西魏重臣王思政家族相关问题》，《文博》2012 年第 3 期，第 23—25、88 页。
③ 赵振华、王治淮：《从唐宰相〈傅游艺墓志〉看其人生末途》，载西安碑林博物馆编：《碑林集刊》第 12 辑，西安：陕西人民美术出版社，2007 年，第 148—155 页。
④ 陈连庆：《中国古代少数民族姓氏研究——魏晋南北朝民族姓氏研究》，长春：吉林文史出版社，1993 年，第 155—157 页。
⑤ 罗新：《十六国北朝时期的乐浪王氏》，载北京大学韩国学研究中心编：《韩国学论文集》第 6 辑，北京：新华出版社，1997 年；后收入罗新：《王化与山险：中古边裔论集》，北京：北京大学出版社，2019 年，第 313—319 页。
⑥ 〔日〕园田俊介：《北魏时代的乐浪郡与乐浪王氏》，《中央大学亚细亚史研究》2007 年第 31 期，第 1—32 页。
⑦ 〔日〕今西龙：《大同江南的古墓与乐浪王氏的关系》，《东洋学报》1912 年第 2 卷第 1 期，第 96—104 页；〔日〕三上次男：《乐浪社会的统治结构》，《朝鲜学报》1964 年第 30 号，第 11—61 页；王培新：《乐浪文化——以墓葬为中心的考古学研究》，北京：科学出版社，2007 年。
⑧ 〔日〕关野雄：《乐浪王氏的财富》，《法政史学》1968 年第 20 号第 10—35 页；〔日〕西本昌弘：《乐浪·带方二郡的兴亡与汉人遗民的去向》，《古代文化》1989 年第 41 卷第 10 期，第 14—27 页；赵俊杰：《乐浪、带方二郡覆亡前后当地汉人集团的动向与势力发展》，《吉林大学社会科学学报》2012 年第 1 期，第 59—65 页；赵俊杰：《乐浪、带方二郡的兴亡与带方郡故地汉人聚居区的形成》，《史学集刊》2012 年第 3 期，第 99—106 页。
⑨ 关于中古时期谱牒、氏族谱的整体分析，参见周直：《南北朝谱牒形式的发现和索隐》，《文史考古论丛》，天津：天津古籍出版社，1988 年，第 218—230 页；陈爽：《出土墓志所见中古谱牒研究》，上海：学林出版社，2015 年；范兆飞：《士族谱牒的构造及与碑志关系拾遗——从〈出土墓志所见中古谱牒研究〉谈起》，载荣新江主编：《唐研究》第 22 卷，北京：北京大学出版社，2016 年，第 509—540 页；虞万里：《先秦至唐宋姓氏书之产生与发展》，《社会科学》2010 年第 9 期，第 119—129、190—191 页；〔日〕池田温：《唐朝氏族志研究——关于〈敦煌名族志〉残卷》，《唐研究论文选集》，孙晓林等译，北京：中国社会科学出版社，1999 年，第 68—121 页；陈鹏：《北朝官修谱牒的类型与发展脉络》，载杨共乐主编：《史学理论与史学史学刊》2018 年上卷，北京：社会科学文献出版社，2018 年，第 25—36 页。
⑩ 对于北朝隋唐士族伪冒的研究，可略参何德章：《伪托望族与冒袭先祖——以北族出身者墓志为中心——读北朝碑志札记之二》，载武汉大学中国三至九世纪研究所编：《魏晋南北朝隋唐史资料》第 17 辑，武汉：武汉大学出版社，2000 年，第 137—143 页；仇鹿鸣：《"攀附先世"与"伪冒士籍"——以渤海高氏为中心的研究》，《历史研究》2008 年第 2 期，第 60—74、190 页。

他的理由？因此，本文将通过整理北朝乐浪王氏的相关史料、重绘乐浪王氏的系谱，以及考察号称乐浪王氏后裔的王盟家族，思考北朝后期隋唐乐浪王氏的去向，祈请方家指正。

二、北魏冯太后的外家乐浪王氏

乐浪郡是汉武帝平朝鲜时所设四郡之一，汉武帝通过设郡置守①，将朝鲜半岛北部乐浪等郡纳入常态统治范围内②。至东汉时期，遂出现关于乐浪王氏的记载：

> 王景字仲通，乐浪䛁邯人也。八世祖仲，本琅邪不其人。好道术，明天文。诸吕作乱，齐哀王襄谋发兵，而数问于仲。及济北王兴居反，欲委兵师仲，仲惧祸及，乃浮海东奔乐浪山中，因而家焉。父闳，为郡三老。更始败，土人王调杀郡守刘宪，自称大将军、乐浪太守。建武六年，光武遣太守王遵将兵击之。至辽东，闳与郡决曹史杨邑等共杀调迎遵，皆封为列侯，闳独让爵。帝奇而征之，道病卒。③

根据这段史料，王景的八世祖王仲原为琅邪人，在西汉初年即因避祸逃至乐浪，因此王景家族是数世居于乐浪的汉人家族。如后所述，乐浪王氏经常自称箕子之后，或是中原某郡王氏之后，因故迁移至乐浪，以标示自身家族与中原王朝的关系。④特别是在东汉时期，乐浪郡成为朝鲜半岛北部唯一的大郡，逐渐形成汉朝"极东之郡"的形象，乐浪郡与汉朝的结合日益深厚。⑤因此《后汉书·王景传》表明了乐浪王氏最早的来源，并非出自于十六国北朝时期，至少可追溯至东汉时期。

目前尚未见到魏晋时期关于乐浪王氏的记载，至北魏则有数条与乐浪王氏有关的史料，首先是北魏文成帝常太后妹夫王睹：

---

① 关于乐浪郡设置的相关探讨，参见〔韩〕权五重：《乐浪郡研究——关于中国事例的探讨》，汉城：一潮阁，1992年，第33—60页；苗威：《乐浪研究》，北京：高等教育出版社，2016年，第87—139页。
② 近年在朝鲜平壤贞柏洞364号坟出土一批乐浪郡的户口简，可以考察西汉后期对乐浪郡的统治情形。〔韩〕金秉骏：《乐浪郡初期的编户过程——以乐浪郡初元四年户口统计木简为线索》，《古代文化》2009年第61卷第2期，第223—243页；〔韩〕尹龙九：《平壤出土〈乐浪郡初元四年县别户口簿〉研究》，《中国出土资料研究》第13号，桥本繁译，2009年，第205—236页。
③ 《后汉书》卷76《王景传》，北京：中华书局，1965年，第2464页。
④ 1932年乐浪贞柏里127号王光墓中发现有"乐浪太守掾王光之印""王光私印"，以及书有"利王""王氏牢"等字的漆耳杯，其后又陆续出土了乐浪"五官掾王旴印"等印章、封泥。无论这些乐浪郡县僚佐的来源是当地土著或来自辽东半岛，当汉代对朝鲜半岛的控制逐步稳定后，这些担任乐浪郡僚佐的王氏家族就定居于乐浪，成为第一批真正意义的乐浪王氏。王光墓的资料，参见〔日〕朝鲜古迹研究会编：《古迹调查报告——乐浪王光墓》，京都：便利堂，1935年，第35—47页；关于乐浪郡官私印章、封泥的讨论，参见〔日〕栎本杜人：《乐浪的汉印与封泥——关于"汉委奴国王"金印》，《东洋学报》1964年第46卷第4号，第140—149页；〔日〕田村晃一：《乐浪郡地区出土的印章与封泥——"马韩文化"的驳论》，《考古学杂志》1976年第62卷第2号，第115—124页；孙慰祖：《汉乐浪郡官印封泥的分期及相关问题》，载上海博物馆编：《上海博物馆集刊》第11期，上海：上海书画出版社，2008年，第168—189页。
⑤ 王安泰：《中国中古时期乐浪郡形象的变迁》，《南开学报（哲学社会科学版）》2018年第5期，第90—99页。

> 高宗乳母常氏，本辽西人。太延中，以事入宫，世祖选乳高宗。①
>
> 先是高宗以乳母常氏有保护功，既即位，尊为保太后，后尊为皇太后。……（兴安二年）三妹皆封县君，妹夫王睹为平州刺史、辽东公。……太后曰："英为长兄，门户主也，家内小小不顺，何足追计。睹虽尽力，故是他姓，奈何在英上？本州、郡公，亦足报耳。"②

《魏书·常英传》并未明言王睹的郡望，从其他的线索考虑，常太后为辽西人，王睹作为常太后的妹夫，加上常太后称平州刺史是王睹的"本州"，代表王睹是平州人士。且辽东郡与乐浪郡都是西晋、前燕至北燕的平州属郡，王睹的平州刺史与辽东公官爵有显著的地缘性因素。因此可以推断，王睹很可能是乐浪王氏的支系。

其后更为明确的记载，则是同样在北魏文成帝时期的冯皇后之母王氏：

> 文成文明皇后冯氏，长乐信都人也。父朗，秦、雍二州刺史、西城郡公，母乐浪王氏。后生于长安，有神光之异。③

冯皇后是北燕冯氏的后裔，在文成帝、献文帝、孝文帝三朝都有重要的影响力。冯皇后之父冯朗、母乐浪王氏，应是于北燕时期即已婚配。④其后冯后以皇太后之尊临朝，"太后立文宣王庙于长安，又立思燕佛图于龙城，皆刊石立碑。太后又制，内属五庙之孙，外戚六亲缌麻，皆受复除"⑤，此处的五庙是指燕宣王冯朗作为诸侯可设立五庙，既然内属五庙与外戚六亲都可获得复除，可以判断冯朗之妻乐浪王氏的家族也获得了优待。

不仅冯皇后的生母为乐浪王氏，冯皇后的祖母可能也是乐浪王氏：

> 先是，文通废其元妻王氏，黜世子崇，令镇肥如，以后妻慕容氏子王仁为世子。⑥

冯弘即位后，随即于太兴元年（431）废嫡妻王氏，立慕容氏为后，来年冯崇兄弟遂

---

① 《魏书》卷13《文成昭太后常氏传》，北京：中华书局，2018年，第383页；另参见《北史》卷13《文成昭太后常氏传》（北京：中华书局，1974年，第495页）相关论述。
② 《魏书》卷83上《常英传》，北京：中华书局，2018年，第1963—1964页；另参见《北史》卷80《常英传》（北京：中华书局，1974年，第495—496页）相关论述。
③ 《魏书》卷13《文成文明皇后冯氏传》，北京：中华书局，2018年，第384页；另参《北史》卷13《文成文明皇后冯氏传》（北京：中华书局，1974年，第495页）相关论述。
④ 另有学者提出，《冯季华墓志》记冯朗的官职为散骑常侍、驸马都尉，代表冯朗曾娶北魏公主为妻。然而，即便冯朗确曾娶北魏公主，应属后妻之类。鲁才全：《长乐冯氏与元魏宗室婚姻关系考——以墓志为中心》，《魏晋南北朝隋唐史资料》1996年第1期，第68—79页。
⑤ 《魏书》卷13《文成文明皇后冯氏传》，北京：中华书局，2018年，第385页；另参见《北史》卷13《文成文明皇后冯氏传》（北京：中华书局，1974年，第496页）相关论述。
⑥ 《魏书》卷97《冯文通传》，北京：中华书局，2018年，第2303页。另屠本《十六国春秋》云"冯崇，弘之长子也，嫡妃王氏所生，封长乐公。崇于兄弟中最长，弘僭伪位，立慕容氏为王后，废王氏不得立，又黜崇，令镇肥如"，亦可参考。《十六国春秋》卷100《北燕录三》，《景印文渊阁四库全书》，台北：台湾商务印书馆，1986年，第463册，第1101页。

降北魏。学者认为冯弘的嫡妻王氏就是乐浪王氏[1]，可见北燕冯氏与乐浪王氏有着累世为婚的关系[2]。但奇怪的是，除了冯太后的本传以外，在《魏书》关于冯氏家族的《冯熙传》《冯跋传》，以及《冯熙墓志》《冯诞墓志》等冯氏家族墓志中，从未提及冯朗之妻乐浪王氏。[3]特别是《冯季华墓志》提到了冯季华的曾祖母慕容氏、母乐陵郡君太妃元氏，独漏祖母乐浪王氏。[4]乐浪王氏贵为冯太后外家，却没有被记录的原因，可能是家族内没有特别突出优秀的人才，或是有其他不为人知的原因所致。

此外，如学者所言，北魏弘农杨播之母亦为乐浪王氏。《魏书》记云杨播"母王氏，文明太后之外姑……以外亲，优赐亟加，前后万计"[5]，则杨播母王氏应为文明冯太后外祖父之女，也就是冯太后母亲的姊妹。然而在永平四年（511）迁葬的《杨范墓志》《杨颖墓志》《杨阿难墓志》等墓志中，都将杨播之母、杨懿之妻记做太原王氏[6]，学者认为这显示杨氏与王氏皆有依附弘农杨氏、太原王氏等中原大姓郡望的倾向[7]。加上《杨颖

---

[1] 殷宪：《从北魏王礼斑妻舆砖、王斑残砖说到太和辽东政治圈》，《中华文史论丛》2006年第4期，第137页。
[2] 张春芳：《北朝冯氏家族谱系及其政治影响》，《衡水学院学报》2014年第6期，第73—77页。
[3] 赵君平、赵文成编：《秦晋豫新出墓志搜佚·北魏冯诞墓志》，北京：国家图书馆出版社，2012年，第13页；赵君平、赵文成编：《秦晋豫新出墓志搜佚·北魏冯熙墓志》，北京：国家图书馆出版社，2012年，第14页；赵超：《汉魏南北朝墓志汇编·冯（会）墓志铭》，天津：天津古籍出版社，2008年，第84页；赵超：《汉魏南北朝墓志汇编·魏故乐安王妃冯（季华）氏墓志铭》，天津：天津古籍出版社，2008年，第155—156页；赵超：《汉魏南北朝墓志汇编·宣王文琤太妃（冯令华）墓志铭》，天津：天津古籍出版社，2008年，第374页。关于长乐冯氏的研究，参见〔日〕窪添庆文：《关于长乐冯氏的各种问题》，《用墓志研究北魏史》，东京：汲古书院，2017年，第523—550页；赵君平：《魏孝文帝撰〈冯熙墓志〉考述》，载洛阳历史文物考古研究所编：《河洛文化论丛》第5辑，北京：国家图书馆出版社，2010年，第189—195页；〔日〕内田昌功：《北燕冯氏的出身与〈燕志〉〈魏书〉》，《古代文化》2005年第57期，第425—438页；鲁才全：《长乐冯氏与元魏宗室婚姻关系考——以墓志为中心》，《魏晋南北朝隋唐史资料》1996年第1期，第68—79页；张春芳：《北朝冯氏家族谱系及其政治影响》，《衡水学院学报》2014年第6期，第73—77页；刘连香：《北魏冯熙冯诞墓志与迁洛之初陵墓区规划》，《中原文物》2016年第3期，第82—89页。
[4] 赵万里编：《汉魏南北朝墓志集释》，载新文丰出版公司编辑部编：《石刻史料新编》（第三辑第三册），台北：新文丰出版股份有限公司，1977年，第377页；赵超：《汉魏南北朝墓志汇编·魏故乐安王妃冯（季华）氏墓志铭》，天津：天津古籍出版社，2008年，第155—156页。
[5] 《魏书》卷58《杨播传》，北京：中华书局，2018年，第1399页；另见参《北史》卷41《杨播传》，（北京：中华书局，1974年，第1483页）相关论述。
[6] 《杨范墓志》图版见赵万里编：《汉魏南北朝墓志集释》，载新文丰出版公司编辑部编：《石刻史料新编》（第三辑第三册），台北：新文丰出版股份有限公司，1977年，第533页。《杨颖墓志》《杨阿难墓志》图版见《新中国出土墓志·陕西》（壹），北京：文物出版社，2000年，第21—22页。
[7] 关于杨播家族发展及其依托弘农杨氏的分析，见唐长孺：《魏书杨播传自云"弘农华阴人"辨》，《山居存稿续编》，北京：中华书局，2011年，第94—98页；〔日〕竹田龙儿：《对作为门阀的弘农杨氏的考察》，《史学》1958年第31卷，第613—643页；王庆卫、王煊：《隋代华阴杨氏考述——以墓志铭为中心》，载西安碑林博物馆编：《碑林集刊》第11辑，西安：陕西人民美术出版社，2005年，第243—270页；王庆卫、王煊：《隋代弘农杨氏续考——以墓志铭为中心》，载西安碑林博物馆编：《碑林集刊》第12辑，西安：陕西人民美术出版社，2007年，第199—222页；李文才、俞钰培：《北朝杨播家族研究》，载中国魏晋南北朝史学会、大同平城北朝研究会编：《北朝研究》第6辑，北京：科学出版社，2008年，第107—116页；尹波涛：《北魏时期杨播家族建构祖先谱系过程初探——以墓志为中心》，《中国史研究》2013年第4期，第101—116页；黄桢：《制造乡里：北魏后期的弘农习仙里杨氏》，《国学研究》第36卷，2015年，第255—276页；郭伟涛：《论北魏杨播、杨钧家族祖先谱系的构建——兼及隋唐弘农杨氏相关问题》，《中华文史论丛》2017年第4期，第131—159、393页。关于乐浪王氏与杨氏关系的探讨，参见殷宪：《从北魏王礼斑妻舆砖、王斑残砖说到太和辽东政治圈》，《中华文史论丛》2006年第4期，第137—138页。

墓志》《杨阿难墓志》称王氏之父为王融，而在北燕后期有建德太守王融的记载，两者似为同一人。[①]

另外，尚有一条材料可资佐证。熙平元年（516）的《王昌墓志》云王昌之祖为汝南庄公[②]，虽未具言其名，对照《杨颖墓志》《杨阿难墓志》可知，《王昌墓志》中的汝南庄公就是前述冯朗、杨懿的岳父王融。值得注意的是，《王昌墓志》所载王昌的籍贯是"太原祁县高贵乡吉迁里"，前述《杨范墓志》《杨颖墓志》《杨阿难墓志》等所记亦为太原王氏。如此即可发现，乐浪王氏贵为文明冯皇后外家，又与自称弘农杨氏的杨懿家族通婚，按理应是当时的大族之一；但在北魏后期，这支乐浪王氏已改为"太原祁县"王氏的身份，继续活跃于北魏官场之中。这恐怕也是乐浪王氏未著录于《魏书》的重要原因。

三、墓志所见北魏后期的乐浪王氏

《魏书》所载王睹、杨播母王氏、冯太后之母王氏与祖母王氏等，虽然皆与北魏皇室、大族通婚，但相关记录都只有寥寥数句，不见生平事迹与家族世系。而在北朝后期墓志资料中，则可发现较多关于乐浪王氏的信息。特别是在20世纪20年代于河南陆续发现永平二年（509）《给事君夫人王氏墓志》、延昌四年（515）《王祯墓志》、正光四年（523）《王基墓志》，其后又发现同为乐浪遂城的永平元年（508）《王埋奴墓志》，四方墓志摘录如下：

> 君讳埋奴，字道岷，乐浪遂城人也。层基绵绪，蔚古芳今。高祖波，燕侍中、尚书左仆射、仪同三司、武邑公，曾祖遐，散骑常侍、领给事黄门侍郎、长乐侯，祖超，圣朝中书侍郎，父琳，尚书郎，十八而卒。[③]

> 夫人王氏，乐浪遂城人也。燕仪同三司、武邑公波之六世孙，圣朝幽营二州刺史广阳靖侯道岷之第三女，冀齐二州刺史燕郡康公昌黎韩麒麟之外孙。……乐浪名

---

① 《魏书》云北魏延和元年（432）太武帝至和龙，"文通石城太守李崇、建德太守王融十余郡来降"，《资治通鉴》记为"燕石城太守李崇等十郡降于魏"，《十六国春秋辑补》则云"八月，石城、辽东、营邱、成周四郡并降魏"，屠本《十六国春秋》作"石城太守李崇、建德太守王融等十郡并率众迎降"。四书所载郡数、月份稍有差异，仍可推断王融确于公元432年以建德太守的身份降于北魏。加上王融与冯崇、冯朗皆于同一年降北魏，更增添冯朗娶王融女的可能性。《魏书》卷4上《世祖纪上》，北京：中华书局，2018年，第94页；《资治通鉴》卷122《宋纪四·文帝元嘉九年》，北京：中华书局，2011年，第3904页；《十六国春秋辑补》卷100《北燕录三》，北京：中华书局，2020年，第1104页；《十六国春秋》卷99《北燕录二》，《景印文渊阁四库全书》，台北：台湾商务印书馆，1986年，第1097页。
② 赵万里：《汉魏南北朝墓志集释》，载新文丰出版公司编辑部编辑：《石刻史料新编》（第三辑第三册），台北：新文丰出版股份有限公司，1977年，第533页。
③ 洛阳市第二文物工作队、乔栋、李献奇，等编著：《洛阳新获墓志续编》，北京：科学出版社，2008年，第3页。

邦，王氏名宗。①

君讳祯，字宗庆，乐浪遂城人也，燕仪同三司武邑公波之六世孙，高祖礼班，散骑常侍平西将军给事黄门侍郎晋阳侯，曾祖定国，圣朝库部给事中河内太守博平男，祖唐成，广武将军东宫侍郎合肥子，父光祖，宁远将军徐州长史淮阳太守司州中正晋阳男。②

君讳基，字洪业，乐浪遂城人也……其先出自有殷，周武王克商，封箕子于朝鲜，子孙因而氏焉，六世祖波，燕仪同三司、武邑公，高祖班，散骑常侍平西将军给事黄门侍郎晋阳侯，曾祖定国，圣朝库部给事冠军将军并州刺史博平男，祖唐成，广武将军东宫侍郎合肥子，父光祖，宁远将军徐州长史淮阳太守司州中正晋阳男第三子也。③

上述四方墓志的志主皆标示为乐浪遂城人，且皆追尊于燕朝任官的王波为祖，可见乐浪遂城应是北朝乐浪王氏的著名地望，且四方墓志可连结为较完整的谱系。④其中较有疑问的是，《给事君夫人王氏墓志》云王氏的六世祖为王波，其父为王道岷，亦即王道岷为王波之五世孙；而《王埋奴墓志》云"君讳埋奴，字道岷"，则王氏之父王道岷就是王埋奴；但《王埋奴墓志》又云王波是王埋奴的高祖，也就是王埋奴是王波的四世孙，与《给事君夫人王氏墓志》所云不同。按理这种父祖辈分写错的概率不高，其理由为何，仍有待进一步考虑。但无论如何，这几方北魏后期的墓志，都标示了乐浪王氏自燕入魏后的发展情形。

在1997年于大同东南智家堡发现的墓葬中，有两块分别记有"王礼斑妻舆"与"王斑"的墓砖，正好与《王祯墓志》《王基墓志》的王礼班、王班对应，显然王礼班就是王班，是王祯与王基的四世祖。⑤还有一方熙平三年（518）的《宇文永妻韩氏墓志》，云韩氏的祖父为韩麒麟，祖母为乐浪王氏，外曾祖父为王定国，也就是王祯、王基的曾

---

① 赵万里编：《汉魏南北朝墓志集释》，载新文丰出版公司编辑部编辑：《石刻史料新编》（第三辑第三册），台北：新文丰出版股份有限公司，1977年，第459页；赵超：《汉魏南北朝墓志汇编》，天津：天津古籍出版社，2008年，第56页。
② 赵万里编：《汉魏南北朝墓志集释》，载新文丰出版公司编辑部编辑：《石刻史料新编》（第三辑第三册），台北：新文丰出版股份有限公司，1977年，第530页；赵超：《汉魏南北朝墓志汇编》，天津：天津古籍出版社，2008年，第80页。
③ 赵万里编：《汉魏南北朝墓志集释》，载新文丰出版公司编辑部编辑：《石刻史料新编》（第三辑第三册），台北：新文丰出版股份有限公司，1977年，第555页；赵超：《汉魏南北朝墓志汇编》，天津：天津古籍出版社，2008年，第138—139页。
④ 民初以来尚有《给事君夫人韩氏墓志》《王晓墓志》，记韩氏、王晓为乐浪遂城人，但许多学者已指出，《给事君夫人韩氏墓志》实为仿照《给事君夫人王氏墓志》的伪刻，《王晓墓志》则是仿照《王基墓志》的伪刻。罗新：《北大馆藏拓本〈给事君夫人韩氏墓志〉辨伪》，《文献》1996年第1期，第253—255页；马立军：《北魏〈给事君夫人韩氏墓志〉与〈元理墓志〉辨伪——兼谈北朝墓志著录中的伪刻问题》，《江汉考古》2010年第2期，第88—94页。
⑤ 殷宪：《从北魏王礼斑妻舆砖、王斑残砖说到太和辽东政治圈》，《中华文史论丛》2006年第4期，第130—135页。

祖父。① 对照前述《给事君夫人王氏墓志》王氏的外祖父亦为韩麒麟，代表昌黎韩氏与乐浪王氏之间，同样也有累世为婚的关系。

此外，从这几方墓志来看，乐浪遂城王氏在北魏大概位于中级偏上的官僚阶层，与前述常太后、冯皇后的外家乐浪王氏类似。然而这支乐浪遂城王氏同样未出现于《魏书》的叙事之中，仅有部分可以联结的旁证。如学者所言，《给事君夫人王氏墓志》的王氏之夫，为元休第三子元愿平：

> 燮弟愿平，清狂无行。高祖末，拜员外郎。世宗初，迁给事中。……灵太后临朝，以其暴乱不悛，诏曰："愿平志行轻疏，每乖宪典，可还于别馆，依前禁锢。"久之，解禁还家，付宗师严加诲奖。后拜通直散骑常侍、前将军。坐裸其妻王氏于其男女之前，又强奸妻妹于妻母之侧。御史中丞侯刚案以不道，处死，绞刑，会赦免，黜为员外常侍。孝昌中，卒。②

《魏书·安定王休传》在记述元愿平的劣行时，提及其妻王氏，但未交代王氏的出身与家族背景。若是没有《给事君夫人王氏墓志》的内容，后世根本无从得知元愿平之妻王氏出自乐浪遂城。尽管乐浪遂城王氏尚能与北魏诸侯王之子通婚，但《魏书》无只字提及乐浪遂城王氏，无论是从北魏后期的政治局势或《魏书》编纂者魏收的个人好恶来考虑，乐浪遂城王氏在当时的政治地位与影响力恐怕都很有限。

除了前述几方乐浪遂城王氏墓志外，河南洛阳另发现纪年为永安三年（530）的《王舒墓志》，出土具体时间、地点不详，《魏晋南北朝墓志集释》已有收录，录文如下：

> 君讳舒，字进寿，乐梁遂城人也，以大魏永安三年岁次庚戌九月甲戌朔十一日甲申葬于北芒之阳，夫人慕容。③

乐梁即乐浪，加上乐梁之后亦记为遂城，可知王舒同样出身乐浪遂城。王舒下葬时间与王祯、王基时代相近，可能相互间有血缘关系。但《王舒墓志》未标示世系，无法得知王舒与其他乐浪遂城王氏成员的关系。

据称2003年在河南孟津出土的孝昌元年（525）《张问墓志》，志主张问之妻王氏亦出身乐浪：

> 夫人乐良王氏，汉吏部尚书、徐州刺史、武城公备之后，晋中书侍郎、太子庶子、给事黄门侍郎、卫尉卿、都官尚书、建平公援，即夫人五世也。祖毓，本州主簿别驾、燕勃海太守、建平公，父休，郡功曹、明威将军、燕郡太守。④

---

① 洛阳市第二文物工作队、乔栋、李献奇，等编著：《洛阳新获墓志续编》，北京：科学出版社，2008年，第5页。
② 《魏书》卷19下《安定王休传》，北京：中华书局，2018年，第591页。
③ 赵超：《汉魏南北朝墓志汇编》，天津：天津古籍出版社，2008年，第272页；毛远明校注：《汉魏六朝碑刻校注》第6册，北京：线装书局，2008年，第313页。按：关于《王舒墓志》，《汉魏南北朝墓志汇编》未释"遂"字而作"乐梁□城"，纪年则作九月甲戌朔十二日甲申；《汉魏六朝碑刻校注》释作"乐梁遂城"，纪年作九月甲戌朔十一日甲申。据拓片字形与乐浪王氏郡望推断，作"乐梁遂城"应无问题；而按照干支推算，九月十一日为甲申，朔日则为甲戌，故此处采用《汉魏六朝碑刻校注》的释文。
④ 赵君平、赵文成编：《河洛墓刻拾零·魏张问墓志并盖》，北京：北京图书馆出版社，2007年，第32页。

北魏时期史料常将乐浪写作乐良，可知张问妻王氏自称出身乐浪。然而《张问墓志》记张问妻王氏的先祖王备为汉代吏部尚书、徐州刺史、武成公，众所周知，两汉时期施行二十等爵制，除少数特例，非刘姓大臣基本没有封为公者①；且汉代尚无吏部尚书之称②，因此《张问墓志》对王备官爵的记载可能有问题。不仅如此，张问妻王氏的五世祖为晋建平公王援，应是西晋时期的爵位③，即便王援获得西晋的公爵，且得任九卿、尚书等官，王援本人仍未出现于史传之中。且由《张问墓志》所载王氏先祖系谱看来，张问妻王氏与乐浪遂城王氏所推崇的王波并无关系，亦即张问妻王氏家族与乐浪遂城王氏家族之间的数世内谱系，似乎没有直接的联系。

1989年于河南孟津发现北魏墓葬，出土文物中有北魏太昌元年（532）的《王温墓志》：

> 公讳温，字平仁，燕国乐浪乐都人。启源肇自姬文，命氏辰于子晋，汉司徒霸、晋司空沉之后也。祖评，魏征虏将军、平州刺史，识寓详粹，誉光遐迩；父袤，龙骧将军、乐浪太守，雅亮淹敏，声播乡邑。昔逢永嘉之末，高祖准，晋太中大夫，以祖司空、幽州牧浚遇石氏之祸，建兴元年自蓟避难乐浪，因而居焉。至魏兴安二年，祖评携家归国，冠冕皇朝，随居都邑。……寻简乡望，补燕国乐浪中正。品裁人物，升降有叙，邦邑缙绅，比之水镜。④

从上述《王温墓志》的内容可知，王温自称太原祁县王浚的后裔，因永嘉之乱而逃奔至乐浪郡，至其祖王评方归顺北魏。王温的郡望是乐浪乐都，与前述王祯、王基等的乐浪遂城不同，双方应非同一家族。《续汉志》幽州乐浪郡下有乐都县，而《晋书》平州乐浪郡下已无乐都县⑤；至北魏正光末年（525）于营州侨置乐良郡（即乐浪郡），下辖永洛、带方二县，而无乐都县⑥。王温自称乐浪乐都人，可能是特意选取乐浪郡的故县，或是居住地曾为汉代乐浪郡乐都县之故。

王评"携家归国"的时间是兴安二年（453），前一年正逢北魏太武帝遇弑、南安王

---

① 关于汉代爵制研究，见〔日〕西嶋定生：《中国古代帝国的形成与结构——二十等爵制研究》，武尚清译，北京：中华书局，2004年；朱绍侯：《军功爵制考论》，北京：商务印书馆，2008年。
② 吏部尚书在东汉时期仍称选曹，至魏晋以后方改称吏部。相关讨论参祝总斌：《两汉魏晋南北朝宰相制度研究》，北京：北京大学出版社，2017年，第111—116页；陈仲安、王素：《汉唐职官制度研究》（增订本），上海：中西书局，2018年，第34—40页；安作璋、熊铁基：《秦汉官制史稿》（第2版），济南：齐鲁书社，2007年，第272—278页。
③ 一般而言，十六国北朝史料追述父祖官爵时，称晋者多指中晋（西晋）；加上《张问墓志》并未提及夫人王氏父祖有北奔的记录，因此可推测夫人王氏五世祖王援官爵应属西晋时期。
④ 《王温墓志》出土情形说明参洛阳市文物工作队：《洛阳孟津北陈村北魏壁画墓》，《文物》1995年第8期，第26—35页。释文与说明见张乃翥：《北魏王温墓志纪史勾沉》，《中原文物》1994年第4期，第88—93页；罗新、叶炜：《新出魏晋南北朝墓志疏证》（修订本），北京：中华书局，2016年，第130—131页。
⑤ 《后汉书·续汉志》志23《郡国志五》，北京：中华书局，1965年，第3529—3530页；《晋书》卷14《地理志上》，北京：中华书局，1974年，第427页。
⑥ 王仲荦：《北周地理志》，北京：中华书局，1980年，第1140—1141页；牟发松、毋有江、魏俊杰：《中国行政区划通史·十六国北朝卷》（第2版），上海：复旦大学出版社，2017年，第531页。

拓跋余短暂继位、文成帝随即继承大统等重大事件。如前所述，文成帝的保姆常太后为辽西人，妹夫王睹很可能为乐浪人；其后太安二年（456）所立的皇后冯氏，其母亦为乐浪人。亦即在文成帝时期，辽东周边出身的家族在政治上看来有较高的影响力。王评在此时举家归国，很可能与此政治氛围有关。

总而言之，北魏后期出现的乐浪王氏中，以乐浪遂城王氏为最大宗，另有其他数支以乐浪为郡望的王氏。其中乐浪遂城王氏以王波为先祖，虽有与北魏宗室旁支元愿平、昌黎韩麒麟通婚的记录，但在人物关系上与前文所述北魏冯太后外家乐浪王氏没有直接关系；加上冯太后外家的乐浪王氏在北魏后期已自称太原祁县王氏，而乐浪遂城王氏仍以乐浪为郡望，两者是否为同一家族，仍有待新史料的出现，方能进一步论证。

四、东西魏北齐北周的乐浪王氏

北魏末年分裂为东西魏，部分乐浪王氏家族随着宇文泰进入关中，并成为西魏北周的官僚。其中最著名的就是号称乐浪王氏后裔的王盟家族：

> 邵惠公颢，太祖之长兄也。德皇帝娶乐浪王氏，是为德皇后。生颢，次杞简公连，次莒庄公洛生，次太祖。[1]

> 王盟字子仵，明德皇后之兄也。其先乐浪人。六世祖波，前燕太宰。祖珍，魏黄门侍郎，赠并州刺史、乐浪公。父罴，伏波将军，以良家子镇武川，因家焉。……赵青雀之乱，盟与开府李虎辅魏太子出顿渭北。事平，进爵长乐郡公，增邑并前二千户，赐姓拓（拔）王氏。[2]

由上述两段史料可知，王盟六世祖为王波，亦即王盟与前引王祯、王基同辈，都属乐浪遂城王氏。至王盟之父王罴时，以良家子之故，被派遣至六镇之一的武川镇戍守，遂成为武川人。据《元和姓纂》拓王氏条云，拓王氏"本姓王，乐浪人。祖罴，后魏伏波将军，镇武川，赐姓拓王氏焉"[3]，亦可互参。

西魏末年，随着关中本位政策的施行[4]，王盟家族也顺势改姓为拓王氏[5]。然而到了

---

[1] 《周书》卷10《邵惠公颢传》，北京：中华书局，1971年，第153页；另参《北史》卷57《邵惠公颢传》（北京：中华书局，1974年，第2057页）相关论述。
[2] 《周书》卷20《王盟传》，北京：中华书局，1971年，第333—334页；另参《北史》卷61《王盟传》（北京：中华书局，1974年，第2163—2164页）相关论述。
[3] （唐）林宝撰，岑仲勉校记，郁贤皓、陶敏整理，孙望审订：《元和姓纂（附四校记）》，北京：中华书局，1994年，第1575—1576页。
[4] 陈寅恪：《唐代政治史述论稿》，北京：生活·读书·新知三联书店，2001年，第197—200页。
[5] 李文才：《试论西魏北周时期的赐、复胡姓》，《民族研究》2001年第3期，第40—47页。

周隋之际陆续将胡姓改回汉姓时，王盟家族后人却未趁势改回乐浪王氏的称号，而是采用了其他的郡望。《隋书·王谊传》云"王谊字宜君，河南洛阳人也"①，开皇七年（587）的《王懋及妻贺拔二娘墓志》则记"公讳懋，字坦度，太原晋阳人"②，王谊是王罴的曾孙、王盟的孙辈，王懋是王盟之子，两人却分别以河南洛阳与太原晋阳作为本贯。河南洛阳是北魏孝文帝迁都洛阳之际鲜卑代郡鲜卑贵族随之改迁的郡望，太原晋阳则是北魏孝文帝定姓族以来华北最著名的王氏家族，王谊与王懋分别自称河南洛阳人与太原晋阳人，依附意味浓厚。王盟家族原本出身的乐浪，显然已遭弃用。③

另外据称 21 世纪所发现的北齐河清元年（562）《王敬妃墓志》，志主王敬妃同样也出身于乐浪：

> 夫人姓王字敬妃，营州乐浪人也。开源建姓，因文而著氏；受命创基，缘武而兴□。若鲁卫分封，遂望冠乐浪焉。④

西晋乐浪郡原属平州，东魏天平四年（537）于营州侨置乐浪郡⑤，正合于《王敬妃墓志》所云营州乐浪的地望。北齐于天保七年（556）大规模省并州郡，原属营州的侨乐浪郡亦于该年被并入昌黎郡，也就是在天保七年以后，已无实际上的（侨）乐浪郡。不过《王敬妃墓志》的出土时地不详，仅著录于《文化安丰》一书，连志石与拓片的保存情形都未著录，其真伪尚待厘清。

无论《王敬妃墓志》真伪与否，至少这方墓志为我们提供了一个思考点，即东魏北齐是否也存有乐浪王氏，这批乐浪王氏到了隋唐时期是否继续自称乐浪王氏，还是如同西魏北周的王盟家族般，改用太原、河南等其他著名郡望？现有史料完全未见隋唐时期有自称乐浪王氏者，仅有同样出身朝鲜半岛北部的营州王氏、高丽王氏等，姚薇元等学者也将其视作乐浪王氏。然而自北齐废除侨乐浪郡后，乐浪郡就不再纳入中国地方行政制度之内，连 5 世纪以前迁至中原的乐浪王氏都放弃了乐浪的本贯，这些 6 世纪中叶以后迁入的朝鲜半岛北部人士，自然也不会自称"乐浪"，而是选用"营州"或"高丽"等隋唐人容易理解的名称。因此"乐浪王氏"应有较为精确的定义，主要指称随着北燕冯氏加入北魏的乐浪王氏家族及其后裔，以及 5 世纪时辗转流入北魏的乐浪王氏家族。至于 6 世纪中叶以来进入中原的营州王氏、高丽王氏等，无论名义上还是实质上，都与前述乐浪王氏无涉。

---

① 《隋书》卷 40《王谊传》，北京：中华书局，2019 年，第 1322 页。
② 王其祎、周晓薇编著：《隋代墓志铭汇考》，北京：线装书局，2007 年，第 232—233 页。
③ 关于王盟家族与拓王氏改姓的问题，笔者拟另撰文讨论，此处从略。
④ 贾振林编著：《文化安丰》，郑州：大象出版社，2011 年，第 270 页。
⑤ 施和金撰：《北齐地理志》卷一《河北地区（上）》，北京：中华书局，2008 年，第 133—134 页；牟发松、毋有江、魏俊杰：《中国行政区划通史·十六国北朝卷》（第 2 版），上海：复旦大学出版社，2017 年，第 656 页。

五、小　　结

　　中古乐浪王氏的起源，来自汉代设立乐浪郡后，原居于辽东半岛、山东半岛等地的王氏家族，陆续迁移、定居于朝鲜半岛北部者。

　　北燕灭亡之际，其中一支乐浪王氏家族随着北燕宗室冯崇投奔北魏，由此进入北魏官场，并通过与冯氏的密切关系，在当时拥有较高的地位。然而到了北魏后期，这支曾为冯太后外家的乐浪王氏，却已改称太原祁县王氏，除了反映当时冒伪士籍的严重程度外，也代表乐浪王氏在孝文帝定姓族之际，恐未成为膏粱、华腴级别的郡望，因而冒称太原王氏，试图提升自身的地位（尽管可能只是名义上的地位）。

　　北魏后期的乐浪王氏，则以乐浪遂城为主要郡望，尊前燕时期的王波为祖，且以洛阳周边为葬地。直至西魏北周之际，王盟家族仍以乐浪王氏后裔与宇文氏外家的身份活跃于官场，并配合西魏北周国策，改姓为拓王氏。但到了隋代复汉姓时，王盟家族后裔并未恢复其乐浪郡望，而是分别改为河南洛阳与太原祁县。不仅如此，整个隋唐时期，再也不见任何以乐浪为郡望的王氏。

　　隋唐以降乐浪王氏的消失，除因乐浪王氏在北魏孝文帝定姓族之际未成为真正的高门之外，更重要的理由，应在于北齐时期省并侨乐浪郡，至隋文帝施行废郡存州政策时，也未设置对应乐浪郡之州，乐浪与王朝政治地理的关系至此正式断裂。到了周隋以降，同样来自朝鲜半岛北部的王氏，则以高丽王氏、营州王氏为号，乐浪王氏遂成为停留在北朝时期的历史名词。

（编辑：郑春颖）

辽代国舅小翁帐萧知玄家族述论

都兴智*

摘　要：萧知玄出身于辽代拔里国舅小翁帐，系阿古只之裔孙。萧知玄契丹本名时时里·迪烈，本人没有什么突出业绩，但他有六子五女，是一个人丁兴旺的大家庭。道宗时发生的宣懿皇后及太子被害案牵连了萧知玄的二子一女，对他的家庭产生了巨大的冲击，带来了严重的灾难。本文主要论述了萧知玄第二子挞不也和第三子讹都斡在宣懿皇后和太子案中遇害的原因及经过，同时对受该案株连的萧知玄第三女宋魏国妃相关的几个问题进行了探讨。

关键词：拔里国舅小翁帐　萧知玄　宣懿皇后及太子被害案　挞不也与讹都斡　宋魏国妃

萧知玄是国舅小翁帐阿古只之后，萧和第三子萧孝诚之幼子。他本人没有入仕，《辽史》也没有给他立传。但其多子多女，家族成员人丁兴旺，且与皇室有着复杂的姻亲关系，特别是他的子女当中有好几个都与道宗时发生的宣懿皇后冤案及太子被害案有直接关系，故撰此文加以论述。

一、萧知玄的名字

萧知玄之名见诸《晋国王妃秦国太妃耶律氏墓志铭》、《萧知行墓志铭》、汉字《宋魏国妃萧氏墓志铭》、契丹小字《梁国王墓志铭》、契丹小字《宋魏国妃墓志铭》和契丹小字《耶律弘用墓志铭》等辽代出土的石刻资料中。《晋国王妃秦国太妃耶律氏墓志铭》、《萧知行墓志铭》和契丹小字《梁国王墓志铭》，均出土于今阜新市关山辽代萧和家族墓地。①秦国太妃是萧知玄的祖母，知行、梁国王知微（契丹名术里者，即《辽史》所记的萧术者）是知玄的胞兄。契丹小字《梁国王墓志铭》第4行，称萧知玄为"时时里

---

* 都兴智，辽宁师范大学历史旅游学院教授。
① 辽宁省文物考古研究所：《关山辽墓》，北京：文物出版社，2011年。

迪烈大王"[1]。汉字《宋魏国妃萧氏墓志铭》记："妃萧氏乃宗天皇太后之犹女也。世奉天姻，名冠舅籍，国史备矣。曾祖名解里，小名桃隈，追赠齐国王。祖名六温，小名高九，兰陵郡王。父名时时里，小名迪烈，追赠守司徒，兰陵郡王。"[2]犹女，即侄女。宗天皇太后，指道宗之母、兴宗皇后，乃萧和长子孝穆之女，宋魏国妃为孝穆三弟孝诚孙女，所以从亲属关系论，宋魏国妃是宗天皇太后的侄女。解里·桃隈，即萧和。宋魏国妃之祖六温·高九，即萧孝诚。辽代契丹人一般都有两个契丹本名，一个即所谓小名，在契丹文墓志中称孩子名；另一个即大名，在契丹文墓志中称为"第二个名"，《辽史》中称为字。萧孝诚的孩子名高九，第二个名六温，或译为留隐、留引，为同音异译。宋魏国妃之父名时时里·迪烈，时时里是其字，迪烈是他的孩子名，而知玄则是他的汉名。

知玄之汉名，见之于《〈萧知行墓志铭〉考》："公之昆季七人□□□长兄不仕荫□观察使讳知章次兄□留讳知□□□□事三兄北宰相柳城郡王讳知微四兄不仕加防御使讳知人长弟宣徽使讳知善季弟不仕□□□□使讳知玄。"[3]由此可知，萧孝诚七子的长幼排序是长子知章，次子知□，三子知微，四子知人，五子知行，六子知善，七子知玄。

二、萧知玄的子女

据现已发现的石刻资料证明，萧知玄有六子五女。关于萧知玄的六个儿子，在契丹小字《宋魏国妃墓志铭》和契丹小字《耶律弘用墓志铭》中均有较清楚的记载。契丹小字《宋魏国妃墓志铭》第7—11行："妃之兄弟六个，大者礼宾使讹里本；第二个左金吾卫上将军、部署司同知、驸马都尉挞不也。道宗皇帝之女赵国公主之赐。舅父姆葛之族系承桃。大康中□瓦里赐，故。皇帝之天，追封同中书门下平章事、兰陵郡王。……第三个讹都斡，□□檀州之事知；第四个乙辛，延昌宫之副使、点检同知；第五个特每□□详稳；第六个知不困，龙州团练使、九之地之事知。"[4]上述志文是按契丹语序直译的，如果按汉语语序翻译，则"道宗皇帝之女赵国公主尚"应译为"尚道宗皇帝之女赵国公主"。"舅姆葛之族帐承桃"应译为"承桃舅姆葛之族帐"。舅姆葛，不详所指。瓦里，是辽代关押罪犯的地方。"皇帝之天"应译为"皇帝登天位"，即皇帝登极。这里的皇帝是指天祚帝。"檀州之事知"应译为"檀州之知事"。点检同知，指同知殿前都点检。"□地之事知"应译为"□地之知事"。

---

[1] 《契丹小字〈梁国王墓志铭〉考释》，载辽宁省文物考古研究所编著：《关山辽墓》，北京：文物出版社，2011年，第118页。
[2] 《汉字〈宋魏国妃萧氏墓志铭〉》，载刘凤翥、唐彩兰、青格勒编著：《辽上京地区出土的辽代碑刻汇辑》，北京：社会科学文献出版社，2009年，第265页。
[3] 《〈萧知行墓志铭〉考》，载辽宁省文物考古研究所编著：《关山辽墓》，北京：文物出版社，2011年，第99页。
[4] 《契丹小字〈宋魏国妃墓志铭〉》，载刘凤翥、唐彩兰、青格勒编著：《辽上京地区出土的辽代碑刻汇辑》，北京：社会科学文献出版社，2009年，第269—270页。

契丹小字《耶律弘用墓志铭》第 12—16 行："妻阿姆哈娘子，□国舅小翁帐仪天皇太后之第三弟六温高九大王之少子时时里敌烈太师、横帐之楚哥夫人二人之女。清宁元年十一月廿二日于生。岁廿整于将军于嫁。……寿昌五年十月八日于岁四十五于病故。兄弟六个，老大讹里本郎君，岁五十一，□。老二挞不也驸马，清宁皇帝皇后之第二女齐国公主之夫君。老三讹都斡将军，岁四十七，□□将军拜。老四义信郎君，岁三十九，字之事于任职。老五特每郎君，岁三十五，□。老六智不困郎君，岁三十二。"①

耶律弘用是圣宗之孙、宗愿之子，其妻是萧知玄之女阿母哈娘子。由志文可知萧知玄之妻为横帐楚哥夫人耶律氏。阿母哈娘子生于清宁元年（1055）十一月二十二日，二十岁时嫁给了耶律弘用，卒于寿昌五年（1099）十月初八日，享年四十五岁。

两篇志文所记萧知玄的六个儿子名字完全相同，只是各人所任官职有所差别。这是因为《耶律弘用墓志》刻于寿昌六年，而《宋魏国妃墓志铭》刻于乾统十年（1110），二者前后相距十年，其间有的人职务已经发生变化。古人年龄以虚岁计，《耶律弘用墓志铭》志文记各人的当时岁数，老大讹里本五十岁，老二挞不也驸马，老三讹都斡将军年四十七，老四乙辛郎君年三十九。以此推算，老大、老二和老三应该是阿母哈娘子之兄，其余三个为其弟。

关于萧知玄之女，契丹小字《耶律弘用墓志铭》记载，阿母哈娘子有一姊三妹，也就是说知玄共有五个女儿。志文第 17—18 行："姐一个，隋哥娘子，横帐之仲父房定光奴郎君于嫁，今岁四十八。□□（妹）讹都斡妃，今圣之大弟宋魏国王之妃，岁廿六于薨。特美娘子，横帐之郎君于嫁，岁廿九于卒。妃，横帐之仲父房宫使都监于嫁，岁三十三卒。"②所谓讹都斡妃，就是指道宗同母大弟，后被天祚帝封为义和仁寿皇太叔祖和鲁斡之妃，也就是《宋魏国妃墓志铭》的墓主人。

三、萧知玄二子与皇后、太子冤案

辽道宗大康年间，发生了辽代历史上最大的一桩冤案，这就是宣懿皇后萧观音和太子耶律濬被诬案。萧知玄家族中有三个子女与此案有关，其第二子挞不也驸马蒙冤而死，第三子讹都斡却沦为奸党成员，最后也丢掉了性命，第三女宋魏国妃讹都斡也因受此案株连被迫与皇太叔离婚，年纪轻轻地死在娘家。

奸臣耶律乙辛在兴宗时就得到重用，道宗即位，官至北院枢密使。因平定重元之乱

---

① 《契丹小字〈耶律弘用墓志铭〉》，载刘凤翥、唐彩兰、青格勒编著：《辽上京地区出土的辽代碑刻汇辑》，北京：社会科学文献出版社，2009 年，第 194—195 页。
② 《契丹小字〈耶律弘用墓志铭〉》，载刘凤翥、唐彩兰、青格勒编著：《辽上京地区出土的辽代碑刻汇辑》，北京：社会科学文献出版社，2009 年，第 196 页。

有功，加封平乱功臣，爵封魏王，守太师，开始在朝内结党营私，专擅朝政，权势熏天。"势震中外，门下馈赂不绝。凡阿顺者蒙荐擢，忠直者被斥窜。"①大康元年（1075）六月，诏皇太子总领朝政，修明法度，使朝政日新。乙辛专权受制，心怀不满，于是就与宰相张孝杰狼狈为奸，相互勾结，设奸计谋害太子，他们首先对太子生母宣懿皇后下毒手。乙辛等指使其宫婢单登等诬告皇后与伶官赵惟一私通，然后严刑拷打赵惟一，使其诬伏。昏聩的辽道宗竟相信奸臣谗言，于当年十一月下诏赐皇后自尽。身为皇后的一代才女萧观音竟蒙冤而死。萧观音死后，乙辛又于大康三年五月指使人伙同右护卫太保查剌等诬告知北面枢密使事萧速撒等8人"谋立皇太子"。②因为本来就是子虚乌有之事，道宗开始也不相信，但为了以防万一，把萧速撒等补放外任。乙辛又施诡计，指使时为印牌郎君的萧讹都斡以同谋者的身份自首，道宗命乙辛及同党张孝杰、耶律仲禧、耶律燕哥、萧余里也（萧阿剌次子、萧德温之弟萧德良）、萧十三等共审此案。奸党在审问过程中对涉案人严刑拷问。"乙辛恐帝疑，引数人庭诘，各令荷重校，绳系其颈，不能出气，人人不堪其酷，惟求速死。"③皆诬伏。道宗信以为真，于是废太子为庶人，囚上京。不久，乙辛又遣亲信害太子于上京，同时杀太子妃（梁国王萧知微之女）以灭口。

这一冤案杀了许多人，其中就包括萧知玄第二子挞不也驸马。关于挞不也驸马被害之事，在前引的契丹小字《宋魏国妃墓志铭》第7—11行中就有记载。挞不也官左金吾卫上将军、部署司同知。尚道宗皇帝与宣懿皇后所生的第二女赵国公主，为驸马都尉。"大康中□瓦里赐，故。"④此处无解的那个契丹小字可能是瓦里之名。按汉语语序可译为"大康中赐某瓦里，故。"也就说大康中因太子案遭诬陷，奉皇命被关进瓦里（监狱），死在狱中。关于挞不也尚公主之事，《辽史·公主表》："宣懿皇后生三女。纠里，第二。封齐国公主，进封赵国。下嫁萧挞不也。驸马都尉萧挞不也坐昭怀太子事被害，其弟讹都斡欲逼尚公主，公主以讹都斡党乙辛，恶之。讹都斡以事伏诛，天祚幼，乙辛用事，公主每以匡救为心。大安五年以疾薨。"⑤萧挞不也，《辽史》有传，其本传记："萧挞不也，字斡里端，国舅郡王高九之孙。性刚直。咸雍中，补祗候郎君。大康元年，为彰愍宫使。尚赵国公主，拜驸马都尉。三年，改同知汉人行宫都部署。与北院宣徽使耶律挞不也善，乙辛嫉之，令人诬告谋废立事。不胜榜掠，诬伏。上引问，昏聩不能自陈，遂见杀。"⑥天祚皇帝登极，为萧挞不也平反昭雪，追封同中书门下平章事、兰陵郡王。

前文所记太子被诬案中受耶律乙辛指使、以同案犯身份出来作证的印牌司郎君讹都斡，就是萧知玄的第三子。《辽史·萧讹都斡传》："萧讹都斡，国舅少父房之后。咸雍中，

---

① 《辽史》卷110《耶律乙辛传》，北京：中华书局，1974年，第1484页。
② 《辽史》卷23《道宗纪三》，北京：中华书局，1974年，第279页。
③ 《辽史》卷110《耶律乙辛传》，北京：中华书局，1974年，第1485页。
④ 《汉字〈宋魏国妃萧氏墓志铭〉》，载刘凤翥、唐彩兰、青格勒编著：《辽上京地区出土的辽代碑刻汇辑》，北京：社会科学文献出版社，2009年，第265页。
⑤ 《辽史》卷65《公主表》，北京：中华书局，1974年，第1008—1009页。
⑥ 《辽史》卷99《萧挞不也传》，北京：中华书局，1974年，第1422页。

补牌印郎君。大康三年，枢密使乙辛阴怀逆谋，乃令护卫太保耶律查剌诬告耶律撒剌等废立事。诏按无状，皆补外。顷之，讹都斡希乙辛意，欲实其事，与耶律塔不也等入阙，诬首：'耶律撒剌等谋害乙辛，欲立皇太子事，臣亦预谋。今不自言，恐事泄连坐。'帝果怒，徙皇太子于上京。讹都斡尚皇女赵国公主，为驸马都尉。后与乙辛议不合，衔之，复以车服僭拟人主，被诛。"①应该说，讹都斡在此案中以自首方式出具的伪证对冤案构成起了关键性作用。此人厚颜无耻，其次兄挞不也被诬丧命，他不但不施援手相救，反倒替奸臣出具伪证。挞不也死，又逼尚其嫂赵国公主。《公主表》记，讹都斡欲逼尚公主，公主以讹都斡党乙辛，恶之。但实际上他最后还是娶了公主为妻。《公主表》又记，讹都斡以事伏诛后，天祚帝年幼，乙辛用事，公主曾尽心保护。"公主每以匡救为心，竟诛乙辛。"②公主薨于大安五年（1089），这说明讹都斡在道宗晚年即遭诛杀。古人云："鸟之将死，其鸣也哀；人之将死，其言也善。"③讹都斡自己也明白，乙辛等给他定的"车服僭拟人主"的罪名是欲加之罪，故其临死时说了实话："前告耶律撒剌事，皆乙辛教我。恐事彰，杀我以灭口耳。"④可惜他醒悟得太晚了。

四、关于宋魏国妃的几个问题

宋魏国妃讹都斡，其契丹名与其三哥相同。宋魏国妃的汉字、契丹小字墓志于1997年发现于内蒙古赤峰市巴林右旗辽庆陵陪葬墓中，与皇太叔祖和鲁斡（耶律弘本）的哀册同出于一个墓中。关于宋魏国妃的生卒年龄和相关史事，其汉字、契丹小字墓志的记载有许多不同之处，有必要加以厘清。其汉字墓志记："妃幼聪惠，美姿色，进止有度，瞬容顾盼，辉映左右，殊为永乐之所宠爱，亟因间进言之。遂召嫔于宋魏国王之邸。时年一十有五。以重和八年册为宋魏国妃。……至清宁末，元恶启衅，祸连戚里。妃以亲累，诏归于舅氏。尔后尤以贞素自守。非命召未曾逾阈。宴居穆晬。恒若怡然。无何，遘疾，以大安六年十二月二十三日薨于保州，享年二十有五。"其契丹小字墓志第5行记载："妃咸雍六年秋□□大康三年夏□祸□六年十二月廿三日岁廿五于薨七年十二月廿三日彩云山之东坡权厝。"⑤

两相对照，发现记载宋魏国妃卒年的月份和日期是相同的，但年份却一为大安六年（1090），一为大康六年（1080），前后相差十年，其中必有一误。那么二者到底哪一个记载正确呢？汉字志文又记，宋魏国妃被召进王邸时年十五岁，重和八年册为宋魏国妃。

---

① 《辽史》卷111《萧讹都斡传》，北京：中华书局，1974年，第1493页。
② 《辽史》卷65《公主表》，北京：中华书局，1974年，第1009—1010页。
③ 刘胜利编：《论语》，北京：中华书局，2006年，第1—30页。
④ 《辽史》卷111《萧讹都斡传》，北京：中华书局，1974年，第1493页。
⑤ 《汉字〈宋魏国妃萧氏墓志铭〉》，载刘凤翥、唐彩兰、青格勒编著：《辽上京地区出土的辽代碑刻汇辑》，北京：社会科学文献出版社，2009年，第265页。

重和，即重熙，因避嫌天祚帝名改"熙"为"和"。重熙八年为1039年。宋魏国妃只活了二十五岁，就算她进王邸当年即封为王妃，那么她就应该死在1049年，即重熙十八年，这显然与大安六年卒的记载亦不相符。她若是死于重熙十八年，更与清宁末"元恶启衅，祸连戚里"毫无关系。由此看来，汉字志文的记载是大有问题的，还是契丹小字志文的记载可信。宋魏国妃死于大康六年十二月，享年二十五岁。以此推算，她应生于清宁二年（1056），比她的二姐阿母哈娘子只小一岁。契丹小字志文记"咸雍六年秋"后面的两个小字暂时无解，但推测这一年应该是宋魏国妃被召入宋魏国王邸的时间，她正好十五岁。"大康三年夏口祸口"，无疑是指她被遣送回娘家的时间，当时她只有二十二岁，三年后，即大康六年（1080）死，年二十五岁。皇太叔和鲁斡的汉字及契丹字哀册都有明确记载，皇太叔死于天祚帝乾统十年（1110），寿七十整。以此推算，他应该生于兴宗重熙十年（1041）。当咸雍六年（1070）他迎娶讹都斡王妃时已经四十岁了，他实际上比王妃大二十五岁。

汉字《宋魏国妃萧氏墓志铭》出自李石之手。志文署名是"朝散大夫、尚书都官郎中、充史馆修撰、应奉阁下文字、骁骑尉赐紫金鱼袋李石"。①李石是天祚帝乾统七年（1107）丁亥科殿试一甲第一名进士（即状元），按理说应该是个很有学问的人，不知何故竟撰写出这种错误百出的墓志，或许当时别人给他提供的墓主人行状、家乘之类的原始资料就存在谬误，他自己又没有进行认真核对，故将其误刻在贞石之上，谬种流传，误导后人，实在是不应该的。

弄清了宋魏国妃讹都斡生死、被召入王邸、"以亲累，诏归于舅氏"的具体时间后，与此事相关的另一个问题就是，她被休回娘家究竟是什么原因、具体受哪个亲属的株连？关于这个问题，学界亦有不同看法。一种观点认为与清宁九年（1063）的重元之乱直接有关。如向南先生在墓志注解中说："元恶启衅，祸连戚里，此言清宁九年重元与子涅鲁古作乱，参与者凡四百人，萧胡睹、术者参与其中，故而叔祖妃受到诛连"②；另一种观点则认为与大康三年（1077）的皇太子废立案有关。刘凤翥先生在《契丹小字〈宋魏国妃墓志铭〉和〈耶律弘用墓志铭〉考释》一文中说："宋魏国妃究竟受了什么亲属的连累而被'诏归于舅氏'的呢？大康三年，六月'丙戌，废皇太子为庶人，囚之上京。'皇太子耶律浚的妻子是宋魏国妃的叔伯姐姐。耶律浚夫妇被害后，宋魏国妃的家族因这一冤案而受到牵连。"③笔者赞同刘先生的观点。因为从时间上说重元之乱与宋魏国妃被休回娘家之事根本没有关系。重元之乱发生在清宁九年（1063），宋魏国妃生于清宁二年（1056），当时她只有九虚岁，尚未被选入王邸。再说参与重元之乱的萧孝友和萧胡睹父

---

① 《汉字〈宋魏国妃萧氏墓志铭〉》，载刘凤翥、唐彩兰、青格勒编著：《辽上京地区出土的辽代碑刻汇辑》，北京：社会科学出版社，2009年，第265页。
② 《义和仁寿皇太叔祖妃萧氏墓志》注解⑨，载向南、张国庆、李宇峰辑注：《辽代石刻文续编》，沈阳：辽宁人民出版社，2010年，第276页。
③ 刘凤翥、青格勒：《契丹小字〈宋魏国妃墓志铭〉和〈耶律弘用墓志铭〉考释》，载刘凤翥、唐彩兰、青格勒编著：《辽上京地区出土的辽代碑刻汇辑》，北京：社会科学文献出版社，2009年，第357页。

子,系宋魏国妃的叔祖和堂叔,并不是直系亲属。而皇太子废立案中的挞不也驸马和印牌郎君讹都斡则是她的同胞哥哥。特别是挞不也驸马,被诬陷为主张废立集团的重要成员,这应该是她受株连的主要原因。应该说明的是,契丹小字《耶律弘用墓志铭》记宋魏国妃薨年二十六岁也是不准确的,应为二十五岁。向南先生立论的主要依据是汉字《宋魏国妃萧氏墓志铭》的记载,受了李石的误导,故得出了不正确的结论。

汉字《宋魏国妃萧氏墓志铭》又记,乾统十年（1110）皇太叔祖薨逝,"今上（天祚帝）以妃之被谴,故以他累,而终始懿节炳然。重以皇叔魏国王忠恪德业,蔚为宗英,而有母氏之戚,乃诏节度使知裳衮耶律药哥、妃弟延昌宫副宫使同签点检司事德恭持节奉迎妃之神柩祔于玄殿,复追谥曰太叔祖妃"[①]。这里所记的皇叔魏国王,是指皇太叔祖第三子耶律淳。据笔者根据生卒年龄推算,耶律淳出生那年其父二十四岁,他的年龄要大于太叔妃。"妃弟延昌宫副宫使同签点检司事德恭",从所任官名来看,此人就是萧知玄的第四子乙辛。他的汉名与北府宰相、赵王别里剌（萧德温）的三弟汉名相同。由此可见,知玄的下一辈汉名排序与萧德温兄弟一样,为"德"字。

（编辑：黄为放）

[①]《汉字〈宋魏国妃萧氏墓志铭〉》,载刘凤翥、唐彩兰、青格勒编著：《辽上京地区出土的辽代碑刻汇辑》,北京：社会科学文献出版社,2009年,第265页。

辽代西京相关问题研究综述*

张　烨　孙伟祥**

摘　要：西京相关问题作为辽史研究之重要内容，历来为学者所重视，涌现出一大批研究成果。目前学界对辽代西京大同之研究，主要集中在归属过程、行政设置、具体机能和教育、文化、宗教四个方面。笔者将从这四个方面介绍和梳理相关研究成果，以求从总体上把握学界对辽代西京研究之基本情况。

关键词：辽代　西京　行政设置　具体机能　文化宗教

西京作为辽代五京之一，是辽史研究中不可或缺的课题，历来受到学者的关注。最早对辽代西京进行研究应肇始于辽金元三朝史学家修撰的《辽史》。其后历朝历代研究成果中，对辽代西京进行相关考证和研究的当推清代学者厉鹗的《辽史拾遗》和杨复吉的《辽史拾遗补》。但真正意义上对西京相关问题展开研究的是在改革开放后，尤其是近几年随着考古资料的不断出土，学界对其研究步伐逐渐加快，涌现出一大批研究成果。有鉴于此，笔者对这些成果进行介绍和梳理，以便于对学界今后继续开展辽代西京相关问题研究提供些许借鉴。

一、辽代西京归属过程相关问题研究

辽代史料中对大同归属辽朝过程有较多记载，且目前学界对此问题也进行了一定的研究，主要集中在太祖云州会盟问题和云州入辽问题两个方面。

（一）太祖云州会盟问题

《辽史》中最早关于大同之记载，即为太祖耶律阿保机与李克用在云州东城会盟。陈

---

* 本文为国家社会科学基金青年项目"后族与辽代社会研究"（项目编号：18CZS018）阶段性成果。
** 张烨，辽宁大学历史学院中国古代史在读硕士生；孙伟祥，辽宁大学历史学院讲师，辽宁大学理论经济学博士后流动站在站博士后。

述《辽史补注》援引与此历史事件相关之史料,对《辽史》之相关记载进行充分的考证和补充。①陈述还于《阿保机与李克用盟结兄弟之年及其背盟相攻之推测》一文中引用多种史料考证二人结兄弟之具体年份,认为是在天祐二年(905);同时推测背盟相攻之原因,认为背盟相攻之故,晋与契丹直接毗连,利害冲突。②杨树森《辽史简编》、李锡厚《中国历史·辽史》两部著作,都简单地概述了太祖云州会盟之过程。③李珍梅《从皇帝巡幸西京看辽代社会的兴衰》也概述了太祖与李克用云州会盟一事,并认为辽太祖耶律阿保机与晋王李克用在云州会盟,除想越过幽州阻隔外,也想在政治上得到李克用之援助,巩固自己在契丹之统治。④张学成《怀仁置县及沿革解读》对云州之会的方位进行考证,指出薛居正《旧五代史》的"云州之东"应该更加接近于历史真实,并认为云州会盟的具体位置,有极大可能性在怀仁县东北乡下的某个地方。也就是说,云州之会有很大可能在怀仁境内。⑤可见,学界对云州的会盟进行了充分的考察,表明西京进入辽朝具有自身的历史背景。

(二)云州入辽问题

辽太宗耶律德光会同元年(938),后晋皇帝石敬瑭割献燕云十六州,大同自此归属辽朝统治。探讨太宗时期云州入辽,就必然涉及燕云十六州相关问题。关于燕云十六州问题,学界已有诸多探讨。赵铁寒《燕云十六州的地理分析》一文,将云州归入"山后"九州,并叙述了云州置州沿革及其行政区划。⑥郭丽平《论辽初经略燕云十六州及其历史意义》一文探究了燕云战略地位、辽朝经略燕云之政策和燕云入辽之历史意义。对燕云战略地位,她指出大同府是三晋的北方门户,也是幽州之屏障,是连接陕西、河北、内蒙古的交通要道,战略位置十分重要。⑦对辽朝经略燕云之政策,她认为政策有二:一为保留燕云原有之州县制;二为保护燕云农业主体地位。⑧对燕云入辽之历史意义,她认为有以下四点:首先是实现对南农北牧大格局进行成功统治;其次是有利于辽宋间经济与文化交往;再次是加强辽朝境内及与周边地区民族关系之融洽;最后是提高辽朝在中国古代史中的历史地位。⑨覃旭《燕云十六州问题的由来及其归宿》探讨了燕云十六州问题的形成,亦即石晋割献燕云十六州一事,并认为这是一次被迫状态下的政治

---

① (元)脱脱等撰,陈述补注:《辽史补注》卷1《太祖纪上》,北京:中华书局,2018年,第10—13页。
② 陈述:《阿保机与李克用盟结兄弟之年及其背盟相攻之推测》,《历史语言研究所集刊》(第七册),北京:中华书局,1987年。
③ 杨树森:《辽史简编》,沈阳:辽宁人民出版社,1984年,第22页;李锡厚:《中国历史·辽史》,北京:人民出版社,2006年,第30页。
④ 李珍梅:《从皇帝巡幸西京看辽代社会的兴衰》,《山西大同大学学报(社会科学版)》2018年第6期。
⑤ 张学成:《怀仁的置县及沿革解读》,《史志学刊》2016年第2期,第48页。
⑥ 赵铁寒:《燕云十六州的地理分析》,载《大陆杂志史学丛书》(第一辑第五册),台北:大陆杂志社,1960年。
⑦ 郭丽平:《论辽初经略燕云十六州及其历史意义》,内蒙古师范大学硕士学位论文,2014年,第6页。
⑧ 郭丽平:《论辽初经略燕云十六州及其历史意义》,内蒙古师范大学硕士学位论文,2014年,第17—19页。
⑨ 郭丽平:《论辽初经略燕云十六州及其历史意义》,内蒙古师范大学硕士学位论文,2014年,第19—26页。

交易。[1]同时他认为辽朝于燕云地区实施卓有成效之统治：政治上，推行南北面官制，分别治理蕃汉百姓，其中南面官施行中原制度；经济上，维持燕云地区农耕经济；文化上，在南京和西京设立学校，推广文化教育；思想上，逐渐加深燕云地区百姓对辽政权之认同意识。[2]胡辉芳《燕云十六州入辽后的社会发展——兼谈燕云的得失对辽宋的影响》一文探讨了辽朝在燕云地区施行之政策，认为辽朝在燕云地区实行因俗而治政策，即以国制治契丹，以汉制待汉人之政策，同时注意改善与燕云地区汉人之关系。[3]她也探讨燕云入辽之意义，并认为燕云地区并入辽之版图，对辽和北宋来说，在多个方面都产生了极为重大之影响。[4]许学义《浅析后晋割燕云十六州予契丹对双方的影响》一文探讨了燕云入辽之影响，认为燕云入辽对当时辽晋双方产生三大影响：其一，契丹占据有利地势，后晋陷于被动；其二，加速推动契丹实行南北面官制；其三，契丹国力空前增强，石晋经济每况愈下。[5]表明西京对辽朝具有重要意义，是为历史发展之必然结果。

二、辽代西京行政设置相关问题研究

行政设置是辽代西京研究中一个重要课题，学界对这个问题的研究集中在辽代西京建置问题、辽代西京道行政区划问题和辽代西京官制问题三个方面。

（一）辽代西京建置问题

关于辽代西京大同之城池规制，《辽史》卷四十一《地理志五》对此有较为翔实之记载。[6]厉鹗《辽史拾遗》又补充"国子监""梳里楼"两处[7]。项春松《辽代历史与考古》有对西京城池规制之论述，从现存的城址，可以看出辽代西京的城址大体呈方形，每面墙边长约2.3千米；四面城墙现存都比较完整，墙体是夯土板筑，高大坚实；东墙在今大同城区油漆厂西侧，东边临近御河，北至雁北行署附近，墙基宽约12米，顶部平坦，宽约6米；西墙，与今大同市红旗商场的南北大街相平行，南端至大同市新建的邮电大厦附近；南墙，今大同市南关区一带，墙体基宽15—20米，高达8—10米，主体为夯

---

[1] 覃旭：《燕云十六州问题的由来及其归宿》，内蒙古大学硕士学位论文，2018年，第23—25页。
[2] 覃旭：《燕云十六州问题的由来及其归宿》，内蒙古大学硕士学位论文，2018年，第22页。
[3] 胡辉芳：《燕云十六州入辽后的社会发展——兼谈燕云的得失对辽宋的影响》，内蒙古大学硕士学位论文，2010年，第9—11页。
[4] 胡辉芳：《燕云十六州入辽后的社会发展——兼谈燕云的得失对辽宋的影响》，内蒙古大学硕士学位论文，2010年，第30—36页。
[5] 许学义：《浅析后晋割燕云十六州予契丹对双方的影响》，《昭乌达蒙族师专学报（哲学社会科学版）》1988年第1期。
[6] 《辽史》卷41《地理志五》，北京：中华书局，1974年，第506页。
[7] （清）厉鹗：《辽史拾遗》，上海：商务印书馆，1936年，第301页。

土板筑；北墙，东北角在今大同市北街铁工厂附近折拐处。①姜含《辽代五京建置研究》一文曾引用项先生的这一观点。②刘晋华《辽代五京布局特征研究》一文也对辽代西京的城市规制和布局进行了论述，指出"西京的布局基本沿袭了北魏时期平城宫城分布在城北的传统……可进一步确认西京的皇城大致位于北部偏东处"③。此外，余蔚也在著作中对西京下辖的二州、七县分别进行详细的考证和论述。④表明西京具有自身的建置，是学界重点关注的内容。

（二）辽代西京道行政区划问题

辽朝统治者为了便于治理广袤的疆土，效仿中原制度设立道一级行政区划。张韬《辽代道级行政区划研究》一文对辽代西京道的行政区划做了分类和论述：一、府。大同府，下辖二刺史州、七县。二、州。节度州：辖县的丰州、云内州、蔚州、应州，既辖县又辖刺史州（辖县）的奉圣州、朔州；刺史州：不辖县的宁边州，辖县的东胜州；级别不详的州：不辖县的金肃州。三、军。不辖县的天德军、河清军。⑤此外，他还考证和论述了重熙年间西京道新增的天德军和大同县两县之建制及其相关史实。⑥余蔚在其著作中也对西京道所辖的州和县进行了充分的考证和解释，并且还考证了被废除的寰州和史书上失载的府州。⑦

辽朝的地方行政制度中，头下州是其独有的一大创举。辽代西京道也设有头下州，但在《辽史》中并未记载。余蔚在著作中对西京的头下州也进行考证，他认为西京有两个头下州，即头下抚州和头下昌州。他还指出，"头下抚州，道宗大康元年（1075）以前置，道宗女特里之头下州，治今河北张北县"；"头下昌州，圣宗开泰九年（1020）以前置，治今河北沽源县西116里九连城镇九连城村古城址"。两个头下州都不辖县。⑧可见，西京具有自身的行政区划，在辽朝占有一定的地位。

（三）辽代西京官制问题

陈福来《辽金西京研究》对西京行政机构梳理如下："辽西京道大同府最高领导机关是西京留守司。西京留守司设西京留守一员，西京副留守一员，知西京留守事一员，同知西京留守事一员，同签西京留守事一员，西京留守判官一员，西京留守推官一员，其最高长官西京留守行大同府尹事。在西京留守之下，又设西京都总管府、西京处置使司、

---

① 项春松：《辽代历史与考古》，呼和浩特：内蒙古人民出版社，1996年，第76页。
② 姜含：《辽代五京建置研究》，辽宁大学硕士学位论文，2011年，第18页。
③ 刘晋华：《辽代五京布局特征研究》，东北师范大学硕士学位论文，2018年，第23—24页。
④ 余蔚：《中国行政区划通史·辽金卷》，上海：复旦大学出版社，2012年，第340—344页。
⑤ 张韬：《辽代道级行政区划研究》，吉林大学博士学位论文，2016年，第26页。
⑥ 张韬：《辽代道级行政区划研究》，吉林大学博士学位论文，2016年，第90页。
⑦ 余蔚：《中国行政区划通史·辽金卷》，上海：复旦大学出版社，2012年，第344—358页。
⑧ 余蔚：《中国行政区划通史·辽金卷》，上海：复旦大学出版社，2012年，第404—406页。

西京计使司,分掌军事、司法监察和财政管理,称为'三司',类似宋朝的安抚使司、提点刑狱使司、转运使司,三司长官分别称为都总管、处置使、计使,都总管同时兼任知大同府事,并设同知大同府事一员协助他。"①

辽代西京留守是辽朝中央政府在西京设立的最高级别的官员。杨若薇在《契丹王朝政治军事制度研究》中做《辽五京留守年表》,其中对西京留守及相关情况进行了梳理,统计出耶律马六、汉王贴不、耶律谢家奴、耶律弘世、耶律燕哥、赵王习泥烈、萧燕六、萧乙薛、萧滴冽、萧夺剌、苏京、耶律合术、萧查剌共13人担任西京留守。②王旭东在《辽代五京留守研究》《辽代西京留守的选任与去向探究》两文中,对辽代西京留守进行了研究,认为除上述13人外,耶律和鲁斡也曾担任过西京留守。③他还指出:"14位留守中,耶律氏和萧氏合计13人,汉人仅1人,契丹人被选任为西京留守接近百分之百,其中耶律氏在一个阶段内连任的情况出现过,但没有形成独占局面。"④可见,西京的官制与中原具有相似之处,反映出辽朝官制具有的基本特征。

三、辽代西京具体机能相关问题研究

辽代相关史料中对辽代西京具体机能记载相对较少且较为模糊和分散,因而存在一定的研究难度。学界对此问题也有相关探讨,主要集中在辽代西京军事机能问题、辽代西京经济机能问题和辽代西京交往机能问题三个方面。

(一)辽代西京军事机能问题

重熙十三年(1044),辽朝政府为防御西夏的进攻,升大同为西京。《辽史》中有"敌楼、棚橹具"⑤之言,表明西京有一定的军事防御设施。项春松先生也在著作中论述道:"大同古城四面城墙均有敌橹(马面),东墙现存二十一座,西墙二座,南墙三座……贴筑于城墙外侧,长、宽各约十米……每座马面之间的距离约一百余米。"⑥姜含也在论文中有这样的表述:"从现存的城墙遗址中我们也可以看到有马面的存在,同时城外有护城河,由此可见,辽代西京的防御设备也是比较完善。"⑦西京城防设施的完善,在

---

① 陈福来:《辽金西京研究》,东北师范大学硕士学位论文,2007年,第5页。
② 杨若薇:《契丹王朝政治军事制度研究》,北京:中国社会科学出版社,1991年,第290—292页。
③ 王旭东:《辽代五京留守研究》,吉林大学博士学位论文,2014年,第70页。
④ 王旭东:《辽代西京留守的选任与去向探究》,《山西档案》2015年第6期,第151页。
⑤ 《辽史》卷41《地理志五》,北京:中华书局,1974年,第506页。
⑥ 项春松:《辽代历史与考古》,呼和浩特:内蒙古人民出版社,1996年,第77页。
⑦ 姜含:《辽代五京建置研究》,辽宁大学硕士学位论文,2011年,第32页。

一定程度上表明军事机能在辽代西京城市机能中的重要性。

辽朝中央政府在西京设有军事机构并形成防御体系，对此学界也进行了探讨。彭文慧在《辽代西京地区军事防御体系研究》一文中把西京包含之军事防御体系分为两部分，控夏防御体系，以西南面招讨司为中心；南御中原防御体系，以大同府为中心。控夏防御体系包括西南面招讨司在内的一系列机构，南御中原的防御体系包括西京兵马都部署司、西南面安抚使司等机构和西京道下辖各州的城防。[1]康鹏在《辽代五京体制研究》一文中对西南面五押招讨司和西南面招讨司的关系进行论述，指出"西南面五押招讨司和西南面招讨司是同一个机构"[2]。此外，辽廷还在西京地区设立了倒塌岭节度使司和倒塌岭统军司。[3]彭文慧指出："倒塌岭节度使司的设置亦是另一种军事防御体系，对西南面与西北面地区的边防防御都有一定的作用。"[4]对西京的军事机能，姜含指出："辽代西京的建立不仅对西夏具有军事防御功能，对于当时的宋朝也具有一定的威慑力。"[5]表明西京所具有的重要的军事机能，在辽朝的边疆中占据重要地位。

（二）辽代西京经济机能问题

关于辽代西京农业情况，陈福来对辽代西京的农业进行了研究并指出："为了扶植汉族地区的农业生产，辽政府采取了一系列政策和措施。例如：（1）命诸道教民种树，种植桑麻，开垦圹田或募民耕种荒地；（2）贷给贫苦农民或移垦农民耕牛、种子、农具和粮食，减免租赋；（3）禁止富室放高利贷盘剥农民；（4）禁止各军官非时放牧妨农；（5）灾荒时给予补救、免租、赈济及设置义仓备荒。"[6]他还对辽政府的免租给予了评价："由于辽朝统治集团有意减轻燕云十六州汉人地区的赋税，从而相对地提高了农民种田的积极性，促使当地粮食大幅度增产。"[7]冯兆国先生在他的文章中也论述道："辽帝国的统治者非常重视西京地区的农业发展，因此在国内其他地区遭受灾害之时，西京成为其重要的救灾粮食基地。"[8]表明西京具有一定的农业生产规模，为辽朝提供稳定的粮食来源。

辽代西京手工业在铁器业、制瓷业和印刷业这几个方面都较为发达。虽然史书记载较少，但陈福来先生在其文章中都有相关论述。他认为在山西省天镇县夏家沟地出土文

---

[1] 彭文慧：《辽代西京地区军事防御体系研究》，渤海大学硕士学位论文，2017年，第8—25页。
[2] 康鹏：《辽代五京体制研究》，北京大学博士学位论文，2007年，第34页。
[3] 《辽史》卷46《百官志二》，北京：中华书局，1974年，第752页。
[4] 彭文慧：《辽代西京地区军事防御体系研究》，渤海大学硕士学位论文，2017年，第26页。
[5] 姜含：《辽代五京建置研究》，辽宁大学硕士学位论文，2011年，第31页。
[6] 陈福来：《辽金西京研究》，东北师范大学硕士学位论文，2007年，第17页。
[7] 陈福来：《辽金西京研究》，东北师范大学硕士学位论文，2007年，第18页。
[8] 冯兆国：《试论辽西京农业的发展与辽朝民族融合的关系》，《考试周刊》2011年第50期，第46页。

物中，有不少辽代的铁器，足见辽代铁器已普遍运用了[①]，指出辽代西京铁器业之发达。辽代，西京著名的青瓷窑是当时最大的生产陶瓷的产地。"除了花釉瓷之外浑源还烧制黑釉剔花瓷。在黑瓷上剔刻花纹是大同地区瓷制品的显著特点之一。当时，大同窑、怀仁窑、浑源窑都在烧制黑釉剔花瓷，浑源的瓷制作尤其精细"[②]，可见辽代西京制瓷业之发达。山西应县木塔曾发现极其珍贵的辽代瑰宝，有大量辽代刻经、刻书和写经，最有代表性的即为《契丹藏》。"木塔发现《契丹藏》在释迦牟尼塑像腹内保存近千年……至今仍纸质坚挺，字迹清楚，无一虫蛀，可见辽代造纸、印刷及入潢（黄）避蠹技术水平之高超。"[③]指出辽代西京印刷业之发达，为后世所折服。

辽代西京商业也很发达。陈福来先生曾论述道："辽在西京置都商税院，设点检、都监、判官等主持征收商税和市场管理。此外，西京还设有转运使，来管理通商、贸易等事，西京道的朔（今属山西）、蔚（今河北蔚县）、儒州（今北京延庆）诸州都是商业贸易的重要场所。西京朔州（今属山西）榷场，也是宝货山积，功作迭兴。"[④]对辽代西京经济的重要性，姜含有这样论述：西京地区物产富庶，又有传统农业生产，可以说对整个辽代社会经济发展起重要作用。西京大同"是辽朝赋税收入的主要来源，在辽朝的历史上占有重要的地位"。[⑤]可见，辽朝注重在西京发展商业，是商业中心之一。

（三）辽代西京交往机能问题

西京地区位于辽朝的西南部，与北宋和西夏接壤，为辽朝和北宋、西夏互相交往的必经之地，因此西京地区成为辽与其他政权交往的重要区域，引起学者广泛关注。

辽朝和西夏的交往主要是联姻和贸易，学界对此也进行了专门研究。王源在《辽西京在辽夏往来中的地位与作用》一文中这样论述道："辽夏联姻最重要的因素之一当为西京地区，因为辽朝公主入夏只有经过西京境内，如若走漠北的草原之路，路途太过遥远而且时有阻卜等部族侵扰；若走辽南京，南有北宋无法到达。因此辽西京就承担起护送公主入夏的安全任务。"[⑥]辽朝和西夏双方贸易，多以官方贸易也就是所谓朝贡和赏赐为主，史书中有较多西夏朝贡的记载。辽代西京作为西夏朝贡辽朝的必经之路，其作用自然不可忽视。

辽朝和北宋之间的交往主要是贸易往来，分为官方贸易和私人贸易两部分。辽宋之间的官方贸易又称榷场贸易，双方在边境地区开设榷场进行贸易。辽朝曾在位于边境的西京地区开设榷场和北宋进行贸易。韩生存、马志强在《论西京大同在辽宋贸易中的地

---

① 陈福来：《辽金西京研究》，东北师范大学硕士学位论文，2007年，第19页。
② 陈福来：《辽金西京研究》，东北师范大学硕士学位论文，2007年，第19页。
③ 陈福来：《辽金西京研究》，东北师范大学硕士学位论文，2007年，第21页。
④ 陈福来：《辽金西京研究》，东北师范大学硕士学位论文，2007年，第21页。
⑤ 姜含：《辽代五京建置研究》，辽宁大学硕士学位论文，2011年，第28页。
⑥ 王源：《辽西京在辽夏往来中的地位与作用》，内蒙古大学硕士学位论文，2017年，第31—32页。

位》一文中有这样表述："辽宋贸易，从其内容来说，都是将各自土特产进行交换，宋输入辽的主要是茶、绢帛、瓷器；辽输入宋的主要是盐、羊、马等。"[①]虽然辽宋存在榷场贸易，但双方的榷场贸易禁市物品较多。为了获得这些禁市物品，辽宋民间就开展起了边境走私贸易。韩生存在《西京大同和辽宋边境走私贸易》一文中指出："辽西京大同府及其附近地区地形复杂……没有天然障碍，人们进出不易稽防，这是边境走私贸易的理想条件。再则，辽西京属中原故地，因而交界地带人民的血缘关系尤为密切，酬酢通防成为常事，使边境管制更为困难。"[②]这些都促进辽宋边境走私贸易的发展，其中西京的走私最为严重。

四、辽代西京教育、文化和宗教相关问题研究

文化宗教等视角的研究亦是辽代西京研究之基础性课题，学界也进行了相关研究。目前学界之探讨主要集中在辽代西京教育问题、辽代西京文化问题和辽代西京宗教问题三个方面。

（一）辽代西京教育问题

辽朝创立西京后建立了相对完备的教育机构，其中最主要之机构即为西京学。高福顺曾对西京学进行考证，证明其的确存在。[③]据厉鹗《辽史拾遗》记载，西京还设有国子监，但对其是否存在，学界尚有争论。高福顺在《科举与辽代社会》中亦对西京地区之州学进行详尽的探讨，并指出辽代西京道的州学并不完善，一些边远地区的官学相对落后。[④]此外，西京地区的私学教育也有所发展，邢抱朴曾在应州设立龙首书院。

辽朝自太宗时期始设科举，后来的西京地区文人成为科举取士的重要来源之一。陈福来曾考证："辽代西京人在科举考试中崭露头角，见于记载的有孟唐牧、边贯道、宁鉴、虞仲文、康公弼、苏京和魏鉴等，在寥寥可数的有史可稽的汉人进士中占有相当大的比例。"[⑤]高福顺在研究辽代西京官学教育发展的因素时归纳为：辽朝尊孔崇儒政策的确立；辽朝在西京实行科举制度；西京深厚的历史文化底蕴；西京所处的特殊地理位置。[⑥]这无疑是对西京科举兴盛与教育发展之间相互影响的最好总结，表明西京教育之发达。

---

① 韩生存、马志强：《论西京大同在辽宋贸易中的地位》，《大同高等专科学校学报（综合版）》1994年第4期，第46页。
② 韩生存：《西京大同和辽宋边境走私贸易》，《大同职业技术学院学报》2005年第3期，第17页。
③ 高福顺：《辽朝西京地区官学教育发展探析》，《黑龙江民族丛刊（双月刊）》2007年第6期。
④ 高福顺：《科举与辽代社会》，北京：中国社会科学出版社，2015年，第204页。
⑤ 陈福来：《辽金西京研究》，东北师范大学硕士学位论文，2007年，第24页。
⑥ 高福顺：《辽朝西京地区官学教育发展探析》，《黑龙江民族丛刊（双月刊）》2007年第6期。

（二）辽代西京文化问题

辽代西京曾涌现出一批饱学之士，除了上文提到的孟唐牧、边贯道、宁鉴、虞仲文、康公弼、苏京和魏鉴等外，还有邢抱朴、邢抱质兄弟和陈昭衮等人。其中邢抱朴和陈昭衮二人，《辽史》都为其作传。此外，在西京地区还诞生了辽朝最著名的才女——辽道宗耶律洪基的皇后萧观音是辽代文化的代表人物之一。厉鹗《辽史拾遗》在《辽史》有关萧皇后的记载下，补充有"后婉顺善承上意，复诗歌诗，而弹筝、琵琶尤为当时第一"之语①，指明萧后才华之出众。马志强《略论辽代西京的文化教育》一文曾对上述西京饱学之士和萧皇后给予较为详细之研究，借以说明西京文化之先进。②

中国自西汉之后，儒家文化成为一种主流文化。契丹统治者在占据汉地后，也开始宣扬儒家文化，并且建孔庙、祭孔子。在这种情况下，辽代西京的儒家文化也有所发展。辛鹏龙曾对此进行研究并指出：儒家文化在西京地区根基稳固，即使处于契丹人控制之下，西京地区汉人依然对儒家文化持有尊崇态度。③西京儒家"孝"文化的代表是邢抱朴，西京儒家"忠君"文化的代表是陈昭衮。辛鹏龙评价陈昭衮道："昭衮敢于舍生救主……成为西京人忠君的楷模。"④表明西京儒学之发达，成为辽朝文化的代表。

关于辽代西京地区风俗文化，辛鹏龙、陈福来两位学者在论文中对当时人们的发饰、服饰、饮食、婚姻观念、戏曲、绘画等方面进行了研究，取得了一定成果。辛鹏龙曾论述当时西京人的服饰并指出：辽代早期，西京地区女性一般是宽袖襦裙，非常具有唐人风范，而到辽朝后期，西京汉人服饰的契丹化非常显著。此外，北方游牧民族传统的"抢婚"也出现在西京汉人的婚俗之中。⑤陈福来则对西京绘画进行研究并指出："辽代西京的绘画艺术也有很高的水平……大同市出土的辽代墓室内，有两幅精美的壁画，即《宴饮图》和《车马出巡图》。"⑥学界的探讨，生动地再现了当时西京人的生活状态。

（三）辽代西京宗教问题

西京地区最盛行的宗教当属佛教，辽朝在西京修建了大量的佛寺、佛塔等弘扬佛法，其中著名的有华严寺和应县木塔。华严寺是在辽道宗时期修建而成。据陈福来考证："寺内至今还保存有大雄宝殿（俗称上寺）和薄伽教藏殿（俗称下寺）两座木构建筑。两座大殿均坐西朝东，应与契丹族崇拜太阳的特殊习俗有关。"⑦王建舜曾对华严寺薄迦教藏殿的华严金碑进行研究，认为华严金碑虽是金朝建造的，但却留有辽代华严寺藏经的有

---

① （清）厉鹗：《辽史拾遗》卷19《后妃传》，上海：商务印书馆，1936年，第376页。
② 马志强：《略论辽代西京的文化教育》，《社会科学战线》2006年第3期。
③ 辛鹏龙：《辽代西京文化研究》，长春师范学院硕士学位论文，2010年，第20页。
④ 辛鹏龙：《辽代西京文化研究》，长春师范学院硕士学位论文，2010年，第21页。
⑤ 辛鹏龙：《辽代西京文化研究》，长春师范学院硕士学位论文，2010年，第25—26页。
⑥ 陈福来：《辽金西京研究》，东北师范大学硕士学位论文，2007年，第29页。
⑦ 陈福来：《辽金西京研究》，东北师范大学硕士学位论文，2007年，第27—28页。

关情况。王先生在解读碑文后，有这样的论述：碑文所记载的关于辽朝的信息主要有：辽重熙时期，用于藏经之大殿已落成，并藏入经书五百余部；金兵攻陷辽西京大同之真实情况。①辛鹏龙曾指出："华严寺不仅成为西京地区的佛教圣地，同时也成了皇室的家庙。"②应县木塔又称佛宫释迦塔，位于今天应县城内的西北角，也是在辽道宗时期建成的。③据辛鹏龙考证："萧观音被立为皇后的第二年又于西京应州筹建木塔作为后族家庙。"④陈福来则考证："木塔始建于辽清宁二年……是佛宫寺内的主要建筑之一……（佛宫寺）中部即为侍（释）迦木塔。塔后用甬道与后部方形砖石基连接。"⑤可见，西京的佛塔不断修建，是辽朝佛教发展的体现。

除了修建佛寺、佛塔外，辽朝廷还对云冈石窟进行了修缮。辛鹏龙对此指出："兴宗、道宗时期，辽皇室还对大同的五州山石窟进行了连续十年之久的大规模修整……同时还对千余宗佛像也进行了修整。"⑥宣林则对辽朝修缮云冈石窟有如下论述：辽代的修缮工程自云冈主体1000米起向东、西15千米都有涉及，具体工程如下：①对云冈石窟主体部分的修缮；②对云冈石窟以东寺院的修建；③对云冈石窟以西寺庙的营建。⑦此外，对西京民间佛教的流行，辛鹏龙也进行了研究并得出自己的看法：在官方推动下，西京民间佛教也很兴盛，由上层到下层，包括汉人、契丹人及其他民族都崇奉佛教。⑧可见，在辽朝统治者的提倡下，西京佛教事业得以不断发展。

五、结　语

综上所述，近几年学界对辽代西京的研究取得了一定的进展，特别是在辽代西京行政设置相关问题、辽代西京具体机能相关问题和辽代西京的教育、文化和宗教这三个方面，在充分利用现有史料的基础上进行详细研究并得出较为丰富的成果。但是与辽东京、上京的研究相比，对西京相关问题的研究稍显不足，仍然有许多方面值得去研究，如太祖云州会盟之相关问题、西京的头下军州、西京的民族分布及融合、辽朝在西京的具体经济政策等都值得去探讨。同时，在已有的研究中对于一些关键问题存在较大分歧，如西京的军事防御对象及设置主要初衷问题、西京国子监是否存在等问题都有争论，需要进一步开展研究。此外，笔者认为对辽代西京的研究，应当结合该区域特殊的地理位置，

---

① 王建舜：《辽金西京佛寺"华严金碑"的文化研究》，《山西大同大学学报（社会科学版）》2008年第1期。
② 辛鹏龙：《辽代西京文化研究》，长春师范学院硕士学位论文，2010年，第22页。
③ 刘致平：《中国名塔（续）》，《中华建筑》，1999年第1期。
④ 辛鹏龙：《辽代西京文化研究》，长春师范学院硕士学位论文，2010年，第22页。
⑤ 陈福来：《辽金西京研究》，东北师范大学硕士学位论文，2007年，第28页。
⑥ 辛鹏龙：《辽代西京文化研究》，长春师范学院硕士学位论文，2010年，第22页。
⑦ 宣林：《辽金崇佛与云冈石窟的修缮》，《山西大同大学学报（社会科学版）》2018年第2期。
⑧ 辛鹏龙：《辽代西京文化研究》，长春师范学院硕士学位论文，2010年，第22页。

继续采用学界已然成熟的研究方法，注重史料的拓展，除要从《辽史》中寻找依据外，还应着重考察当时辽人、宋人笔记等史料之相关记载，更要注意选取近几年考古成果，特别是墓志、碑刻之类的考古实物。只有通过运用更多的资料，将考古资料和文献资料相结合，弥补辽史研究面临的史料相对不足的客观不利因素，才能进一步推动辽代西京研究的发展。

（编辑：黄为放）

国内二十世纪《高丽记》研究综述*

黄为放　吴诗玙**

摘　要：《高丽记》对研究高句丽史有很大参考价值，二十世纪国内学界主要对其成书时间、作者、佚文校订、高句丽官制、部族、城邑、山川、传说、物产等问题进行了综合探讨。本文将这些问题总结为五个方面，并对其进行专门综述，以梳理学界的研究脉络。

关键词：《高丽记》　高句丽史　价值　综述

《高丽记》也称《奉使高丽记》，始见于《旧唐书》，撰写者为陈大德，是一份详细的有关高句丽域内军事地理情况的报告，为唐朝征伐高句丽提供了军事上的参考。北宋"靖康之难"后，《高丽记》就已遗失，今天我们所见的《高丽记》佚文，绝大部分保存在唐人张楚金所撰《翰苑》的注文中。随着对高句丽研究的深入，《高丽记》的史料价值逐渐被学术界认同，对《高丽记》本身的研究也陆续展开。二十世纪国内学者对《高丽记》的研究主要集中在其成书时间、作者及佚文校订，其所记高句丽官制及部族，其所记城邑、山川及传说，其所记物产，其所记史料价值等五个方面。

一、《高丽记》的成书时间、作者及佚文校订

对《高丽记》进行专门研究，国内学界的起步较晚。1998年，姜维公、姜维东发表《〈高丽记〉成书时间及作者考》[①]一文，开创了《高丽记》研究的先河，文中引用大量史籍，并通过细致的考证，得出《高丽记》成书于唐贞观年间、作者是职方郎中陈大德、书名全称《奉使高丽记》而非古高句丽记等结论。同年，高福顺发表了《陈大德与〈奉

---

* 本文系国家社会科学基金专项项目（项目编号：18VGB002）与长春师范大学人文社会科学基金项目（项目编号：长师大社科合字[2017]002号）阶段性成果。

** 黄为放，长春师范大学历史文化学院中国史讲师；吴诗玙，2021级中国史专业硕士研究生，研究方向为东北民族史。

① 姜维公、姜维东：《〈高丽记〉成书时间及作者考》，《古籍整理研究学刊》1998年第2期。

使高丽记》》①，研究了《奉使高丽记》作者陈大德的生平及其担任职方郎中期间出使高句丽的过程，指出《高丽记》对高句丽社会、地理、军事等方面的研究具有很高的学术价值。2003年，高福顺、姜维公、戚畅出版专著《〈高丽记〉研究》，该书第一章在日本学者吉田光男的基础上对《高丽记》的成书时间及作者进行了更为深入、细致的考证。②书中从《高丽记》所记载的七种职官名称、《高丽记》的写作手法、正史采用《高丽记》的内容，以及《高丽记》中记载的地理片段四个方面对《高丽记》的成书年代进行考察，将其界定在《隋书》成书——贞观十年（636）之后的时间里。书中又对贞观十年至贞观十八年出使高句丽的三位使者陈大德、邓素、相里玄奖进行逐一考证，最后确定《高丽记》的作者即陈大德，其成书时间应为贞观十五年。《〈高丽记〉研究》的第五章对《高丽记》作者陈大德、《翰苑》作者张楚金、注释者雍公叡进行了研究，其研究成果在学术界得到了广泛认可。

金毓黻最早对《翰苑》所载《高丽记》佚文进行了校订，载于其主编的《辽海丛书》中。③他以京大旧抄本为底本，结合日本学者的校订成果，并利用多种古籍，对《高丽记》进行了重新校订，这个版本被国内学者广泛认可，并在研究中引用。高福顺等所著《〈高丽记〉研究》在金毓黻的基础上对《高丽记》进行了更为细致的整理。该书以《辽海丛书》为底本，用京大旧抄本、吉田光男校勘本进行互校，并以同一源出的《通典》等十余种史籍来对《高丽记》佚文进行他较，根据理校的研究方法，用文字、音韵、语法、文理等规律推测佚文中的讹误。《〈高丽记〉研究》中列举了十余种史籍中的《高丽记》佚文，并将佚文分为十九个小节，又对这些小节下的六十余个职官名、部族名、城邑名、山川名及文中的部分词句进行详细考订，探讨了校订中发现的问题及《高丽记》的写成方式，取得了很大的成绩。之后姜维公又陆续发表了《〈高丽记〉佚文校订》④及《〈高丽记〉的发现、辑佚与考证》⑤两篇论文，对《〈高丽记〉研究》中的《高丽记》佚文成果进行纠错、补充和排序，最终整合出现存最完备的《高丽记》，共计十九条，一千八百余字，是国内至今对《高丽记》校订及辑佚最为完备者。

可见，关于《高丽记》的整理与校订，仍有很多工作需要完成。第一，《高丽记》佚文在史籍中可能仍有未被发现的内容，对于已发现的文字则需要学者进行深入校订；第二，现存的十九条《高丽记》佚文可能已被引用者修改，《〈高丽记〉研究》一书中已经推理出《高丽记》的写成方式，但未能以此恢复古籍原貌，这是不无遗憾的。

---

① 高福顺、高文辉：《陈大德与〈奉使高丽记〉》，《长春师院学报（社会科学版）》1998年第3期。
② 高福顺、姜维公、戚畅：《〈高丽记〉研究》，长春：吉林文史出版社，2003年，第1—53、361—375页。
③ （唐）张楚金撰，（唐）雍公叡注：《翰苑·高丽记》，载金毓黻主编：《辽海丛书》（第四册），沈阳：辽沈书社，1985年，第2517—2521页。
④ 姜维公：《〈高丽记〉佚文校订》，《高句丽历史研究初编》，长春：吉林大学出版社，2005年，第100页。
⑤ 姜维公：《〈高丽记〉的发现、辑佚与考证》，《东北史地》2007年第5期。

二、《高丽记》所记高句丽官制及部族考

《高丽记》对国内学者研究高句丽官制的推动作用巨大,本文主要以佚文所记官制为基础对高句丽整体职官制度进行研究的文章作为综述的主要内容。在利用《高丽记》佚文进行高句丽官制研究时,学者将研究重点集中在中央、地方官制研究及官位等级制度的演变两个方面。

在研究高句丽中央官制时,学者主要依据《高丽记》佚文的记载对高句丽后期的中央官位整体变化及其原因进行研究,并依据史籍对《高丽记》进行补充。这方面最早进行研究的是高福顺的《〈高丽记〉所记高句丽官制体系的初步研究》[①],文中对《高丽记》记载的高句丽末期中央、地方官制体系及武官官制体系进行研究,总结出了高句丽官制前后变化的原因,是利用《高丽记》研究高句丽官制体系的开山之作。杨军在《高句丽中央官制研究》[②]一文的后半部分,利用《高丽记》及其他史籍,论述了高句丽初期不存在正式的中央官制,而是以五部官为中央官,中央官的爵称即是五部部长的称号。文中利用《高丽记》中关于建官制度的记载,并与《周书》《北史》《隋书》比较异同,证明了《高丽记》成书时的高句丽中央官爵主要来自原地方官官爵,这些原爵称已经具有了官称的含义。自故国川王以后,随着高句丽王权的加强,五部的部长大权旁落,从地方官中选拔中央官逐渐成为选官的主要途径,原地方官使者、先人的称号逐渐演变成为中央官称号。这篇文章对高句丽官制的分析较为全面,是利用《高丽记》佚文研究高句丽官制具有代表性的学术成果。《〈高丽记〉研究》[③]对高句丽官制进行了细致的论述,书中的第三章第一节中包含"《高丽记》所记官制考异"和"高句丽末期的官位体系"两个小节,利用《高丽记》所记载史料对高句丽中央、地方官位体系进行了详尽的考证,又对《高丽记》记载的高句丽职官名称进行了考证,并论述了高句丽末期官位体系变化的特点及其原因。《〈高丽记〉研究》对《高丽记》所记高句丽官制的佚文考证最为全面,研究内容最为翔实。高福顺在《〈高丽记〉研究》之后又相继发表了两篇利用《高丽记》佚文研究高句丽官制的文章,是对之前研究成果的补充,其探讨的问题更为细致、深入。《〈高丽记〉所记高句丽中央官位研究》[④]利用《高丽记》中关于高句丽建官制度的记载,叙述了问题提出的背景、"古雏加"和"加"的官位等级及"位头大兄"的特征等问题,揭示高句丽末期中央官位等级制度时,指出缺漏了从一品和从四品这两个官位等级的记

[①] 高福顺:《〈高丽记〉所记高句丽官制体系的初步研究》,载刘厚生、孙启林、王景泽主编:《黑土地的古代文明——全国首届东北民族与疆域问题学术研讨会论文集》,呼和浩特:远方出版社,2000年,第145页。
[②] 杨军:《高句丽中央官制研究》,《黑龙江民族丛刊(季刊)》2001年第4期。
[③] 高福顺、姜维公、戚畅:《〈高丽记〉研究》,长春:吉林文史出版社,2003年,第143—167页。
[④] 高福顺:《〈高丽记〉所记高句丽中央官位研究》,《北方文物》2008年第4期。

载,实际上它们存在于高句丽末期中央官位等级制度中,从一品相当于在高句丽中后期没有政治实权的古雏加、大加;从四品相当于位头大兄,被置于地方官职中,亦无实权,故陈大德在《高丽记》中记述高句丽末期中央官位等级制度时刻意把这两个官位剔除了。他的另一篇文章《高句丽官制中的兄与使者》[①],通过对高句丽官制中常出现的两个官位——"兄"和"使者"的身份、起源和分化的考证,研究二者在高句丽中央官制中的发展变化,以及逐渐分化出兄系官位群和使者系官位群,并形成兄系官位体系和使者系官位体系的整个过程,从一个侧面揭示出高句丽官制的形成与演变。

在利用《高丽记》研究高句丽官位等级制度演变时,学者的着眼点转向了演变的原因及不同时期演变的特点。最早进行此研究的是韩国学者金在善,他在《高句丽职官考》一文中对高句丽职官做了简要考证,并探索了官位演变的轨迹及原因[②]。但利用《高丽记》研究高句丽官位等级制度演变最有代表性的是高福顺的《高句丽中央官位等级制度的演变》[③],文中通对高句丽中央官位等级制度发展演变过程的研究,发现其先后出现汉魏时期 7 级制、晋隋时期 12 级制、唐朝时期 17 级制等 3 种官位等级的变化,并总结出两个明显的特征。文中最后指出,高句丽中央官位由五部贵族与非五部贵族两部分官员组成,他们所能担当的官位有严格的界限,并逐步形成了以"兄"为核心的兄系官位体系和以"使者"为核心的使者系官位体系。其他学者在官位等级研究方面也取得了一定的成绩,关注点也更为精准。王旭在《高句丽后期官位等级及排序浅探》中则探讨了官位等级及排序问题[④],提出了高句丽官制分为前后两个时期,利用《周书》《隋书》《南史》《北史》《旧唐书》《新唐书》《三国史记》《高丽记》,可得出高句丽官制有 12 等,《周书》与《隋书》中的官位不是按官位等级排列的,只有《新唐书》和《高丽记》才是真正按官位等级排序的。

《高丽记》中记载高句丽五部的佚文多达二百余字,是各类史籍中记载较为详尽者,然而并未引起学者的足够重视。一些研究高句丽部族的文章并未提及《高丽记》,提及的文章也只是进行简单的引证,并未深入研究。如张甫白(已故吉林大学文学院张博泉教授的笔名)的《高句丽五部与统一的民族和国家》中引用《高丽记》佚文论证灌奴部的位置[⑤];杨军在《高句丽五部研究》[⑥]和《高句丽早期五部考》[⑦]两篇论述高句丽五部的论文中,仅引用《高丽记》中的同一条十余字的史料来证明顺奴部在五部中的地位。

---

① 高福顺:《高句丽官制中的兄与使者》,《北方文物》2007 年第 2 期。
② 〔韩〕金在善:《高句丽职官考》,《中央民族大学学报(社会科学版)》1998 年第 5 期。
③ 高福顺:《高句丽中央官位等级制度的演变》,《史学集刊》2006 年第 5 期。
④ 王旭:《高句丽后期官位等级及排序浅探》,《北方文物》2012 年第 3 期。
⑤ 张甫白:《高句丽五部与统一的民族和国家》,《龙江社会科学》1996 年第 1 期。
⑥ 杨军:《高句丽五部研究》,《吉林大学社会科学学报》2001 年第 4 期。
⑦ 杨军:《高句丽早期五部考》,《西北第二民族学院学报(哲学社会科学版)》2008 年第 5 期。

可见，学者在利用《高丽记》佚文进行高句丽官制研究时，已经不仅仅是单纯的引用，而是进行高句丽中央官制、官位等级制度演变及职官名称研究，这是《高丽记》研究的一个重要方向。但学者在利用《高丽记》佚文进行研究时，未能挖掘史料的最大价值。

三、《高丽记》所记城邑、山川及传说考

《高丽记》佚文是一份详细的军事地理报告，陈大德对所过之处的城邑、山川描述翔实而准确，史料价值极高，这也是学者研究的重点。

早在20世纪30年代，日本学者今西春秋就曾用《高丽记》资料考证高句丽城邑及交通路线。国内学者如李建才[①]、王绵厚[②]、耿铁华[③]、苗威[④]等也都引用《高丽记》的内容对高句丽的地理问题进行研究，但缺乏系统考证。

《〈高丽记〉研究》[⑤]对《高丽记》所记城邑、山川进行了系统考证。书中的第四章"《高丽记》所记地名的研究"，用了一章的篇幅考证《高丽记》所记城邑、山川的地名、位置及历史沿革。书中第一节为"陈大德出使路线考"，文中通过《高丽记》及其他史籍的记载推出陈大德出使朝鲜的两条路线；第二节为"地名考释"，第一小节为"国邑考释"，对高句丽、靺鞨、沃沮、朝鲜、濊貊等五个东北古国邑进行了考证。第二小节为城邑考释，对《高丽记》中记载的"平壤"、"辽东"、"南苏"等15座城邑进行了详尽的考证，内容包括历史沿革、地理位置等。第三小节为山川考释，利用《高丽记》现有材料，对"银山"、"白山"、"辽山"等7座大山，"鸭绿水"、"盐难水"等8条河流的历史沿革、地理位置进行了考释，并纠正了相关的错误。《〈高丽记〉研究》是至今为止关于《高丽记》所记城邑、山川研究最为全面而准确的学术成果，具有较高的参考价值。国内学者也有利用《高丽记》佚文对东北亚地区具体的城邑、山川进行深入考证并提出了相应的观点。姜维东先生的《马訾水、盐难水考》[⑥]中，通过翔实的考证，认为真正的马訾水、盐难水只见于《汉书》中，而《高丽记》《通典》《新唐书》《太平寰宇记》诸书中的"马訾水"、"盐难水"皆是经过陈大德曲解后的水名，已非汉代实际情况。根据流向、水程，可以确定《汉书》中的"马訾水"为今朝鲜境内的虚川江，"盐难水"为今鸭绿江。

---

① 李健才：《再论高句丽迁都到国内以前有无汉代县城的问题》，《东北史地》2004年第6期。
② 王绵厚：《高句丽古城研究》，北京：文物出版社，2002年，第1—67页。
③ 耿铁华：《高句丽迁都国内城及相关问题》，《东北史地》2004年第1期。
④ 苗威：《高句丽"平壤城"考》，《中国历史地理论丛》2011年第2辑。
⑤ 高福顺、姜维公、戚畅：《〈高丽记〉研究》，长春：吉林文史出版社，2003年，第210—360页。
⑥ 姜维东：《马訾水、盐难水考》，《北方民族》2003年第2期。

高福顺的《〈高丽记〉所记平壤城考》则从城市学的角度出发[①]，利用《高丽记》佚文中四处关于平壤城的记载，并结合《魏书》《通典》《三国志》《三国史记》等史籍，考证了平壤城的修筑时间及平壤城的结构与布局，认为平壤是一座规划完整、功能齐全的仿汉制都城，同时又杂糅了高句丽人的建筑特色。平壤城把平原城与山地城紧密地结合起来，形成了平时生活方便、战时利于防守的城邑体系。

针对《高丽记》佚文对于城邑、山川记载较为详细这一特点，高福顺进行了深入的研究。《简论〈高丽记〉佚文在地理学上的贡献》从地理学角度重新审视了唐朝陈大德所撰的《高丽记》佚文[②]，指出其在自然地理方面、人文地理以及人文地理的分支——经济地理方面都有翔实的记述，是一部价值较高的有关唐代辽东地区的军事地理著作。他的另一篇文章《简论〈高丽记〉佚文在地名学上的贡献》则从地名学的角度对《高丽记》进行了考察[③]。文章指出，现存《高丽记》佚文仅为原文的1/6—1/7，但所见各种地名却多达23个，若除去其他相关记载，则每记述30余字便有一地名出现，可见该书十分注重地名的记载。在记述地名时，该书又采取了多种方法，一地多名、地名方位、道里、自然情况都记述翔实，不仅是一份详细的军事地理报告，而且对东北亚历史地理、东北边疆史地、高句丽史地等的研究也具有重要的史料价值。

值得一提的是，姜维东先生利用《高丽记》中关于马多山的记载，并结合相关史料，开拓了全新的研究视野，对高句丽的神马传说和始祖传说进行了深入的研究。他在《高句丽神马传说》一文中考证了《高丽记》中马多山里关于朱蒙神马传说的记载[④]，提出其记载的小马即果下马，朱蒙的神马传说是在高句丽尚未灭亡时由唐朝使者传入内地的。之后在朝鲜半岛地区，高句丽马出洞穴传说又经历了一波三折的演变，文章考证了这种神马传说由于传承链的断裂而发生的变异，并认为传说历史化的特点没有变，但传说本身愈变愈失其真。之后，姜维公、姜维东先生又发表了《高句丽始祖传说研究》[⑤]，文章在《高句丽神马传说》基础上进行了更为深入研究，叙述了《高丽记》中的高句丽神马传说，并从三个方面分析了其学术价值。之后，文章还对王氏高丽和李氏朝鲜的神马传说进行了分析，认为其渊源来自内地马出穴传说。

可见，学术界利用《高丽记》佚文对高句丽的城邑、山川及传说进行了考证，研究视角独特，研究内容细致。但是《高丽记》中关于具体地名的记载还很多，仍有深入研究的空间。

---

① 高福顺：《〈高丽记〉所记平壤城考》，《长春师范学院学报》2004年第5期。
② 高福顺：《简论〈高丽记〉佚文在地理学上的贡献》，《通化师范学院学报》1999年第6期。
③ 高福顺：《简论〈高丽记〉佚文在地名学上的贡献》，《东疆学刊》2000年第1期。
④ 姜维东：《高句丽神马传说》，《东北史地》2009年第4期。
⑤ 姜维公、姜维东：《高句丽始祖传说研究》，《东北史地》2013年第4期。

四、《高丽记》所记物产考

《高丽记》中关于高句丽物产的记载篇幅相对较小，但是其内容十分翔实，故国内学者对其研究较为深入，研究热点主要集中在"药材""纺织业""帻曰"三个问题上。

《高丽记》佚文所见高句丽出产的药材研究仅见于《〈高丽记〉研究》，书中第三章第五节中对《高丽记》中所记述的人参、白附子、防风、细辛等中药进行了详细的考证。

关于"纺织业""帻曰"问题，《〈高丽记〉研究》①也做了详细的论证，书中第三章第五节论述了高句丽纺织业的概况，并对《高丽记》中提到的四种产品进行了逐一考证。书中就"帻曰"问题也给出了答案，认为它是一种由猪毛加工而成的纺织品，用于遮蔽太阳，但是考证简略，有待深入。姜维公《〈高丽记〉所见高句丽纺织业》在《〈高丽记〉研究》的基础上对高句丽的纺织业进行了更全面、深入的探讨②。文中叙述了高句丽纺织业的发展概况，并对《高丽记》中提出的"锦""白叠布""青布"进行了逐一考证，还提出"帻曰"应为"帻日"，是一种猪毛制作的遮阳帽。鸿鹄《关于高句丽纺织品之我见——以分析〈高丽记〉史载为中心》一文以《翰苑·蕃夷部·高句丽传》中关于高句丽的纺织业的记载为底本③，参考其他文献和考古资料，将高句丽纺织品分为丝、麻两种，并分别进行了详细的考证。郑春颖在《高句丽"帻曰"考》中针对鸿鹄《关于高句丽纺织品之我见——以分析〈高丽记〉史载为中心》及姜维公《〈高丽记〉所见高句丽纺织业》两篇文章中"帻曰"应为"帻日"的观点提出了反对意见④。她利用《尔雅》《世说新语》及李白、宋玉、白居易的诗文等文史资料，并综合运用语言学的知识，证明"帻曰"应为用于包裹头发的巾帕类纺织物，与"帻日"并非一物。针对"帻曰"应为"帻日"的问题，连冕在《"荆蛮"和"茅绥"：民族志里的"他者"——兼证"屠苏"并〈高丽记〉之"帻"》中提出了较为新颖的观点⑤，他将《翰苑》第三十卷"蕃夷部·高丽"条的断句进行了调整："又造帻，曰华言接，其毛即猪发也"，认为"帻""日"应合为一词，指类似帽子的物件。连冕的此种提法虽较为独到，但是准确性有待商榷。

在对《高丽记》所记的物产，特别是"帻曰"进行研究时，学者不仅利用历史研究的方法，更是综合利用了考古学、文学、语言学甚至美术学的研究方法，为《高丽记》

---

① 高福顺、姜维公、戚畅：《〈高丽记〉研究》，长春：吉林文史出版社，2003 年，第 197—203 页。
② 姜维公：《〈高丽记〉所见高句丽纺织业》，《高句丽历史研究初编》，长春：吉林大学出版社，2005 年，第 139 页。
③ 鸿鹄：《关于高句丽纺织品之我见——以分析〈高丽记〉史载为中心》，《社会科学战线》2007 年第 4 期。
④ 郑春颖：《高句丽"帻曰"考》，《兰台世界（上半月）》2009 年第 8 期。
⑤ 连冕：《"荆蛮"和"茅绥"：民族志里的"他者"——兼证"屠苏"并〈高丽记〉之"帻"》，《中国美术馆》2011 年第 8 期。

研究开创了一个独特的新视角。

五、《高丽记》的史料价值

关于《高丽记》的史料价值，最早见于《〈高丽记〉研究》，书中第一章最后一节先叙述了日韩学者在研究高句丽历史时对《高丽记》的广泛使用，又从官制、部族、地理、风俗、传说、社会等多个方面对《高丽记》的史料价值给予了很高的评价。姜维公在《〈高丽记〉的史料价值》中认为《高丽记》佚文是研究东北史地不可多得的珍贵史料，具有较高的学术价值。[①]首先，《高丽记》成书于高句丽灭亡前夕，它所记载的高句丽官制，是我们研究高句丽官僚体制及演变的钥匙；其次，《高丽记》中所载的高句丽五部的情况是诸多史籍中最为详尽的，研究空间巨大；最后，《高丽记》佚文对城邑、交通、纺织业的探讨也有裨益。2008年，姜维公又发表《〈奉使高丽记〉的史料局限性》一文[②]，文章指出，辽东地区自404年失陷后，高句丽重设地方行政机构，到贞观十五年（641）初陈大德出使高句丽，辽东已经失陷157年，陈大德只能依据《汉书·地理志》为主的中国史籍对辽东地区进行判断，故《奉使高丽记》中不可避免地存在一些错误。文章就《高丽记》在"五部""山川""城邑"等方面出现的错误进行了考证，并总结了其错误的原因。可见《〈奉使高丽记〉的史料局限性》更为深入地探讨了《高丽记》的史料价值，考证翔实、准确，为后世学者如何利用《高丽记》进行研究指明了方向。

六、结　　语

综上所述，学术界对《高丽记》佚文的研究取得了丰硕的成果，以姜维公、高福顺为代表的学者首开了《高丽记》研究先河，其研究深入而细致，后来又有很多学者陆续投入到《高丽记》研究中去，使研究更为全面。对《高丽记》的研究已经不仅仅单纯地引用原文，而是转向对《高丽记》佚文进行校订，对《高丽记》的成书时间、作者、高句丽官制、部族、城邑、山川、传说、物产等问题进行考证。学者所使用的研究方法也由单纯的历史研究方法转向考古学、文学、语言学、美术学等研究方法的综合运用。但是《高丽记》的研究仍有许多缺憾之处：第一，《高丽记》的佚文虽经过细致校订，但仍存在有待深入考证之处，并且散落的十九条《高丽记》佚文未能按照辑佚学的方法、以其原有的写成方式进行复原式整理；第二，《高丽记》所载高句丽部族佚文多达二百

---

① 姜维公：《〈高丽记〉的史料价值》，《古籍整理研究学刊》1999年第2期。
② 姜维公：《〈奉使高丽记〉的史料局限性》，《高句丽与东北民族研究》2008年第1期。

余字，记载较为详尽，但是未能引起学术界的重视，研究空间极大；第三，《高丽记》作为一份军事地理情报，准确性很高，故其所记载的官制、部族、城邑、山川、物产等方面可挖掘的研究内容还很多，有待于学者综合利用多种学科的研究方法进行深入探求。

（编辑：潘博星）

东北亚民族与疆域研究

高句丽与夫余的关系研究

李 爽[*]

摘 要：高句丽与夫余在存续时间上有五百余年的交叉，二者的关系微妙而复杂，既有着极为特殊的渊源关系，又因相互争霸长期处于敌对状态。在内力和外力的双重作用下，高句丽与夫余的实力此消彼长，双方的关系也不断发生变化。高句丽初期因实力微弱而受制于夫余，东汉时逐渐发展为双方对峙，公元5世纪高句丽取代了夫余区域霸主的地位。5世纪末，随着夫余国势的衰落，夫余臣服于高句丽。最终在勿吉的侵袭下，夫余举国投奔了高句丽。

关键词：高句丽 夫余 东汉 慕容氏

在漫长的历史进程中，高句丽与东北很多民族政权产生过交集，形成了极为复杂的关系。其中，高句丽与夫余之间的关系微妙而复杂，既存在着敌对政权之间相互争霸的矛盾，又因同属秽貊族系，有着极为特殊的族系渊源。

一、高句丽与夫余的渊源

夫余是中国东北地区较早建立地方政权的民族之一，"在玄菟北千里。南与高句骊，东与挹娄，西与鲜卑接，北有弱水。地方二千里，本濊地也"[①]。夫余和高句丽属于同一种族的秽貊族系，且二者有着相似的政权创始传说。

关于夫余建国传说，最早见于东汉初年王充所撰的《论衡》，史载如下："北夷橐离国王侍婢有娠，王欲杀之，婢对曰：'有气大如鸡子，从天而下，我故有娠。'后产子，捐于猪溷中，猪以口气嘘之，不死；复徙至马栏中，欲使马藉杀之，马复以口气嘘之，

---

[*] 李爽，吉林省社会科学院高句丽研究中心研究员。
[①] 《后汉书》卷85《东夷·夫余传》，北京：中华书局，1965年，第2810页。"濊"，古同"秽"。

不死。王疑以为天子，令其母收取奴畜之，名东明，令牧牛马。东明善射，王恐夺其国也，欲杀之。东明走，南至掩淲水，以弓击水，鱼鳖浮为桥。东明得渡，鱼鳖解散，追兵不得渡。因都王夫余，故北夷有夫余国焉。东明之母初妊时，见气从天下，及生，弃之，猪马以气吁之而生之，长大，王欲杀之，以弓击水，鱼鳖为桥。天命不当死，故有猪马之救；命当都王夫余，故有鱼鳖为桥之助也。"①

从内容上看，高句丽和夫余的建国传说极为相似。东明、掩淲水与朱蒙、淹淲水全同，说明北夷橐离国与朱蒙高句丽在祖源传说上是相同的。最早记载夫余建国传说的《论衡》，成书于东汉时期，而朱蒙建国传说，最早见于东晋义熙十年（高句丽长寿王二年，414）的《好太王碑》，详见于北齐的《魏书》。《论衡》的成书时间要远远早于《好太王碑》和《魏书》。因此，可以认为高句丽是借用了夫余的建国传说。对此，"《梁书》曾指出二者之间的关系"②，"其后支别为句骊种也"③。由此亦可看出，高句丽出于夫余，乃夫余的一支应是确切无误的，对此，诸史皆有记载："东夷相传以为夫余别种"④，"高丽者，其先出于夫余"⑤等。

高句丽本出自夫余，与夫余言语诸事、风俗习惯等大都相同。⑥《魏略》载："高句丽有军事祭天，杀牛观蹄以占吉凶，蹄合者吉。夫余国亦尔。"此外，高句丽与夫余的政治制度、赋税制度等大体相似。较之于旁系他族，二者之间多了一层亲近的微妙关系。虽然朱蒙离开夫余，于卒本开国另起炉灶，但夫余并未因此对朱蒙赶尽杀绝，还是十分厚待朱蒙留在夫余的母亲柳花及妻室。西汉阳朔元年（高句丽始祖东明圣王十四年，公元前24）八月，"王母柳花薨于东夫余，其王金蛙以太后礼葬之。遂立神庙。"⑦朱蒙见金蛙如此高规格地安排其母柳花的后事，为其设立神庙祭祀，可能便缓和了与夫余的紧张关系。同年冬十月，"（朱蒙）遣使扶余馈方物，以报其德"⑧。其后高句丽历代国王常至夫余，祭祀太后庙。朱蒙的妻子礼氏也留在夫余，当初朱蒙出走时，礼氏已有身孕。朱蒙走后不久，其儿子类利在夫余出生，并长大成人。西汉鸿嘉二年（高句丽始祖东明圣王十九年，公元前19），类利带着其母礼氏，好友屋智、句邹、都祖等逃出夫余，来到高句丽。类利与母亲在夫余居住十余年而安然无恙，出奔高句丽时又带走了一部分亲信势力，这说明高句丽与夫余的关系一直未曾激化，至少夫余王金蛙在世时，夫余不曾难为高句丽。

---

① （汉）王充：《论衡》，北京：商务印书馆，1975年，第26页。
② 魏存成：《高句丽遗迹》，北京：文物出版社，2002年，第3页。
③ 《梁书》卷54《高句骊传》，北京：中华书局，1973年，第801页。
④ 《后汉书》卷85《东夷·高句骊传》，北京：中华书局，1965年，第2813页。
⑤ 《周书》卷49《高丽传》，北京：中华书局，1971年，第884页。
⑥ 杨春吉、耿铁华、倪军民主编：《高句丽史籍汇要》，长春：吉林人民出版社，2005年，第41页。
⑦ 〔高丽〕金富轼著，孙文范等校勘：《三国史记》卷13《高句丽本纪·始祖东明圣王》，长春：吉林文史出版社，2003年，第176页。
⑧ 〔高丽〕金富轼著，孙文范等校勘：《三国史记》卷13《高句丽本纪·始祖东明圣王》，长春：吉林文史出版社，2003年，第176页。

二、夫余压制高句丽时期

　　金蛙去世，带素继承金蛙王位后，高句丽与夫余的关系急转直下，夫余王带素志在铲除高句丽。西汉建平元年（高句丽琉璃明王十四年，公元前6），带素向高句丽派出使者，提出苛刻条件，"遣使来聘，请交质子"①。纳质即是一种不平等关系的体现。带素要求纳质就是在政治上向高句丽施压。是时夫余政权实力雄厚，疆域辽阔，威慑东北诸族，在海东地区享有霸主地位。夫余东邻挹娄，挹娄素以骁勇彪悍著称，"善射，发能入人目"②，"便乘船，好寇盗，邻国畏患"③，"北沃沮畏之，每夏辄藏于岩穴，至冬船道不通，乃下居邑落"④。挹娄如此强悍，却臣服于夫余，"自汉以来，臣属夫余，夫余责其租赋重"⑤，这足以说明夫余的实力之强。琉璃明王自幼在夫余长大，对根基雄厚的夫余可谓了如指掌，故琉璃明王对夫余心存畏惧。对于夫余的强硬要求，琉璃明王不敢违抗，打算以太子都切作为人质送往夫余。但太子都切是个胆小儒弱之辈，担心入夫余会有生命危险，死活不肯前往夫余。夫余王带素恼羞成怒，同年十一月，亲率5万大军来攻打高句丽，途遇大雪，士兵多被冻死，带素不得不撤兵归国。高句丽逃过一劫，但5万大军压境的事实，也足以令高句丽胆战心寒。从夫余遣使强索质子，高句丽的反应来看，夫余凭借强大实力已凌驾于高句丽之上，高句丽则处于被动妥协的地位。

　　为远避夫余兵威，琉璃明王决定迁都。西汉元始三年（高句丽琉璃明王二十二年，3），高句丽迁都国内城（今吉林省集安市），"（此城）山水深险，地宜五谷，又多麋鹿鱼鳖之产。王若移都，则不唯民利之无穷，又可免兵革之患也"⑥。国内城地理位置远离夫余，而且地肥物美，适宜居住。事实证明，琉璃明王迁都的确是明智之举，大大减轻了来自夫余的威胁。夫余因为与迁都后的高句丽距离遥远，鞭长莫及，轻易不再向高句丽挑起战端。

　　可是，单凭妥协是换不来永久的和平的，反而会导致得势的一方变本加厉。新莽始建国元年（高句丽琉璃明王二十八年，9），夫余再次遣使高句丽，提出了更为苛刻的要求，并发出动武信号。夫余使者曰："我先王与先君东明王相好，而诱我臣逃至此，欲完聚以成国家。夫国有大小，人有长幼，以小事大者礼也，以幼事长者顺也。今王若能以

---

① 〔高丽〕金富轼著，孙文范等校勘：《三国史记》卷13《高句丽本纪·琉璃王》，长春：吉林文史出版社，2003年，第178页。
② 《后汉书》卷85《东夷·挹娄传》，北京：中华书局，1965年，第2812页。
③ 《后汉书》卷85《东夷·挹娄传》，北京：中华书局，1965年，第2812页。
④ 《后汉书》卷85《东夷·北沃沮传》，北京：中华书局，1965年，第2816页。
⑤ 《三国志》卷30《魏书·东夷·挹娄传》，北京：中华书局，1959年，第848页。
⑥ 〔高丽〕金富轼著，孙文范等校勘：《三国史记》卷13《高句丽本纪·琉璃王》，长春：吉林文史出版社，2003年，第178页。

礼顺事我，则天必佑之，国祚永终。不然，则欲保其社稷难矣。"①夫余要求高句丽以小事大，臣服于夫余。面对夫余的无礼刁难，琉璃明王不敢与夫余发生正面冲突，决定采取卑躬屈膝的妥协之策，以立国尚浅为由，拟好了答复夫余王之词："寡人僻在海隅，未闻礼义。今承大王之教，敢不唯命是从。"②此事被年少的王子无恤（即后来的大武神王）得知，他挺身而出智退夫余使者。无恤对夫余使者言："我先祖神灵之孙，贤而多才。大王妒害，谗之父王，辱之以牧马，故不安而出。今大王不念前怨，但恃兵多，轻蔑我邦邑。请使者归报大王，'今有累卵于此，若大王不毁其卵，则臣将事之，不然则否'。"③夫余使者将无恤之言回禀夫余王带素，带素不解其意，遍问群臣，无人能答。最后，一位老妪给出了答案：累卵寓意着危险，不去碰累卵则意味着平安无事。夫余目前已经身处险境，自身难保，却还要欺逼邻族，将自己置于更加危险的境地。无恤之言其实是道出了当时夫余所面临的严峻的周边形势。是时，中原王朝改头换面，外戚王莽以新代汉。王莽一扫西汉对东北诸族的宽松政策，对东北诸族采取了强硬的高压政策。王莽屡派大军东讨秽貊，夫余自然也在打击之列。这可从严尤奏言中得知："貊人犯法，宜令州郡，且慰安之。今猥被以大罪，恐其遂叛。扶余之属，必有和者，匈奴未克，扶余、秽貊复起，此大忧也。"④是时，夫余外部形势不容乐观。王莽对秽貊诸族进行了大肆征讨，夫余受到了新莽政权的严重威胁。解决眼前危机的最佳方案莫过于联合秽貊诸部一起反抗王莽，这样才能对新莽政权予以有力还击。带素可能也正有此打算，遂使"以小事大"事件不了了之。

新莽始建国五年（高句丽琉璃明王三十二年，13），夫余对高句丽发动了军事攻击。带素遣重兵进犯高句丽，琉璃明王派无恤带兵迎战。无恤因高句丽兵力不足，无法对抗夫余，便设下奇计，在鹤盘岭埋下伏兵，突袭夫余军，夫余军被打得措手不及，大败而归。高句丽以少胜多战胜了夫余。这是高句丽与夫余对峙以来，高句丽取得的第一次胜利，极大鼓舞了高句丽的士气，增强了对抗夫余的信心。

新莽地皇元年（高句丽大武神王三年，20），夫余王带素遣使给高句丽送来赤乌，再次威吓高句丽。"初，扶余人得此乌献之王。或曰：'乌者黑也，今变而为赤，又一头二身，并二国之征也，王其兼高句丽乎？'带素喜送之，兼示或者之言。王与群臣议，答曰：'黑者北方之色，今变而为南方之色，又赤乌瑞物也。君得而不有之，以送于我，两国存亡，未可知也。'带素闻之，惊悔。"⑤无独有偶，黑者为北方之色，在高句丽早有预

---

① 〔高丽〕金富轼著，孙文范等校勘：《三国史记》卷13《高句丽本纪·琉璃王》，长春：吉林文史出版社，2003年，第180页。
② 〔高丽〕金富轼著，孙文范等校勘：《三国史记》卷13《高句丽本纪·琉璃王》，长春：吉林文史出版社，2003年，第180页。
③ 〔高丽〕金富轼著，孙文范等校勘：《三国史记》卷13《高句丽本纪·琉璃王》，长春：吉林文史出版社，2003年，第180页。
④ 〔高丽〕金富轼著，孙文范等校勘：《三国史记》卷13《高句丽本纪·琉璃王》，长春：吉林文史出版社，2003年，第181页。
⑤ 〔高丽〕金富轼著，孙文范等校勘：《三国史记》卷14《高句丽本纪·大武神王》，长春：吉林文史出版社，2003年，第183页。

言。新莽始建国二年（高句丽琉璃明王二十九年，10），夏六月，矛川上有黑蛙，与赤蛙群斗，黑蛙不敌，死掉了。当时便有巫者曰："黑，北方之色，北扶余破灭之征也。"①在当时，高句丽以死掉的黑蛙寓意北方的夫余，反映了高句丽长期处在夫余的压迫下，迫切希望夫余衰败的心理。恰好带素送来了一头二身的赤乌，高句丽正好用此预言来答复带素。带素本意是用此赤乌迫使高句丽臣服，不料，却遭到高句丽巧妙的还击，反倒扰得带素心神不宁。

经过与夫余的多次较量，大武神王深知夫余乃心腹大患，不铲除夫余，则后患无穷。于是，大武神王决定北伐夫余，一决雌雄。

新莽地皇二年（高句丽大武神王四年，21），大武神王亲统大军北伐夫余。大武神王的北伐深得高句丽民心，民众从人力、物力、财力上积极支持北伐。两军交战，高句丽利用沼泽之地引诱夫余王带素来袭，带素果然中计深陷泥沼，被高句丽杀死。但夫余仗着人多势众，又是本土作战，围困高句丽数日。高句丽弹尽粮绝，最后借着大雾方才逃回高句丽。大武神王北伐虽未取得完全胜利，但却削弱了夫余的实力。夫余王带素战死，夫余内部发生了分裂，带素弟率众出走至曷思水畔自立为王，是为曷思王。至太祖大王宫时，曷思王孙以国投奔了高句丽。带素从弟则率领万余人直接投奔了高句丽，使高句丽的实力大增。大武神王封其为王，安置椽那部，以其背有络文，赐姓络氏。大武神王的北伐扭转了高句丽受制于夫余的不利形势，摆脱了对夫余卑躬屈膝的状态，成为极少数敢与夫余抗衡的政权之一。

三、高句丽与夫余对峙时期

东汉时期，高句丽的实力不断增强。据《魏略辑本·高句丽国》载："夫余不能臣也。沃沮、秽皆属之。"②"（东沃沮）北与挹娄、夫余，南与濊貊接……沃沮诸邑落渠帅，皆自称三老，则故县国之制也。国小，迫于大国之间，遂臣属句丽。"③沃沮、秽貊诸部落相继臣属高句丽，说明此时的高句丽已强大起来。夫余遭到高句丽重创后，虽然实力较以前大为减弱。但从"夫余不能臣"来看，夫余仍然保存着一定的实力，与高句丽进行着地方霸权之争。高句丽一时无法征服夫余，双方处于对峙状态，但高句丽已逐渐取代了夫余地方霸主的地位，上引史料二中的东沃沮处于夫余、挹娄与秽貊之间，该地区能够称得上"大国"的只有高句丽与夫余。结果东沃沮臣属于高句丽，却没有臣属于夫余，并且相邻的秽貊诸部也都倒向了高句丽，这说明此时高句丽的实力强于夫余，对周边诸

---

① 〔高丽〕金富轼著，孙文范等校勘：《三国史记》卷13《高句丽本纪·琉璃王》，长春：吉林文史出版社，2003年，第180页。
② 杨春吉、耿铁华、倪军民主编：《高句丽史籍汇要》，长春：吉林人民出版社，2005年，第42页。
③ 《三国志》卷30《魏书·东夷·东沃沮传》，北京：中华书局，1959年，第846页。

族更有影响力。在双方的交锋中，高句丽已占据上风。

为了能够与高句丽抗衡，夫余改变了策略，采取依附东汉的政策，与东汉联手对付高句丽。东汉建武二十五年（高句丽慕本王二年，49），"夫余王遣使奉贡，光武厚答报之，于是使命岁通"①。夫余的遣使朝贡，得到了东汉光武帝的赞赏，回赐十分丰厚。从"使命岁通"来看，夫余与东汉已建立起密切的朝贡关系。夫余因与高句丽的矛盾尖锐，主动遣使东汉朝贡，企图以东汉为靠山，提高夫余的地方威望，倚仗东汉的力量来削弱高句丽。夫余朝贡东汉之举，也正符合东汉的政治需要。高句丽与东汉的关系很不稳定，高句丽对东汉时叛时附的政策令东汉十分恼火。就在夫余朝贡东汉的同年春天，"（高句丽）遣将袭汉北平、渔阳、上谷、太原"②。高句丽对东汉的寇钞，已严重影响了东汉东部安宁。故东汉与夫余建立朝贡关系，一方面可以稳定东北局势，另一方面可以借助夫余的势力从侧翼牵制高句丽。

随着高句丽逐步兼并秽貊诸部，高句丽政权的实力大增。高句丽开始实施侵扰中原，扩展领地的周边政策。高句丽多次进攻玄菟郡和辽东城。面对高句丽的军事扩张，夫余在军事上对东汉进行了有力支援，二者联兵共抗高句丽。东汉建光元年（高句丽太祖大王六十九年，121）十二月，"高句骊、马韩、秽貊围玄菟城，夫余王遣子与州郡并力讨破之。延光元年春（122）二月，夫余王遣子将兵救玄菟，击高句骊、马韩、秽貊，破之，遂遣使贡献"③。高句丽太祖大王亲自率军连续两年进攻东汉玄菟城，两次出兵的规模都很大，马韩、秽貊军队都参与其中。但是，高句丽对东汉的攻伐，屡屡遭到夫余援兵的打击，夫余两次遣兵援助东汉大败高句丽。夫余与东汉军事上的联盟政策在一定程度上遏制了高句丽向辽东的扩张，高句丽与夫余的矛盾愈发剧烈。

夫余依靠中原打压高句丽的政策颇见成效，便一直将这种政策延续下去。汉末，"公孙度雄张海东，威服外夷，夫余王尉仇台更属辽东。时句丽、鲜卑强，度以夫余在二虏之间，妻以宗女"④。夫余与公孙氏联姻以密切二者的关系。这种关系具有相互借重的性质，最终的目标都是为了遏制高句丽。曹魏之际，夫余依然依靠中原的力量打压高句丽。曹魏黄初元年（高句丽山上王二十四年，220），夫余向曹魏派遣使臣，称臣纳贡。曹魏正始五年（高句丽东川王十八年，244），幽州刺史毌丘俭率军征讨高句丽，"遣玄菟太守王颀诣夫余，位居遣大加郊迎，供军粮"⑤。夫余为毌丘俭东征高句丽提供军粮等战略物资，保障了东征军的后勤供应，解决了后顾之忧。毌丘俭能够率军长驱直入，直捣高句丽国都，致使高句丽损失惨重，与夫余的积极支援不无关系。

---

① 《后汉书》卷85《东夷·夫余传》，北京：中华书局，1965年，第2812页。
② 〔高丽〕金富轼著，孙文范等校勘：《三国史记》卷14《高句丽本纪·慕本王》，长春：吉林文史出版社，2003年，第188页。
③ 《后汉书》卷5《孝安帝纪》，北京：中华书局，1965年，第234—235页。
④ 《三国志》卷30《魏书·东夷·夫余传》，北京：中华书局，1959年，第842页。
⑤ 《三国志》卷30《魏书·东夷·夫余传》，北京：中华书局，1959年，第842页。

自晋初以后，夫余势力开始衰落。除了劲敌高句丽外，夫余还要面对新崛起的鲜卑慕容氏的威胁，甚至两次遭到慕容氏的沉重打击，国势一落千丈。"至太康六年，为慕容廆所袭破，其王依虑自杀，子弟走保沃沮。帝为下诏曰：'夫余王世守忠孝，为恶虏所灭，甚愍念之。若其遗类足以复国者，当为之方计，使得存立。'有司奏护东夷校尉鲜于婴不救夫余，失于机略。诏免婴，以何龛代之。明年，夫余后王依罗遣诣龛，求率见人还复旧国，仍请援。龛上列，遣督邮贾沈以兵送之。廆又要之于路，沈与战，大败之，廆众退，罗得复国。尔后每为廆掠其种人，卖于中国。"① "三年，遣其世子俊与恪率骑万七千东袭夫余，克之，虏其王及部众五万余口以还。"②慕容氏两次出兵夫余，对夫余的打击可谓毁灭性的。第一次夫余国被攻破，国王自杀。后虽在西晋的大力扶持下勉强复国，但夫余元气大伤，无力抵挡慕容氏的侵扰，其民众常被慕容廆掳走转卖于中原。第二次夫余王及部众都成了慕容氏的阶下囚，夫余国势跌至谷底。而高句丽的国力则蒸蒸日上，尤其广开土王执政时，东征西讨，疆域不断扩大，国力已臻于鼎盛时期。实力上的巨大差距致使夫余根本无法与高句丽抗衡。北魏永兴二年（高句丽广开土王二十年，410），广开土王亲自率兵攻打夫余，攻占六十余城，一千四百余村。夫余归降高句丽，成为其附庸。自高句丽建国以来，双方进行了长达数百年的较量，实力此消彼长，最终高句丽凭借强大的实力征服了夫余。北魏太和十八年（高句丽文咨明王三年，494），夫余遭到勿吉的侵攻，夫余国势衰弱，无力抵挡。于是，夫余王率领妻孥举国投降于高句丽，至此，夫余国作为一个政治实体灭亡了。

高句丽与夫余有着极深的渊源，在存续时间上有五百余年的交叉。但一山不容二虎，二者因为地域霸权之争，几百年间一直处于水火交锋的状态。随着夫余国势的衰落，高句丽取代了夫余成为东北地区的区域霸主。夫余终因抵挡不住勿吉的侵袭，夫余王率众举国投靠了高句丽，夫余国灭亡。时也，势也！

（编辑：潘博星）

---

① 《晋书》卷97《东夷·夫余传》，北京：中华书局，1974年，第2532页。
② 《晋书》卷109《慕容皝载记》，北京：中华书局，1974年，第2826页。

渤海南境问题再考

——以渤海南境与新罗交界的时间问题为中心

郑　昊[*]

摘　要： 目前渤海史的研究主要集中在外交、文化、民族等方面，有关渤海疆域的研究并未得到足够的重视。已有的有关渤海疆域的研究也大多局限于根据渤海五京十五府现在的所在地来进行推断这一种方法上。本文以渤海南境为例，通过渤海与新罗的关系这一视角，结合对国内外史料的分析论述，尝试解决渤海疆域研究中与渤海南境相关的问题，认为渤海南境在泥河与新罗交接的时间为731—759年。

关键词： 渤海　新罗　泥河　长人记事

一、引　言

对于渤海国疆域的研究，长期以来一直是众多学者所关心的课题之一。近年来，随着国内外渤海史研究热潮的兴起，渤海史研究在很多方面都取得了突破性的进展，达到了前所未有的高度。其中有关渤海国疆域的研究，也取得了一定的成果。在渤海疆域的大致范围、渤海五京十五府所在地等问题上都取得了比较一致的意见。然而，由于相关史料的匮乏以及部分史料记录上的相互矛盾，其中一些问题仍然缺乏严密的考证，在诸如渤海的疆域是否到达过辽东地区、渤海的疆域变迁等问题上仍然存在较大的分歧。甚至随着渤海史其他领域研究的深入，如存在于渤海东北部的越喜靺鞨及其附属渤海的时间等以往已经达成共识的问题也出现了不同的观点。

值得庆幸的是，随着近年在渤海史其他领域研究上取得的进展，对于渤海疆域的研究已经不必局限于史料中对渤海疆域地理的记述。本文便以渤海的南境为一例，改变以往根据史料中渤海五京十五府的记述对其现在地进行推断进而推测渤海领域范围的研

---

[*]　郑昊，日本滋贺县立大学地域文化学科博士后期课程毕业。

究方法，力图尝试通过渤海和与其相接的新罗之间发生的一系列历史事件及两国之间的关系来解决和阐述渤海南境的相关问题。

二、研究现状与问题

《旧唐书》《册府元龟》《新唐书》都有记载①，渤海南境与新罗相接，并且根据其中《新唐书》的记述可以得知渤海南境至泥河与新罗交界。对此目前国内学者的意见还是比较一致的。但在渤海是何时开始以泥河为境与新罗相接的这个问题上还存在比较大的争议。

有学者以其中《新唐书》的记述为依据，认为大祚荣时期渤海便已以泥河为境与新罗交界。②与之相对，有学者认为，鉴于鸭绿江下游两岸及辽东地区或为唐廷保护下的高丽遗民所控制，这一时期渤海南境并未到达泥河，大体为鸭绿江中游、秃鲁江、狼林以北山脉。③另有学者指出，史料有明确记载渤海征服海北诸国是在大仁秀时期，且弁韩地在朝鲜半岛南部不可能为震国所有；但随后有学者考证，这种观点为记述上的错误，不能据其来确定渤海震国时的疆域。④另据《续日本记》，都蒙从南海府吐号浦出发，于宝龟七年（776）12月到达日本的对马岛⑤的记载，可知在大钦茂时期，渤海已在其南境设立南海府，由此也有观点认为渤海以泥河为境与新罗相接是在大钦茂时期或以后。⑥

造成以上学者对渤海南境认识差异的原因，笔者认为究其根本是记载渤海南境史料的匮乏，导致我们很难弄清渤海通过领土扩张等方式，从建国伊始到被称为海东盛国的过程中其南境的具体变化。所以只要弄清了渤海南境的变迁过程，渤海何时开始以泥河为境与新罗相接的这个问题就自然迎刃而解。

《三国史记》《高丽史》等朝鲜史料中有9世纪末10世纪初，以渤海东北部为根据

---

① 《旧唐书》卷199下《渤海靺鞨传》，北京：中华书局，1975年，第5360页："祚荣骁勇善用兵，靺鞨之众及高丽余烬，稍稍归之。圣历中，自立为振国王，遣使通于突厥。其地在营州之东二千里，南与新罗相接。越熹靺鞨东北至黑水靺鞨，地方二千里，编户十余万，胜兵数万人。"《册府元龟》卷959《土风》，北京：中华书局，1960年，第11286—11287页："振国，本高丽。其地在营州之东两千里，南接新罗，西接越喜靺鞨，东北至黑水靺鞨。"《新唐书》卷219《渤海传》，北京：中华书局，1975年，第6179—6180页："渤海，本粟末靺鞨附高丽者，姓大氏。高丽灭，率众保挹娄之东牟山，地直营州东二千里，南比新罗，以泥河为境，东穷海，西契丹。筑城郭以居，高丽逋残稍归之。……祚荣即并比羽之众，恃荒远，乃建国，自号震国王，遣使交突厥，地方五千里，户十余万，胜兵数万，颇知书契，尽得扶馀、沃沮、弁韩、朝鲜海北诸国。"
② 方学凤：《渤海的疆域和行政制度研究》，延吉：延边大学出版社，1996年，第18页。
③ 魏国忠：《渤海疆域变迁考略》，《求是学刊》1984年第6期，第82—89页。
④ 孙进己：《渤海国的疆域与都城》，《东北民族史研究（一）》，郑州：中州古籍出版社，1994年，第333—338页。
⑤ 《续日本纪》，"宝龟八年正月癸酉"条："都蒙等发自弊邑南府吐号浦，西指对马岛竹室之津，而海中遭风，著此禁境，失约之罪，更无所避。"（东京：吉川弘文馆，2004年，第431页。）
⑥ 郑永振、李东辉、尹铉哲：《渤海史论》，长春：吉林文史出版社，2011年，第219页。

地的黑水、铁勒等靺鞨诸部在新罗、高丽的东北境外即渤海的南境活动的记载。[①]渤海在建国之后，其领土扩张主要是通过对其周围靺鞨诸部的征讨来实现的。其中大武艺、大仁秀时期的开拓疆土在史书上更是有着明确的记载。而这些被渤海征讨的靺鞨诸部于9世纪末10世纪初出现在与其原住地截然相反的渤海南境、新罗东北境外单独活动的记事，最早引起了日本学者的关注。

这些出现在新罗东北境外的靺鞨诸部，有学者认为他们是自己从渤海的东北部迁徙而来的。[②]与之相对的，也有学者认为他们并非自己迁徙而来，而是被渤海征服后强制迁徙而来。[③]近年，此问题被重新提出，有学者根据《新唐书·新罗传》所记载的"长人记事"，认为出现在新罗东北部的靺鞨诸部是在8世纪中叶以前，被渤海征服后强制迁徙而来。不仅如此，渤海对这些迁徙过来的靺鞨诸部采取的是一种承认其独立活动的态度。而根据所谓"长人记事"所记录的"关门"可知，被渤海迁徙到渤海南境、新罗东北境外的靺鞨诸部其活动区域实际上已经跨过泥河，到达了新罗作为北部边境最终防线的"铁关、炭项关门"。由此可以说，借由被渤海迁移到其南境的靺鞨诸部，渤海和新罗在泥河附近存在某种意义上的缓冲地带。[④]

如若真如上述观点所述，不仅可以说明渤海与新罗交界的具体时间为8世纪中叶以前，更明确了当时渤海与新罗交界的具体形式。但《新唐书·新罗传》记载的所谓"长人记事"争议颇多，以其作为依据时，对其内容的可信性及理解需要更为严密、深入的探讨。

三、"缓冲地带"说与所谓"长人记事"

如前文所述，日本学者依据"长人记事"所提出的"缓冲地带"说使围绕渤海南境的很多问题迎刃而解。但笔者认为作为依据的"长人记事"本身存在很多问题。

首先，所谓"长人记事"指的是《新唐书·新罗传》中的下列记事：

---

① 《三国史记》卷11《新罗本纪》，"宪康王十二年"条，京都：近泽书店，1941年，第3版，第132页："北镇奏，狄国人入镇，以片木挂树而归，遂取以献，其木书十五字云，宝露国与黑水国人，共向新罗国和通。"《三国史记》卷12《新罗本纪》，"景明王五年"条，京都：近泽书店，1941年，第3版，第138页："二月，靺鞨别部达姑众，来寇北边，时太祖将坚权镇朔州，率骑击大破之，匹马不还。王喜，遣使移书，谢于太祖。"《三国史记》卷50《甄萱》，京都：近泽书店，1941年，第3版，第498—499页："（天福元年）秋九月，太祖率三军至天安，合兵进次一善。神剑以兵逆之……以铁骑二万、步卒三千及黑水铁利诸道劲骑九千五百为中军。"《高丽史》卷2《世家二·太祖二》，平壤：朝鲜民主主义人民共和国科学院，1958年，第24页："（十九年〈936〉秋九月，王率三军至天安府……大相庚黔弼、元尹官茂、官宪等领黑水达姑铁勒等藩劲骑九千五百。"
② 〔日〕小川欲人「三十部女真に就いて」『東洋学報』1937年第24卷第4期，第90页。
③ 〔日〕三上次男「新羅東北境外における黒水・鉄勒・達姑等の諸族について」『高句麗と渤海』，東京：吉川弘文館，1990，第248页。
④ 〔日〕赤羽目匡由「新羅末高麗初における東北境外の黒水・鉄勒・達姑の諸族」『朝鮮学報』2005年第197期，第1—44页。

史料 a：《新唐书》卷 220《新罗传》：（1）新罗，弁韩苗裔也。居汉乐浪地，（2）横千里，纵三千里，（3）东拒长人，东南日本，（4）西百济，南濒海，北高丽。……（5）长人者，人类长三丈，锯牙钩爪，黑毛覆身，不火食，噬禽兽，或搏人以食；得妇人，以治衣服。其国连山数十里，有峡，固以铁阖，号关门，新罗常屯弩士数千守之。①

史料 a 虽然是记录新罗历史的外国史料，但是作为记述新罗国内情况的同时期史料一直为众多学者所关注。关于"长人"的记述内容虽然颇显离奇怪异，但其反映的是新罗人对其并不熟悉的被渤海强行迁徙而来的靺鞨诸部的认识。②

史料 a 关于"长人"部分记述所引用的典据史料实为下列的《太平广记》中的记事：

史料 b：《太平广记》卷 481《新罗》：新罗国。（1）东南与日本邻。东与长人国接。（2）长人身三丈。锯牙钩爪。不火食。逐禽兽而食之。时亦食人。裸其躯。黑毛覆之。其境限以连山数千里。中有山峡。固以铁门。谓之铁阖。常使弓弩数千守之。由是不过。（出《纪闻》）（3）又天宝初。使赞善大夫魏曜使新罗。策立幼主。曜年老。深惮之。有客曾到新罗。因访其行路。（4）客曰。永徽中。新罗日本皆通好。遣使兼报之。使人既达新罗。将赴日本国。海中遇风。波涛大起。数十日不止。随波漂流。不知所届。忽风止波静。至海岸边。……有长人出。长两丈。身具衣服。言语不通。见唐人至。大喜。（出《纪闻》）③

通过史料 b 可以得知，有关"长人"的记述最先源于《纪闻》一书。《纪闻》现在虽然已经佚失，但其中百余条被《太平广记》所引，得以保留。《纪闻》一书所记皆为其撰写者牛肃之所见所闻。牛肃，约生于武周圣历前后，开元、天宝年间曾官至岳州刺史，根据其所见闻而撰写的《纪闻》一书虽然叙事、记述手法上离奇夸张，但被评价为"纪实"之作。因此，《纪闻》所记述的内容虽然显得离奇怪诞，但其作为史料还是能够映射出一定的历史事实，作为渤海同时期的史料，史料价值首先应给予重视与肯定。

那么，接下来的问题便是去验证史料 a 和史料 b 中所记述的"长人"是否真实存在，以及其所记述的"长人"究竟可不可以理解为被渤海强行迁徙到新罗东北境的靺鞨诸部。

首先史料 b（1）（2）的前半部分和（3）（4）的后半部分在纪闻中虽被分开两段记述，但已经有学者证明其前半的记述是以后半的记述为前提，二者之间存在密切的联系，原本是对一个历史事件的记述。④

---

① 《新唐书》卷 220《新罗传》，北京：中华书局，1975 年，第 6202—6203 页。
② 〔日〕赤羽目匡由「新羅末高麗初における東北境外の黒水・鉄勒・達姑の諸族」『朝鮮学報』2005 年第 197 期，第 1—44 页。
③ 《太平广记》卷 481《新罗》，北京：中华书局，1961 年，第 3960—3962 页。
④ 〔日〕李成市「八世紀新羅・渤海関係の一視角」『古代東アジアの民族と国家』，東京：岩波書店、1998、第 381—402 頁。

因为牛肃是生活于渤海同时期的人物，所以《纪闻》中记述牛肃亲身所见的部分，我们可以认为其反映的是渤海新罗时期的历史事实。但根据牛肃的听闻而撰写的部分反映的则不一定是渤海新罗时期的历史事实，有可能更早。而通过《太平广记》中有关牛肃的记录，很难得出牛肃本人曾经到访新罗的结论。因此，史料 a、b 所记述的有关"长人"的内容应是根据牛肃的听闻而撰写的，其反映的即便是真实存在的历史事实，也不一定是渤海时期的历史事实。因此，"长人"所指的也不一定是被渤海强行迁徙到新罗东北境的靺鞨诸部。

史料 b（3）讲述了天宝（742—756）初年，魏曜出使新罗之前向曾经到访过新罗的客人询问其到访新罗的行路之事。史料 b（4）记述了魏曜的客人向魏耀讲述了永徽（650—655）年间，唐朝的使者到达新罗后，从新罗赴日本途中遭遇恶劣天气随波漂流，上陆后遭遇史料 b（2）所记述的"长人"的经历。

史料 b（3）（4）所载魏曜询问的客人当然同魏曜一样是生活于天宝年间的人物。这位客人必然不会是近 90 年前实际出访新罗随风漂流而遭遇"长人"的使者。因此，可以推断他告知魏曜的有关"长人"的情报并不是其亲身经历，而是像魏曜一样从别人口中得知。那么，这样口口相传最后被《太平广记》记录下来所谓"长人"到底有多少真实度就值得怀疑了。

然而，《太平广记》中所记述的"长人"到底是否真的存在虽然值得怀疑，但我们毕竟没有确凿的证据来否定其存在。退一步讲，即使所谓"长人"真实存在，其所指的又是不是被渤海强行迁徙到新罗东北境的靺鞨诸部呢？

比较史料 a 和史料 b，两史料都记述了新罗东部与"长人"相邻，但何时相邻，是需要我们进一步考证的。在史料 a 中有关新罗的四至，不仅记述了其与百济、高丽相邻，还记述了其领土范围为"横千里、纵三千里"。"横千里、纵三千里"被认为是统一新罗时期的领土范围，但这显然与西百济、北高丽的领土范围互相矛盾。

前文提到有国内学者认为《新唐书·渤海传》中有关渤海领土范围及四至记述存在错误。[①]对此，更有日本学者针对有关渤海建国的中国史料进行了专门的论述，古畑彻指出，《新唐书·渤海传》中记录的渤海建国部分的史料在撰写过程中，由于参考史料过多，撰写者在编撰过程中为了整合不同史料存在随意的史料操作行为。[②]那么，同样的问题在《新唐书·新罗传》中是否也同样存在呢？

在《旧唐书·新罗传》中有如下的记述：

史料 c：《旧唐书》卷 199 上《新罗传》：（1）新罗国，本弁韩之苗裔也。其国在汉时乐浪之地，东及（2）南方俱限大海，西接百济，北邻高丽。（3）东西千里，

---

① 孙进己：《渤海国的疆域与都城》，《东北民族史研究（一）》，郑州：中州古籍出版社，1994 年，第 333—338 页。
② 〔日〕古畑彻「渤海建国関係記事の再検討—中国側資料の基礎的研究—」『朝鮮学報』1984 年第 113 期，第 1—52 页。

南北二千里。[1]

对比史料 a、史料 b 和史料 c 可以看出，史料 a（1）（4）与史料 c（1）（2）记述内容相同。史料 a（3）（5）与史料 b（1）（2）记述内容相同。由此可以说史料 a（1）（3）（4）（5）为引用史料 b（1）（2）和史料 c（1）（2）编撰而成。在史料 a 中唯一与史料 b、史料 c 不同的是史料 a（2），即由史料 c（3）的"南北二千里"变成了史料 a（2）的"纵（南北）三千里"。

史料 c（3）所记述的"南北二千里"作为新罗的领土范围并没有太大的争议。史料 c 所记新罗东面为大海也符合新罗地理的实际情况。与之相对，史料 a 在记述新罗的四至时其他方面虽都与史料 c 一致，但在东边与新罗相邻的由史料 c 所记述的大海变为了"长人"。按照史料 a（4）所记新罗北邻高句丽的实际地理情况，如果引用史料 c 所记述的"南北二千里"的领土范围，新罗北境尚在今朝鲜半岛东海岸线的途中，其东面所指地域只能是海而无其他。这样的话记述其东与"长人"相接则显得非常不自然。但如果将其南北的疆域范围由二千里伸展到三千里，新罗的北境便由今朝鲜半岛的中部变成了北部，其东部与"长人"相接在实际地理上变自然得多。

由此可以推断，史料 a（2）将新罗的疆域由"南北二千里"记录为"南北三千里"是为了整合其编撰时参考的 b、c 两史料而进行的史料操作。如若史料 a（4）所记载的新罗四至是为了整合参考史料而进行的史料操作的话，那么史料 a（2）也不应为"横千里"。

综上所述，所谓"长人记事"所记述的"长人"其实未必真实存在。即使存在，其存在期间也应为渤海成立前。因此，笔者认为"长人"即是被渤海强行迁徙到新罗东北境的靺鞨诸部，因为靺鞨诸部的存在在渤海和新罗之间形成一种某种意义上的缓冲地带的意见是站不住脚的。

四、从渤海、新罗的关系看渤海的南境

前文阐述了笔者并不认同日本学者的"缓冲地带"说，那么由此而来的渤海在 8 世纪中叶以前与新罗相交的意见自然也是不成立的。而国内学者对于渤海南境与新罗何时相交的问题也存在分歧。那么接下来笔者便在本部分对此问题进行探讨。

渤海南境与新罗何时相交这个问题从现有史料上确实很难找到明确的答案。随着近年对渤海新罗关系史研究的深入，普遍认为新罗和渤海长时间处在一种对立的状态，这种状态的开端源于边境的领土纷争。这使我们可以尝试围绕渤海新罗关系的变化，根据新罗在其东北境所采取的一系列举动，来分析阐述渤海南境与新罗相交的时间和过程。

---

[1] 《旧唐书》卷 199 上《新罗传》，北京：中华书局，1975 年，第 5334 页。

首先建国伊始记述渤海和新罗之间关系的史料如下：

  史料 d：崔致远《谢不许北国居上表》(《东文选》卷 33)：臣（孝恭王）谨按，渤海之源流也，句骊未灭之时，本为疣赘部落。……初建邑居，来凭邻援，其酋长大祚荣始授臣蕃第五品大阿餐之秩；先天二年方受大朝宠命，封为渤海郡王。①

史料 d 记述了渤海建国后，新罗授予了大祚荣"第五品大阿餐"的官位，直至先天二年（713）才受到唐朝宠命被封为渤海郡王。史书记载大祚荣受到唐朝李楷固的追击，东奔至东牟山建立了渤海国。可以说，渤海在从 698 年建国后到受到唐的认可并接受册封这段时间里，与唐朝是一种敌对的关系。这个时期渤海所采取的外交政策是与其周边的势力交好，如"遣使通于突厥"。史料 d 所记述渤海接受新罗授予的官位也是其中之一。

可以说，建国伊始，渤海采取的是一种积极与新罗交好的政策。加之新罗推出的"北进政策"，此时很难想象力图与新罗交好的渤海不顾及新罗而在其南境进行积极的领土扩张，以致于其南境以泥河为境与新罗相接进而两国之间产生对立。

  史料 e：《三国史记·新罗本纪八》圣德王二零年（721）秋七月条：征何瑟罗道丁夫二千，筑长城于北境。②

史料 e 记述了 721 年新罗于其北境建造长城一事。对此国内外学者普遍认为新罗之所以此时在其北境筑造长城，是因为渤海南境此时已经与新罗相接。新罗此举是针对领土急速扩张而来的渤海所采取的防御对策。由此也可以看出新罗和渤海在边境发生纷争，两国关系开始由渤海建国伊始的友好转为对立。

然而，有学者指出新罗在 721 年前后在北境修筑长城，在当时并没有防御危机的南面依然有着筑造防御工事的记载。因此史料 e 所记载的 721 年新罗在北境建造长城一事，其目的并非针对渤海，而是出于新罗长久以来所具有的防御意识。③笔者对此表示赞同。凭此并不能断定渤海 721 年便已经与新罗相交界。

719 年渤海的建国者大祚荣去世后，渤海的第二代王大武艺继位。大武艺在位期间积极地进行了领土扩张是不争的事实，但据史料记载："斥大土域，东北诸夷畏臣之"，可以看出大武艺时期渤海的领土扩张其主要方向还是渤海的东北部。大钦茂时期，742 年渤海迁都至中京显德府（今吉林省和龙），755 年迁都至上京龙泉府（今黑龙江省宁安）。由于大钦茂时期渤海由对外扩张到积极向唐学习先进制度等对内的政策转变，在

---

① 《东文选》卷 33《表笺》，日本东洋文化研究所影印本。现韩国出版的《崔文昌侯全集》、韩国古代研究会编的《韩国古代史资料集》所收《东文选》中也都有该表。国内论文中有过对该表的引用，但关于该表的来历在注释中提到来自韩国友人带回的资料。
② 《三国史记》卷 8《新罗本纪》，"圣德王二〇年秋七月"条，京都：近泽书店，1941 年，第 3 版，第 96 页。
③ 〔日〕田中俊明「渤海建国初期の対新羅関係」『北方史論叢』2006 年第 10 号，第 45—74 頁。

此时期特别是至安史之乱前很难想象渤海疆域有大的变化。那么渤海获得中京、上京之地应是大武艺时期领土扩张的结果。这也反映了大武艺时期渤海的领土扩张主要是向东北方向展开的。另外值得一提的是，在渤海考古学领域上，近年通过对渤海上京和中京宫殿布局、建造风格等的研究，发现了渤海上京和中京开始建造时期有可能相同。

  史料 f：《旧唐书》卷 199 下《渤海靺鞨传》：（开元）二十年（732），武艺遣其将张文休率海贼攻登州刺史韦俊。诏遣门艺往幽州征兵以讨之，仍令太仆员外卿金思兰往新罗发兵以攻其南境。属山阻塞冻，雪深丈余，兵士死者过半，竟无功而还。①

  史料 g：《新唐书》卷 219《渤海传》：（732）武艺遣大将张文休率海贼攻登州，帝驰遣门艺发幽州兵击之，使太仆卿金思兰使新罗，督兵攻其南。会大寒，雪袤丈，士冻死过半，无功而还。②

史料 f 和史料 g 为唐和渤海战争期间，新罗接受唐的邀请出兵攻击渤海南境的史料。但新罗在出兵攻击渤海南境途中遭遇恶劣天气无功而返。此时新罗对渤海虽已有了实际上的军事行动，但笔者认为也不能简单地认为此时新罗与渤海之间的关系已经对立。根据史料可以认为新罗出兵尚未抵达渤海边境便遭遇恶劣天气无功而返。

在当时，国家间的情报基本通过两国之间的使者而进行互相传达，或者像渤海将安史之乱的情报告知日本一样来知晓第三者的情报。据文献记载渤海和新罗之间的使者交流仅有两次③，由此可以认为渤海和新罗在其存续的大部分时间内几乎没有国家层面的交流。所以首先渤海不可能从新罗得知其出兵来犯一事。

另外，在当时同时与渤海和新罗两方都有在外交情报方面交流的是唐和日本。新罗出兵攻击渤海这一事件的起因是唐和渤海之间纷争的爆发，而且 731 年后唐和渤海之间首次交流是 735 年。也就是说，即便唐和渤海恢复交流后，唐肯告知渤海两国纷争时曾指示新罗出兵攻其南境之事，而渤海也知晓此与新罗关系开始走向恶化的话，最早也要在唐与渤海纷争后的 735 年甚至更晚一些。日本方面，渤海自 727 年第一次派遣使臣前往日本以后，大武艺时期（719—737）再没有派遣过使臣前往日本。也就是说，731 年前后渤海通过日本得知新罗出兵的消息也是说不通的。由此可以说在当时渤海很可能对新罗曾经出兵来犯一事毫不知情。

此外，渤海在前期向日本派遣使者其主要目的，日本学术界公认为是渤海希望日本从背后对新罗进行牵制。而渤海 727 年第一次遣使赴日本后长时间内再没有遣使，也从侧面说明了当时渤海和新罗之间并未达到一种对立而紧张的状态。

---

① 《旧唐书》卷 199 下《渤海靺鞨传》，北京：中华书局，1975 年，第 5361 页。
② 《新唐书》卷 219《渤海传》，北京：中华书局，1975 年，第 6181 页。
③ 两次分别为 790 年和 812 年，新罗曾派遣使者前往渤海。具体的文献如下：《三国史记》卷 10《新罗本纪》，"元圣王 6 年条"，京都：近泽书店，1941 年，第 3 版。第 113 页："元圣王六年（790 年）三月，以一吉飡伯鱼使北国。"《三国史记》卷 10《新罗本纪》，"宪德王 4 年条"，京都：近泽书店，1941 年，第 3 版。第 117 页："宪德王四年（812 年）秋九月，遣级飡崇正使北国。"

对于新罗来说，731 年出兵攻击渤海这一事件，其主要原因并不是与渤海已然形成对立，而更应该理解为在册封体制影响下的对唐的支援行动。在此事件之后，新罗也确实从唐那里得到了其对大同江以南地域的支配的认同。所以说 731 年新罗出兵渤海南境一事，并不能证明当时两国关系已然恶化甚至对立。因此，成为两国对立原因的边境交界自然也不能通过史料 f 和史料 g 来判定。

731 年之后，虽然有 736 年将军允中率兵检查平壤、牛头等州，以及 748 年新罗在其北境建筑大谷城等事件，但其中哪件都很难将其与由于渤海南境的领土扩张以至于与新罗交界，进而产生摩擦使两国关系开始对立之事直接联系起来。直至 759 年 6 月，日本提出了新罗征讨计划。758—763 年日本和渤海之间的遣使在两国的交流史上是最为频繁的时期。在两国交流期间，日本一共 13 次遣使前往渤海，其中 5 次都出现在这个时期。可以说日本的新罗征讨计划，是联合渤海共同进行的。实际上，渤海对于日本也确实采取了默认的态度。所以说，如果 759 年之前渤海和新罗之间的关系还不能说已经形成对立的话，那么最晚 759 年前后渤海和新罗两国关系已经成为一种对立的状态。至此可以推断新罗和渤海以泥河交界的时间大概为 731 年以后、759 年之前的这段时间里。

759 年之后，一直到 8 世纪末 9 世纪初，渤海与新罗之间一直保持这种对立的关系。8 世纪末 9 世纪初由于两国国内形势的变化，两国之间的关系虽曾一度回暖，但直至渤海灭亡笔者认为至少在国家层面上渤海、新罗两国大多处于一种相互对立的状态。在此不做过多论述。

至于《三国史记》《高丽史》中所记载的 9 世纪末 10 世纪初，出现在新罗东北境外的靺鞨诸部，根据渤海对其附属靺鞨诸部所采取的在一定程度上承认其自主活动的地方政策，加之渤海末期的实际情况，笔者支持他们是在 9 世纪末 10 世纪才独立移动到新罗东北境外，开始活动的观点。[①]

五、结　语

到目前为止，学术界对于渤海疆域的研究基本上都是根据两唐书所记载的渤海四至、《新唐书》所记载的渤海五京十五府的记事，以及《辽史》地理志等与渤海国疆域地理直接相关的记事，或通过实地考古调查的成果来完成的。但诸如《辽史》地理志记述上存在问题等原因，使在渤海疆域研究的相关问题上，至今仍存在很多问题与争议，很少取得突破性的进展。

---

① 〔日〕日野開三郎「兀惹部の発展」『日野開三郎東洋史学論集』第 16 巻，東京：三一書房、1980、第 182 頁；马一虹：《9 世纪末靺鞨人进入新罗东北境史事考——以〈三国史记〉"新罗本纪"宪康王十二年记事为中心》，《暨南史学》2004 年第 3 辑，第 124—135 页。

本文首先针对国外学者对渤海南境所提出的最新观点发表了自己的意见，并且试图通过看似与渤海南境并无太大关联的前期渤海与新罗之间的关系，来探寻《新唐书》所载渤海与新罗交界于泥河的具体时间，进而得出了具体时间是 731—759 年的结论。本文在论述方法和内容上可能还有很多不足，但笔者还是希望以此为渤海疆域相关研究投以一石。

（编辑：于焕金）

《延喜式·典药寮》涉渤海国史料药名考辨
——兼论学界相关研究之得失*

胡梧挺**

摘　要： 日本平安时代典籍《延喜式·典药寮》中有关于当时日本遣渤海使所备药物情况的记载，该典籍对渤海国医疗疾病问题研究的价值不言而喻。由于史料本身在书写和刊刻用字上的问题（使用俗字、异体字或讹字），以及著录、研究者本身的疏失，国内学界在著录和利用该史料时，所涉药物名称出现了不少用字不规范甚至错讹遗漏之处。同时，研究者对该史料背景的理解出现偏差，导致其在相关研究中误用史料，以致立论和推论出现逻辑硬伤。笔者通过梳理唐代中日医药典籍对相关药物名称的记载，分析比对传世文献、出土文献及《延喜式·典药寮》中的相关药名用字，从而基本理清了《延喜式·典药寮》涉渤海史料中药名用字的问题。又通过对史料源出文献上下文的细读，指出了学界相关研究在著录和利用该史料时出现的失误，进而对学界所做相关工作的利弊得失予以评价。

关键词：《延喜式·典药寮》　渤海国　药名

由于渤海国的相关历史文献资料十分有限，因而许多相关历史问题的讨论都长期受困于文献不足而难以展开，渤海国疾病问题的研究就是其中一例。虽然理清这一问题对从多角度理解渤海国历史有重要意义，但因相关史料的匮乏，这一问题长期以来几乎没有进入中国渤海史学界的研究视野，更遑论形成相应的问题意识。幸而，日本史籍《延喜式》中保存了关于遣渤海使所备药物的相关记载[1]，这为探讨上述问题提供了重要的线索。自 20 世纪 90 年代以来，中国渤海史学界即十分重视这一史料，先有孙玉良先生编纂《渤海史料全编》（以下简称"《全编》"）对其全文著录[2]，后有魏国忠、朱国忱、郝

---

* 本文为黑龙江省社科规划项目"唐代渤海国及黑水靺鞨海洋活动研究"（批准号：21ZSB171）阶段性成果。
** 胡梧挺，黑龙江省社会科学院历史研究所副研究员。
[1]〔日〕藤原忠平等：《延喜式》卷 37《典药寮》，载黑板胜美编：《新订增补国史大系》第 26 卷，东京：吉川弘文馆，1937 年，第 825—826 页。
[2] 孙玉良编著：《渤海史料全编》，长春：吉林文史出版社，1992 年，第 372—373 页。

庆云诸位先生所著之《渤海国史（修订版）》（以下简称"《国史》"）对其大加引用，以做论据①。近日又见《渤海国药事发微》（以下简称"《发微》"）一文②，对这一史料多有梳理与分析，且文中多出新见。在此，笔者不揣谫陋，拟从《延喜式·典药寮》的记载入手，对其中涉及的草药、方剂的名称问题（用字、原植物等）进行考证与辨析，并顺带指出前人研究成果在涉及这一史料时所存在的问题，以供商榷。

一、问题缘起

据日本史籍《延喜式·典药寮》记载："诸司年料杂药：……遣诸蕃使：……渤海使十七种：素女丸半剂，五香丸三两，练仲丸、吴茱萸丸、干姜丸、犀角丸、四味理仲丸各一剂，七气丸、八味理仲丸各二剂，大戟丸半剂，度瘴散、百毒散各二剂，茯苓散三剂，黄良膏、升麻膏各一剂，神明膏二剂，万病膏三剂，所须药种亦依本方……草药八十种：练胡麻大五升，桃仁一斗四升，黄芩、荠苨、黄连、白术、石斛、蓝漆、细辛、桔梗、独活、当归、夜干、牛膝、茯苓、白芷、升麻、橘皮、附子、乌头、天雄、黄蓍、松脂、石南草、防己、黄蘗、白蔹、紫菀、麦门冬、苦参、鬼臼、芎藭、干地黄、枳实、葛根各二斤，芍药、地榆、前胡、白头公、栝楼、防风、茈胡、茵草、商陆、大戟、茵芋、菖蒲、藁本、甘遂、石苇、泽写、玄参、漏芦、蔄茹、蛇衔、梨芦、桑根白皮、皂荚、丹参、蒲黄、半夏、龙胆各一斤，龙骨、石硫黄、石膏各一斤，蜀椒四斤，吴茱萸五斤，升麻、杏仁、五味子、兔丝子、葶苈子、蛇床子各二斤，乌梅、大枣、曲各五斤，爪蒂四升，羚羊角十枚，熟艾二斤，仆奈、女青各一斤。"③由于这段记载（以下简称"《延喜式·典药寮》史料"）中出现了"渤海使"一词，以及数十种方剂、草药的名称，所以学界一般都将之视为与渤海国医药有关的重要史料，如《全编》即将其全文录入④；《国史》则在其第八章"渤海文化"中全文引用《延喜式·典药寮》史料，作为推测渤海国医药学发展水平的主要论据⑤；而《发微》一文则分别从"由药方所见的渤海人医疗水平"和"渤海与日本的中药贸易"的角度，对《延喜式·典药寮》史料进行阐释，认为史料中出现的 17 种药方是"日本律令正式规定渤海国使团可以在其境内直接采购 17 种药品"，而其中提及的 80 种草药也是"渤海国使团在日本采购中药的详细律令"，并进

---

① 魏国忠、朱国忱、郝庆云：《渤海国史（修订版）》，哈尔滨：黑龙江人民出版社，2014 年，第 500—501 页。
② 苗威、赵振成：《渤海国药事发微》，《延边大学学报（社会科学版）》2018 年第 5 期。
③ 〔日〕藤原忠平等：《延喜式》卷 37《典药寮》，载黑板胜美编：《新订增补国史大系》第 26 卷，东京：吉川弘文馆，1937 年，第 825—826 页。
④ 孙玉良编著：《渤海史料全编》，长春：吉林文史出版社，1992 年，第 373 页。
⑤ 魏国忠、朱国忱、郝庆云：《渤海国史（修订版）》，哈尔滨：黑龙江人民出版社，2014 年，第 491 页。

而利用"辽代及其以前中医古籍"的记载,对上述 17 种方剂中的 15 种,根据其药效,"按照唐朝中医学分科法"做了分类。①

国内学界对《延喜式·典药寮》史料的著录、引用与分析,足见其对于渤海国史研究,尤其是渤海国医药问题研究的重要意义。不过,如果将《延喜式·典药寮》史料的原文和前人相关著录、研究相结合,并加以细致分析,则可见无论是其原文文字还是研究者的著录与利用,都存在一些或大或小的问题。众所周知,史学研究中对史料的处理方式,主要是考据(对史料文字内容的疏通或辨误)与阐释(对史料的内涵进行分析或推理,从而得出某种结论),而前者无疑又是后者的基础。因此,笔者拟从上述史料的文字问题入手,对史料中提及的一些药名以及前人研究在药名、史料背景等方面出现的疏误进行辨别与正误,从而为正确理解《延喜式·典药寮》史料对于渤海国史研究的价值所在尽一份力。

二、《延喜式·典药寮》史料所涉药物名考辨及学界相关误字例

《延喜式·典药寮》史料原文中的一些药剂、草药名称,使用了异体字、通假字或俗写字而造成与通行药名的差异,或因字形相近而导致药名讹误,这给研究者著录、引用和利用史料造成了一定程度的困难。同时,研究者在整理《延喜式·典药寮》史料时也出现了一些失误,导致其整理与研究工作受到影响。以下笔者将对这些问题逐条分析考辨。

(1)练仲丸、四味理仲丸、八味理仲丸。《延喜式·典药寮》史料中提及"练仲丸""四味理仲丸""八味理仲丸"等药剂名。查唐代医方典籍《外台秘要方》,其所录"练中丸""四味理中丸"皆为"中"字,与《延喜式·典药寮》史料所用字有所不同。据《说文解字》及《释名》记载,"中""仲"二字同义②,故二字可通用。因此,史料中的"练仲丸""理仲丸"均可按唐代医方中的通行写法,写作"练中丸""理中丸"。然而,《全编》《国史》《发微》在著录或引用《延喜式·典药寮》史料时,虽将"理仲丸"均改为"理中丸",但未将"练仲丸"改为"练中丸"。

(2)荠苨。据《新修本草·草部中品下》:"荠苨,味甘,寒,无毒。主解百药毒。"③

---

① 苗威、赵振成:《渤海国药事发微》,《延边大学学报(社会科学版)》2018 年第 5 期,第 40—41、43—44 页。
② 《说文解字注》"仲"字条:"中也,从人中,中亦声";《释名·释亲属》"仲父"条:"仲,中也,位在中也",参见(清)段玉裁撰:《说文解字注》第八篇上,北京:中华书局,2013 年,第 371 页上;(汉)刘熙撰:《释名》卷 3《释亲属》,北京:中华书局,2016 年,第 41 页。
③ (唐)苏敬等撰,尚志钧辑校:《新修本草》(辑复本第二版),合肥:安徽科学技术出版社,2004 年,第 133 页。

《医心方·诸药和名》载:"茅苨,和名佐歧久佐奈(さきくさな)①,一名美乃波(みのは)。"②《延喜式考异·典药寮》亦载:"茅苨,左支久左奈(さきくさな),按辅仁《和名》,一名美乃波。"③由此可见,唐代中日本草典籍著录此草药名皆作"茅苨"。但《全编》在著录时误作"茅芪";而《国史》因其引文全部转引自《全编》,故亦沿袭《全编》之误而未改。

(3)蓝漆。此药不见载于唐宋诸家本草,查朝鲜李朝医籍《东医宝鉴·汤液篇二》有"蓝藤根"条,其下记载:"处处有之,根如细辛,即今蓝漆也。"④又查唐陈藏器《本草拾遗·草部》亦有"蓝藤根"条,记其"生新罗国,根如细辛"⑤。日本《医心方·诸药和名》亦载"蓝柒",但不载其和名,认为其"所出未详"⑥;而据日本江户时代类书《古今要览稿·草木部》记载:"いよかづら,一名からすのひるつる⑦,汉名蓝漆,一名蓝藤,即《唐本草》所记白前之一种……其根数条簇生,状似细辛而粗且长……蓝漆、蓝藤即一物,其事明也。"⑧综合上述记载可知,"蓝漆"即"蓝藤",是一种产于朝鲜半岛和日本等东亚地区的草药,应即唐代《新修本草》所记之"白前"的一种。⑨

(4)白芷。《新修本草·草部中品上》载:"白芷,味辛,温,无毒"⑩;《医心方·诸药和名》记白芷之和名"加佐毛知(かさもち),一名与吕比久佐(よろひくさ),又佐波宇止(さはうと),一名佐波曾良之(さはそらし)"⑪。《延喜式考异·典药寮》亦载:"白芷,与吕比久佐,美良祢久左(みらねくさ),无奈久左(むなくさ),无末左久(むまさく)。"⑫据此,则唐代中日本草典籍记此药汉名均作"白芷",而《发微》引文误作"白芝"。

(5)黄耆。此药名《重修政和证类本草》目录作"黄耆",而卷7正文则作"黄

---

① 按:此处的"佐歧久佐奈"之类属"万叶假名",又名"真假名",它是日本奈良时代(710—794)使用的一种借用汉字的读音或字义来表记日语的假名系统,是"平假名"的前身。"万叶假名"所用汉字与"平假名"都有相互对应关系,因此,笔者在此后出现的万叶假名后都括注其平假名读音。
② 〔日〕丹波康赖撰,高文柱校注:《医心方》卷1,北京:华夏出版社,2011年,第27页。
③ 〔日〕松平齐恒:《延喜式考异》卷6《典药寮·和名考异》,东京:冈田屋嘉七,1828年,第26页。
④ 〔朝〕许浚:《东医宝鉴·汤液篇》卷2《草部上》,明万历四十一年(1613)朝鲜内医院木活字本(首尔大学奎章阁藏,奎贵1933),第43a页。
⑤ (唐)陈藏器撰,尚志钧辑释:《〈本草拾遗〉辑释》卷3,合肥:安徽科学技术出版社,2002年,第75页。
⑥ 〔日〕丹波康赖撰,高文柱校注:《医心方》卷1,北京:华夏出版社,2011年,第37页。
⑦ 按:《延喜式考异·典药寮》所记"蓝漆"之和名为"也末阿久左(やまあさ)",与此不同。参见〔日〕松平齐恒:《延喜式考异》卷6《典药寮·和名考异》,东京:冈田屋嘉七,1828年,第41页。
⑧ 〔日〕屋代弘贤:《古今要览稿》卷342《草木部上》,东京:国书刊行会,明治三十八年(1905),第551页。
⑨ 《新修本草》卷9载:"白前,味甘,微温,无毒。主胸胁逆气,咳嗽上气……此药叶似柳,或似芫花,苗高尺许……根白,长于细辛。"参见(唐)苏敬等撰,尚志钧辑校:《新修本草》(辑复本第二版),合肥:安徽科学技术出版社,2004年,第132页。
⑩ (唐)苏敬等撰,尚志钧辑校:《新修本草》(辑复本第二版),合肥:安徽科学技术出版社,2004年,第124页。
⑪ 〔日〕丹波康赖撰,高文柱校注:《医心方》卷1,北京:华夏出版社,2011年,第27页。
⑫ 〔日〕松平齐恒:《延喜式考异》卷6《典药寮·和名考异》,东京:冈田屋嘉七,1828年,第24页。

耆"①;《医心方·诸药和名》(安政本)亦作"黄耆"②;《延喜式考异·典药寮》则作"黄芪"③。据此,则唐宋中日本草典籍此药名多作"黄耆",而"黄蓍""黄芪"则为"黄耆"之异写,后世本草则渐用"黄芪"④。今之简体字中"蓍"音"shī",已与"芪"之字音有别,且各类唐宋本草的整理本通常都改用"芪"字。综上所述,我们在著录或引用《延喜式·典药寮》史料时,对于黄芪的药名,应该按照目前中医古籍整理的通行标准,写作"黄芪";或按照保留唐宋本草原貌的原则,写作"黄耆";而为了避免音义上的分歧,尽量不使用"黄蓍"这一旧称。但《全编》《国史》《发微》在著录或引用时,全部都使用了"黄蓍"一名。

（6）黄蘗。据《重修政和证类本草》载:"蘗木,黄蘗也"⑤;而傅云龙影刻《新修本草》⑥、仁和寺本《新修本草》⑦、罗振玉藏日本传抄卷子本《新修本草》残卷⑧均作"蘗木"⑨。"蘗"即"檗",故"黄蘗"亦作"黄檗",如点校本《大观本草》卷12即作"黄檗"⑩。故此药名应写作"黄蘗"或"黄檗"。《发微》误作"黄蘖",因"蘖"与"蘗"形近而讹。

（7）白蔹。此药《重修政和证类本草》卷10作"白敛"⑪,敦煌本《新修本草》⑫

---

① （宋）唐慎微:《重修政和证类本草》目录,四部丛刊影印金泰和甲子晦明轩刊本,第8a页;（宋）唐慎微:《重修政和证类本草》卷7《草部上品下》,四部丛刊影印金泰和甲子晦明轩刊本,第14a页。
② 〔日〕丹波康赖编:《医心方》卷1,北京:人民卫生出版社,1955年影印日本安政年间江户医学馆影刻本,第26页下。
③ 〔日〕松平齐恒:《延喜式考异》卷6《典药寮·和名考异》,东京:冈田屋嘉七,1828年,第20页。
④ 如《本草纲目》即作"黄芪",参见（明）李时珍:《（重订）本草纲目》,台北:文化图书公司,1992年,第403页。
⑤ （宋）唐慎微:《重修政和证类本草》卷12,四部丛刊影印金泰和甲子晦明轩刊本,第27b页。
⑥ 即清末傅云龙于光绪十五年（1889）在日本相继购得的《新修本草》传抄本（小岛知足家藏旧抄本）11卷,参见《傅云龙影刻〈新修本草〉十一卷本》题解,载（唐）苏敬等撰,尚志钧辑校:《新修本草》（辑复本第二版）附Ⅲ,合肥:安徽科学技术出版社,2004年,第339页。
⑦ 即日本药商武田长兵卫的杏雨书屋于昭和十一年（1936）用珂罗版影印京都仁和寺旧藏古抄本《新修本草》5卷（第4、5、12、17、19卷）,以及昭和十二年本草图书刊行会珂罗版影印尾张德川黎明会所藏仁和寺本《新修本草》卷15,参见《日本武田氏影印〈新修本草〉仁和寺本》题解,载（唐）苏敬等撰,尚志钧辑校:《新修本草》（辑复本第二版）附Ⅳ,合肥:安徽科学技术出版社,2004年,第525页。
⑧ 即罗振玉于光绪二十七年（1901）在日本东京书肆购得日人森立之旧藏《新修本草》影抄本10卷（10册）,参见《罗振玉藏日本传抄卷子本〈新修本草〉残卷》题解,载（唐）苏敬等撰,尚志钧辑校:《新修本草》（辑复本第二版）附Ⅴ,合肥:安徽科学技术出版社,2004年,第611页。按:由于傅云龙、武田氏、罗振玉三家之《新修本草》皆据日本诸家旧抄本刊刻,故后文有提及这三种《新修本草》刊本时,统一简称"日本旧抄本《新修本草》"。
⑨ （唐）苏敬等撰,尚志钧辑校:《新修本草》（辑复本第二版）,合肥:安徽科学技术出版社,2004年,第395、556、650页。
⑩ （宋）唐慎微原著,（宋）艾晟刊订,尚志钧点校:《大观本草》卷12,合肥:安徽科学技术出版社,2002年,第436页。
⑪ （宋）唐慎微:《重修政和证类本草》卷10,四部丛刊影印金泰和甲子晦明轩刊本,第32a页。
⑫ 即罗福颐于1952年据敦煌石窟出土、被法国人伯希和带走、藏于法国巴黎国民图书馆伯希和氏目3714号卷子本《新修本草》残卷影本摹写本,参见《敦煌出土〈新修本草〉草部下品之上卷第十》题解,载（唐）苏敬等撰,尚志钧辑校:《新修本草》（辑复本第二版）附Ⅱ,合肥:安徽科学技术出版社,2004年,第317页。

卷十作"白蔹"①,《延喜式考异·典药寮》亦作"白蔹"②,安政本《医心方·诸药和名》作"白敛"③。另据《说文解字》载:"莶,白蔹也。从艸,金声";"蔹,莶或从敛"。④据此可知,此药名称在中日本草典籍中作"白敛"或"白蔹",而"莶"则为"蔹"之通用异体字。《全编》《国史》因照录原文,故作"白莶",应改为"白敛"或"白蔹"为宜。

（8）紫菀。此药《重修政和证类本草》卷8、安政本《医心方·诸药和名》《延喜式考异·典药寮》均作"紫菀"⑤,《本草和名》卷上则作"紫苑"⑥。又据《说文解字》载:"茈菀,从艸,宛声。"⑦李时珍《本草纲目》认为"其根色紫而柔宛,故名"⑧。由此可见,此药名多作"紫菀"。而《本草和名》所录"紫苑"之"苑"与"菀"在敦煌俗写经中常通用,但属于"俗书改生僻的偏旁为常见的偏旁的产物",与表示药名的"菀"不能视为一字。⑨因此,应以"紫菀"为此药名的规范用字。《发微》在引证时误作"紫苑"。

（9）枳实。此药《重修政和证类本草》卷十三、傅云龙影刻《新修本草》、罗振玉藏《新修本草》、《医心方·诸药和名》（安政本）、《延喜式考异·典药寮》、《本草和名》卷上均作"枳实"⑩。《发微》引证时讹作"织实"。

（10）白头公。此药《重修政和证类本草》卷11、《经史证类大观本草》卷11均作"白头翁"⑪,陶弘景《本草经集注》记载:"近根处有白茸,状似人白头,故以

---

① （唐）苏敬等撰,尚志钧辑校:《新修本草》（辑复本第二版）,合肥:安徽科学技术出版社,2004年,第337页。
② （日）松平齐恒:《延喜式考异》卷6《典药寮·和名考异》,东京:冈田屋嘉七,1828年,第29页。
③ （日）丹波康赖编:《医心方》卷1,北京:人民卫生出版社,1955年影印日本安政年间江户医学馆影刻本,第28页上。
④ （汉）许慎撰,（清）段玉裁注,许惟贤整理:《说文解字注》第一篇下《艸部》,南京:凤凰出版社,2015年,第55页上。
⑤ （宋）唐慎微:《重修政和证类本草》卷8,四部丛刊影印金泰和甲子晦明轩刊本,第37b页;〔日〕丹波康赖编:《医心方》卷1,北京:人民卫生出版社,1955年影印日本安政年间江户医学馆影刻本,第27页上;〔日〕松平齐恒:《延喜式考异》卷6《典药寮·和名考异》,东京:冈田屋嘉七,1828年,第25a页。
⑥ （日）深根辅仁:《本草和名》卷上,江户:和泉屋庄次郎,宽政八年（1796）,第20b页。
⑦ （汉）许慎撰,（清）段玉裁注,许惟贤整理:《说文解字注》第一篇下《艸部》,南京:凤凰出版社,2015年,第60页下。按:"茈"即"紫",参见（汉）许慎撰,（清）段玉裁注,许惟贤整理:《说文解字注》第一篇下《艸部》,南京:凤凰出版社,2015年,第52页上。
⑧ （明）李时珍撰,陈贵廷等点校:《本草纲目》（金陵版点校本）,北京:中医古籍出版社,1994年,第448页。
⑨ 张涌泉:《敦煌俗字研究（第二版）·艸部》,"苑"字条,上海:上海教育出版社,2015年,第753页。
⑩ （宋）唐慎微:《重修政和证类本草》卷13,四部丛刊影印金泰和甲子晦明轩刊本,第24a页;（唐）苏敬等撰,尚志钧辑校:《新修本草》（辑复本第二版）,合肥:安徽科学技术出版社,2004年,第404、660页;〔日〕丹波康赖编:《医心方》卷1,北京:人民卫生出版社,1955年影印日本安政年间江户医学馆影刻本,第29页下;〔日〕松平齐恒:《延喜式考异》卷6《典药寮和名考异》,东京:冈田屋嘉七,1828年,第23b页;〔日〕深根辅仁:《本草和名》卷上,江户:和泉屋庄次郎,宽政八年（1796）,第56b页。
⑪ （宋）唐慎微:《重修政和证类本草》卷11,四部丛刊影印金泰和甲子晦明轩刊本,第22b页;（宋）唐慎微:《经史证类大观本草》卷11,光绪甲辰（1904）武昌柯氏（逢时）重校（影刻）本,第21a页。

为名。"①《本草和名》载:"白头公,陶(弘)景注云:近跟处有白茸,似人白头,故以为名"②;仁和寺本《医心方》《延喜式考异·典药寮》均作"白头公"③。据此可知,此药名在宋以前中国本草典籍中作"白头翁",而在同时期的日本医药典籍中则作"白头公"。

(11) 茈胡。此药《重修政和证类本草》卷6、安政本《医心方》卷1、《本草和名》卷上均作"茈胡"④,《延喜式考异·典药寮》作"葉胡"⑤。按:《重修政和证类本草》卷6记此药名,"茈"下标注为"柴字"⑥;《新修本草》卷6亦载:"茈是古柴字"⑦;《重修政和证类本草》卷6"茈胡"条前之药图的文字说明,分别为"丹州柴胡""襄州柴胡""寿州柴胡""淄州柴胡""江宁府柴胡"等⑧;《本草图经》卷6亦作"柴胡"⑨。据此可知,此药名称在唐宋时代的中日本草典籍中多作"茈胡",在宋以后逐渐写作"柴胡",而"茈"与"柴"通,故此药名写作"茈胡"或"柴胡"均可。

(12) 茵草。据傅云龙影刻《新修本草》及罗振玉藏《新修本草》卷14"莽草"条记载:"叶青新烈者良,人用捣以和米内水中,鱼吞即死浮出,人取食之无妨。莽字亦有作菵者,呼为菵青。"⑩《重修政和证类本草》卷14"莽草"条亦载:"谨按《尔雅》云:葞,春草,释曰药草也,今俗呼为菵草。"⑪《本草图经》卷12亦载:"莽草,亦曰菵草……而《尔雅·释草》云:葞,春草。释曰:药草,莽草也。郭璞云:一名芒草,芒、菵音近故尔。"⑫《本草和名》卷下载:"莽草,陶(弘)景注云:字或作

---

① (南朝·梁)陶弘景编,尚志钧、尚元胜辑校:《本草经集注(辑校本)》卷5《草木下品》,北京:人民卫生出版社,1994年,第370页。
② 〔日〕深根辅仁:《本草和名》卷上,江户:和泉屋庄次郎,宽政八年(1796),第44a页。
③ 〔日〕丹波康赖撰,高文柱校注:《医心方》卷1,北京:华夏出版社,2011年,第29页脚注②;〔日〕松平齐恒:《延喜式考异》卷6《典药寮·和名考异》,东京:冈田屋嘉七,1828年,第30a页。按:安政本《医心方》卷1作"白头",参见该书第28页上(北京:人民卫生出版社,1955年影印日本安政年间江户医学馆影刻本)。
④ (宋)唐慎微:《重修政和证类本草》卷6,四部丛刊影印金泰和甲子晦明轩刊本,第33b页;〔日〕丹波康赖编:《医心方》卷1,北京:人民卫生出版社,1955年影印日本安政年间江户医学馆影刻本,第26页上;〔日〕深根辅仁:《本草和名》卷上,江户:和泉屋庄次郎,宽政八年(1796),第16b页。
⑤ 〔日〕松平齐恒:《延喜式考异》卷6《典药寮·和名考异》,东京:冈田屋嘉七,1828年,第16b页。
⑥ (宋)唐慎微:《重修政和证类本草》卷6,四部丛刊影印金泰和甲子晦明轩刊本,第33b页。
⑦ (唐)苏敬等撰,尚志钧辑校:《新修本草》(辑复本第二版)卷6上《新修本草草部上品》,合肥:安徽科学技术出版社,2004年,第94页。
⑧ (宋)唐慎微:《重修政和证类本草》卷6,四部丛刊影印金泰和甲子晦明轩刊本,第33页。
⑨ (宋)苏颂撰,尚志钧辑校:《本草图经》,合肥:安徽科学技术出版社,1994年,第101—102页。
⑩ 《傅云龙影刻〈新修本草〉十一卷本》,载(唐)苏敬等撰,尚志钧辑校:《新修本草》(辑复本第二版)附Ⅲ,合肥:安徽科学技术出版社,2004年,第418页;《罗振玉藏日本传抄卷子本〈新修本草〉残卷》,载(唐)苏敬等撰,尚志钧辑校:《新修本草》(辑复本第二版)附V,合肥:安徽科学技术出版社,2004年,第674页。
⑪ (宋)唐慎微:《重修政和证类本草》卷14,四部丛刊影印金泰和甲子晦明轩刊本,第19b页。
⑫ (宋)苏颂撰,尚志钧辑校:《本草图经》卷12《木部下品》,合肥:安徽科学技术出版社,1994年,第395页。

芮，音冈……和名之岐美乃木（しきみのき）"①；《医心方》卷1作"莽草，和名之支美乃支（しきみのき）"②；《延喜式考异·典药寮》亦记载："茵草，之支美（しきみ），波波久左（ははくさ）。案辅仁《和名》等，之支美乃木（しきみのき）；康赖《和名》，之支美之波（しきみしは）。"③由此可见，"茵草"即"莽草"，又名"茵草"，而"茵"与"芮"读音相同，均读作"冈"，这里的"冈"即"网"的俗字④，因此，"茵"与"芮"的读音都是"网"。据此，则此药名称应作"莽草"或"茵草"，而"茵草"则属异体俗字。《全编》在引录时照录原文作"茵草"，而《国史》误录为"茼草"，《发微》误作"茵草"。

（13）稾本。此药《重修政和证类本草》卷8、安政本《医心方》卷1、《本草和名》卷上、《延喜式考异·典药寮》均作"藁本"⑤，故该药名称应即为"藁本"。《发微》引录时照录原文作"稾本"，而《全编》《国史》均误作"稿本"。

（14）泽写。此药名《重修政和证类本草》卷6作"泽泻"⑥，安政本《医心方》卷1作"泽舄"⑦，《延喜式考异·典药寮》作"泽写"⑧，《本草和名》卷上作"泽鴶"⑨。由此可见，该药名称在唐宋医籍中作"泽泻"，但在同时期的日本本草典籍中，其写法较为多样，而"泽写"正是其中之一。《全编》《国史》均作"泽泻"，《发微》作"泽写"。

（15）藺茹。此药《重修政和证类本草》卷11、安政本《医心方》卷1、《本草和名》卷上、《延喜式考异·典药寮》均作"藺茹"⑩，而《国史》误作"茴茹"，《发微》误作"藺茹"。

---

① 〔日〕深根辅仁：《本草和名》卷下，江户：和泉屋庄次郎，宽政八年（1796），第1b页。按："芮"即"茵"，因为"冈"即"网"的俗字，参见张涌泉：《敦煌俗字研究（第二版）·网部》，"网"字条，上海：上海教育出版社，2015年，第716页。
② 〔日〕丹波康赖编：《医心方》卷1，北京：人民卫生出版社，1955年影印日本安政年间江户医学馆影刻本，第30页上。
③ 〔日〕松平齐恒：《延喜式考异》卷6《典药寮·和名考异》，东京：冈田屋嘉七，1828年，第35b页。
④ 张涌泉：《敦煌俗字研究（第二版）·网部》，"网"字条，上海：上海教育出版社，2015年，第715—716页。
⑤ （宋）唐慎微：《重修政和证类本草》卷8，四部丛刊影印金泰和甲子晦明轩刊本，第44b页；〔日〕丹波康赖撰，高文柱校注：《医心方》卷1，北京：人民卫生出版社，1955年影印日本安政年间江户医学馆影刻本，第26页下；〔日〕深根辅仁：《本草和名》卷上，江户：和泉屋庄次郎，宽政八年（1796），第26b页；〔日〕松平齐恒：《延喜式考异》卷6《典药寮·和名考异》，东京：冈田屋嘉七，1828年，第22a页。
⑥ （宋）唐慎微：《重修政和证类本草》卷11，四部丛刊影印金泰和甲子晦明轩刊本，第47b页。
⑦ 〔日〕丹波康赖编：《医心方》卷1，北京：人民卫生出版社，1955年影印日本安政年间江户医学馆影刻本，第25页下。
⑧ 〔日〕松平齐恒：《延喜式考异》卷6《典药寮·和名考异》，东京：冈田屋嘉七，1828年，第15a页。
⑨ 〔日〕深根辅仁：《本草和名》卷上，江户：和泉屋庄次郎，宽政八年（1796），第14a页。
⑩ （宋）唐慎微：《重修政和证类本草》卷11，四部丛刊影印金泰和甲子晦明轩刊本，第36b页；〔日〕丹波康赖编：《医心方》卷1，北京：人民卫生出版社，1955年影印日本安政年间江户医学馆影刻本，第28页上；〔日〕深根辅仁：《本草和名》卷上，江户：和泉屋庄次郎，宽政八年（1796），第44a页；〔日〕松平齐恒：《延喜式考异》卷6《典药寮·和名考异》，东京：冈田屋嘉七，1828年，第30a页。

（16）蛇衔。《重修政和证类本草》卷 10 载："蛇合，合是含字……一名蛇衔"①；又陶弘景《本草经集注》记载："蛇全……即是蛇衔"②；而《新修本草》又对陶注下案语，认为"全字乃是合字。陶见误本。宜改为含。含、衔义同，见古本草也"③。又《本草拾遗》认为此药"主蛇咬。种之亦令无蛇。今以草内蛇口中，纵伤人，亦不能有毒矣"④；而南朝刘宋时期的笔记小说《异苑》亦载此药得名之由："昔有田父耕地，值见伤蛇在焉。有一蛇衔草着疮上，经日伤蛇走。田父取其草余叶以治疮，皆验。本不知草名，因以蛇衔为名。"⑤此外，《本草和名》亦载此药："蛇全，杨玄操音泉，陶（弘）景注云是蛇含，苏敬注云：全是含字误也，宜改为含，含、衔义同"⑥；而《延喜式考异·典药寮》则作"蛇衘"⑦。综上可知，此药得名与蛇口衔此药草的传说密切相关，而"含""衔"字义相同，故应以"蛇含"或"蛇衔"为正确药名，而"衘"则应为"衔"的异体或俗字，"蛇全"及"蛇合"则显系"含"之误字。《全编》照录原文作"蛇衘"，《国史》作"蛇"缺一字。

（17）桑根白皮。此药《重修政和证类本草》卷 13 作"桑根白皮"⑧，傅云龙影刻《新修本草》及罗振玉藏《新修本草》卷13、安政本《医心方》卷1、《本草和名》卷上、《延喜式考异·典药寮》诸书均作"桒根白皮"⑨。按："桒"即"桑"之俗字⑩，故此药名应作"桑根白皮"为宜。《全编》《国史》误作断句为"桑根、白皮"，即误以为两种药草。

（18）兔丝子。此药《重修政和证类本草》卷 6、安政本《医心方》卷 1、《本草和名》卷上均作"菟丝子"⑪，唯《延喜式考异·典药寮》作"菟"⑫。故此药名应作"菟

---

① （宋）唐慎微：《重修政和证类本草》卷 10，四部丛刊影印金泰和甲子晦明轩刊本，第 28b 页。
② （南朝·梁）陶弘景编，尚志钧、尚元胜辑校：《本草经集注（辑校本）》卷 5《草木下品》，北京：人民卫生出版社，1994 年，第 363 页。
③ （唐）苏敬等撰，尚志钧辑校：《新修本草》（辑复本第二版）卷 10 上《新修本草草部下品》，合肥：安徽科学技术出版社，2004 年，第 155 页。
④ （唐）陈藏器撰，尚志钧辑释：《〈本草拾遗〉辑释》卷 8《解纷（一）》，合肥：安徽科学技术出版社，2002 年，第 365 页。
⑤ （南朝·宋）刘敬叔撰，范宁校点：《异苑》卷 3，北京：中华书局，1996 年，第 22 页。
⑥ 〔日〕深根辅仁：《本草和名》卷上，江户：和泉屋庄次郎，宽政八年（1796），第 43a 页。
⑦ 〔日〕松平齐恒：《延喜式考异》卷 6《典药寮·和名考异》，东京：冈田屋嘉七，1828 年，第 29b 页。
⑧ （宋）唐慎微：《重修政和证类本草》卷 13，四部丛刊影印金泰和甲子晦明轩刊本，第 3a 页。
⑨ 《傅云龙影刻〈新修本草〉十一卷本》，载（唐）苏敬等撰，尚志钧辑校：《新修本草》（辑复本第二版）附Ⅲ，合肥：安徽科学技术出版社，2004 年，第 410 页；《罗振玉藏日本传抄卷子本〈新修本草〉残卷》，载（唐）苏敬等撰，尚志钧辑校：《新修本草》（辑复本第二版）附V，合肥：安徽科学技术出版社，2004 年，第 666 页；〔日〕丹波康赖编：《医心方》卷 1，北京：人民卫生出版社，1955 年影印日本安政年间江户医学馆影刻本，第 30 页上；〔日〕深根辅仁：《本草和名》卷上，江户：和泉屋庄次郎，宽政八年（1796），第 58b 页；〔日〕松平齐恒：《延喜式考异》卷 6《典药寮·和名考异》，东京：冈田屋嘉七，1828 年，第 35a 页。
⑩ 张涌泉：《敦煌俗字研究（第二版）·木部》，"桑"字条，上海：上海教育出版社，2015 年，第 476 页。
⑪ （宋）唐慎微：《重修政和证类本草》卷 6，四部丛刊影印金泰和甲子晦明轩刊本，第 25a 页；〔日〕丹波康赖编：《医心方》卷 1，北京：人民卫生出版社，1955 年影印日本安政年间江户医学馆影刻本，第 26 页上；〔日〕深根辅仁：《本草和名》卷上，江户：和泉屋庄次郎，宽政八年（1796），第 18a 页。
⑫ 〔日〕松平齐恒：《延喜式考异》卷 6《典药寮·和名考异》，东京：冈田屋嘉七，1828 年，第 18b 页。

丝子"，而"兎""兔"均为"菟"之异体字。《全编》作"兔丝子"，当改。

（19）𤓰蔕。此药《重修政和证类本草》卷27、《本草和名》卷下、安政本《医心方》卷1均作"𤓰蔕"①。按：在敦煌文书中，"𤓰"是"瓜"的异体字，而"爪"又常作为"瓜"的俗字来使用②，"蔕"又与"蒂"通③，故"𤓰蔕""爪蔕"即"瓜蒂"。因此，考虑到"爪"字古今字形的演变，今日著录此药名，应改为"瓜蒂"为宜，以避免歧义。《全编》《国史》作"爪蒂"，《发微》作"爪蔕"，均应改正。

（20）仆奈。此药名不见于《新修本草》《证类本草》等唐宋时期本草典籍，安政本《医心方》卷1著录此药名："朴奈，和名久留倍支奈（くるべきな）"④；《本草和名》卷下亦载："扑奈，和名久留倍岐奈（くるべきな）"⑤；《延喜式考异·典药寮》载："仆奈，久留陪支久左（くるべきくさ），波末（はま），也末之（やまし），也末止古吕毛（やまところも）。"⑥"朴""扑""仆"在中古韵书中通用，均有"颠倒、前覆"的意思⑦，因此，"朴奈""扑奈""仆奈"均为该药名称。据日本江户时代的类书《古今要览稿》记载，"くるべきな"这种药草，又名延龄草、延年草、养老草、立葵，汉名为"扑奈"，《延喜式·典药寮》提到越后、越前、近江、因幡诸国以该药草作为岁贡；该药草生长于深山之中，其形态"一茎直上"，高一尺许，其根色白味苦，山民采之以作为治疗小儿惊风、食伤、目眩反转等急症的良药，可能是《神农本草经》中所记载的药草"王孙"的一种。⑧另据江户时代中期编纂的日本类书《和汉三才图会》记载："惠礼牟草在深谷中，和州多武峰有之，高六七寸，独茎杪大叶，唯三叶，长三寸许，似小玉簪叶而不尖，三四月顶上开小花，淡紫单叶四瓣，结子中有细子淡黑色，其根如半夏，阴干，以为食伤药。"⑨又江户时代的本草典籍《本草纲目启蒙》亦记载："王孙……又一种呼为延年草……此草生于深山幽谷……其叶圆尖细长，三叶并生茎端如伞状，其中心出小茎，花开三瓣紫色，或绿色或白色或粉红色数种……其黑色根形似莪术根，白色者味苦，和州村民阴干贮之以为伤食之药"⑩综上所述，"朴奈"是一种日本特有的药

---

① （宋）唐慎微：《重修政和证类本草》卷27，四部丛刊影印金泰和甲子晦明轩刊本，第10a页；〔日〕深根辅仁：《本草和名》卷下，江户：和泉屋庄次郎，宽政八年（1796），第24a页；〔日〕丹波康赖编：《医心方》卷1，北京：人民卫生出版社，1955年影印日本安政年间江户医学馆影刻本，第33页上。
② 张涌泉：《敦煌俗字研究（第二版）·瓜部》，"瓜"字条，上海：上海教育出版社，2015年，第674页。
③ 中华书局编辑部编：《康熙字典（检索本）·申集上·艹部》，北京：中华书局，2010年，第1047页。
④ 〔日〕丹波康赖编：《医心方》卷1，北京：人民卫生出版社，1955年影印日本安政年间江户医学馆影刻本，第35页上。
⑤ 〔日〕深根辅仁：《本草和名》卷下，江户：和泉屋庄次郎，宽政八年（1796），第51b页。
⑥ 〔日〕松平齐恒：《延喜式考异》卷6《典药寮·和名考异》，东京：冈田屋嘉七，1828年，第41a页。
⑦ 〔日〕屋代弘贤：《古今要览稿》卷342《草木部》，东京：国书刊行会，明治三十八年（1905），第556—557页。
⑧ 〔日〕屋代弘贤：《古今要览稿》卷342《草木部》，东京：国书刊行会，明治三十八年（1905），第554—557页。
⑨ 〔日〕寺岛良安：《和汉三才图会》卷92之末《山草类下卷·惠连牟草》，正德五年（1715）大野木市兵卫等刊本，第28页。
⑩ 〔日〕小野兰山口授，小野职孝笔录，井口望之校订：《重订本草纲目启蒙》卷8《山草·王孙》，和泉屋善兵卫刊本，弘化四年（1847），第30b—31a页。

草，可以视为中国传统本草典籍中所记录之药草"王孙"的一个变种，主要用于治疗小儿惊风及食伤。

三、学界对《延喜式·典药寮》史料价值的发掘及其疏误

通过上面的梳理，已经基本弄清《延喜式·典药寮》史料中所涉药名的用字问题。而接下来的问题便是，前引《延喜式·典药寮》史料对于渤海国史的研究究竟意味着什么。换言之，即学界通过前引史料能够探讨或证明哪些渤海国史相关问题。

对于这一问题，前辈学人的工作为我们做出了良好的示范。孙玉良先生在其《全编》中，不仅录入了该段史料的原文，弥补了金毓黻先生著《渤海国志长编》时未收此史料之不足；而且他还注意到，该史料中所记载的日本遣诸蕃使所备药物种数不同，并进而在该段史料后括注："当时日本与唐、渤海、新罗三家通使，其里程、环境相仿，何独使渤海者备药从优？"①对于一部以史料汇编为主要目的的著述而言，这一括注极为难得，它体现了前辈学人独到的治史眼光与问题意识。无独有偶，魏国忠、朱国忱、郝庆云诸位先生在《国史》中也全文引用了这段史料，以之作为渤海国与唐、日本存在药物交流的证据，并进一步推论认为："鉴于当时日本的成药和草药无疑是我国中药东传后的产物并已达到了较为成熟的水平，则不难推测渤海的医药学想必在当时中原内地的影响下取得不亚于日本的成就。"②在渤海国医药相关史料极为缺乏的情况下，能认识到《延喜式·典药寮》史料的价值，并积极运用到关于渤海国医药发展史的论述中去，这体现了前辈学人的学术创新精神。而《发微》一文在探讨渤海国药材在与周边国家交流中所起作用，以及渤海人医疗水平等问题时，也分别引用了《延喜式·典药寮》史料，尤为可取的是，《发微》还专门就《延喜式·典药寮》史料中记载的药方从其医学分科、组成、功能主治、文献来源等方面进行了较为细致的列表梳理，这无疑将我们对《延喜式·典药寮》史料的理解与运用向更深层次推进。

上述研究成果在对《延喜式·典药寮》史料的著录、分析与运用方面都有其可贵之处，但不可否认，因为种种原因，已有成果在对上述史料的著录与利用中或多或少存在一些问题。其中，在史料文字的转写著录中存在的问题或失误已见上述。此外，由于史料著录与运用者对该史料内涵的理解存在差异，因而导致在著录、引用中出现史料遗漏，或在史料运用中出现张冠李戴的问题。

首先，《延喜式·典药寮》史料全文，实即《延喜式》卷 37《典药寮》"遣诸蕃使"

---

① 孙玉良编著：《渤海史料全编》，长春：吉林文史出版社，1992 年，第 373 页。
② 魏国忠、朱国忱、郝庆云：《渤海国史（修订版）》，哈尔滨：黑龙江人民出版社，2014 年，第 501 页。

条之一部分，即其中的"（遣）渤海使"部分。"遣诸蕃使"条共包括三部分内容，除"渤海使"外，还有"唐使"与"新罗使"。"三使"在所备方药与草药种类上有同有异，而遣诸蕃使在所备药物种数上的这一差异正是首先应该引起我们的注意并做出分析的——正如前引《全编》的括注所说，在日本遣诸蕃使通使里程大致相近的情况下，为什么遣渤海使所备药物，无论是方药还是草药，种类都远多于遣唐使与遣新罗使？不无遗憾的是，《全编》虽然将这一问题提了出来，但在著录史料时，却有意略去了遣唐使及遣新罗使所备药物的具体内容，仅保留了各自的药物种数，这无疑给我们进一步深入分析遣诸蕃使所备药物的具体差异情况及其内在原因等问题带来了一定程度的困难。而《国史》《发微》则出于各自行文与论证的需要，也并未对此问题做出回应。

其次，《延喜式·典药寮》史料中所记录的众多方药及草药，虽然绝大多数在当时唐朝医药典籍中均有记载，但揆诸当时日本的医药典籍，可知上述药物均为日本各地土产，均有和名①；而且，这些药物除了出现在遣诸蕃使所备药物清单中，还经常出现在当时日本宫廷节庆所用"御药"、中央各部门所备及地方诸国所进的"年料杂药"中②。由此可见，《延喜式·典药寮》"遣诸蕃使"条所列诸药物，应为当时日本朝廷为出使东亚各国的使团官员所配备的土产常用药，而并非自唐或新罗输入。据此则《国史》认为《延喜式·典药寮》史料中的药物是中药东传后产物的观点显为不妥，因为这些药物本就是日本各地的土产，而随着中原医学传入的只是这些药物的汉名而已，既如此也就很难以此观点为前提条件来推测渤海国医药所受中原内地的影响了。

最后，《延喜式·典药寮》史料实质上是作为一种当时日本的典章制度被记录下来的。这种制度规定针对的是日本的"遣诸蕃使"，也就是日本派往周边的唐、渤海和新罗等国的使节（团），因此，这一史料中记录的药物只能是反映当时日本所具有的医药水平，以及出使周边诸国的日本使团所备药物的情况，却无法证明遣诸蕃使所出使的周边各国的医药情况。然而我们看到，《发微》一文却把《延喜式·典药寮》史料理解为"日本对渤海国使团输出药品的律令细则"和"关于渤海国使团在日本采购中药的详细律令"，进而也就认为上述药物是渤海国使团与日本进行药品贸易而购得的，是日本向渤海国输出中药与方剂，甚至提出渤、日间的医药交易"最终以日方制定律令的形式固定下来，使得渤、日药品贸易有序进行"③。揆诸史实，《发微》一文的上述观点无疑是错

---

① 关于上述诸药物之产地，参见〔日〕藤原忠平等：《延喜式》卷37《典药寮·诸国进年料杂药》，载黑板胜美编：《新订增补国史大系》第26卷，东京：吉川弘文馆，1937年，第828—843页。关于上述药物之和名，参见〔日〕丹波康赖编：《医心方》卷1，北京：人民卫生出版社，1955年影印日本安政年间江户医学馆影刻本，第25—31页；〔日〕松平齐恒：《延喜式考异》卷6《典药寮·和名考异》，东京：冈田屋嘉七，1828年，第14b—36a页。
② 参见《延喜式》卷37《典药寮》之诸条，前者如"元日御药""腊月御药""中宫腊月御药""杂给料"等条；后者如"斋宫寮""内匠寮""木工寮""左右卫门府""左右兵卫府""左右马寮""诸司年料杂药"诸条，以及"诸国进年料杂药"诸条，第815—819、822—824、828—843页（东京：吉川弘文馆，1937年）。
③ 苗威、赵振成：《渤海国药事发微》，《延边大学学报（社会科学版）》2018年第5期，第40、43页。

误的，这明显是将《延喜式·典药寮》"遣诸蕃使"条中的"渤海使"误解为渤海遣日使团，进而将对日本遣渤海使的制度规定误解为是对渤海国遣日使团的规定。因而，对史料的误解导致据以论证的前提条件不成立，从而使得《发微》关于渤、日药品贸易及日本向渤海国输出方药的一系列推论都难以立足。

综上所述，目前学界在理解和利用《延喜式·典药寮》史料进行渤海国史研究上，虽有创获，但也确实存在不少问题。因篇幅所限，本文仅就《延喜式·典药寮》史料中涉及药名的问题做了初步的讨论，而如果要进一步弄清这一史料对于渤海国史研究的真正价值和意义所在，就要继续深入探讨诸如遣诸蕃使所备药物种数上的差异、史料所涉及方剂和草药的具体疗效、平安时代日本与东亚的疾病观等诸多问题。由于有待探讨的问题过多，故在此不赘述，姑待日后另行撰文。

（编辑：李晓光）

清代吉林地区府、厅、州、县研究综述

梁超前 薛 刚[*]

摘 要：近年来，国内学术界关于清代府、厅、州、县的研究成果丰硕。作为清朝"龙兴之地"的东北地区，实行的是旗、民两个管理系统，与内地有所不同。20世纪40年代以来，研究东北地区行政体制以及地方府、厅、州、县的成果陆续问世，这些成果对吉林地区府、厅、州、县的研究也有所提及，管见所及，对吉林地区府、厅、州、县的整体性研究还比较薄弱，因此笔者拟就相关研究做一综述，以期对清代吉林地区府、厅、州、县有一个更清晰的认识。

关键词：清代 吉林地区 府、厅、州、县 综述

清代在吉林地区实行旗民双重行政管理体系，吉林地区府、厅、州、县管理机构的设置，对清代治理边疆地区、抵御外敌、管理进入吉林地区的移民具有重要的战略意义，这是清代吉林将军驻防体系下为管理地方民人做出的适时调整。关于吉林地区地方府、厅、州、县，学术界给予了不少关注。笔者就这些研究成果加以归纳概述，并在此基础上提出一些个人观点。如有不当之处，恳请方家不吝指教。

一、关于吉林府、厅、州、县设置背景的研究

清代吉林地区府、厅、州、县设置的背景绕不过清末新政，吉林府、厅、州、县设置还拥有自身的特别之处。清末进入吉林地区的移民人数暴增，"光绪三十四年户籍编审，东北地区人口约有1700万人左右，其中吉林省人口约有566 956户、4 238 163口，旗人51 778户、413 274口。吉林省人口占东北三省人口总数的27.03%"[①]，垦田数量也增加，之前实行的民旗双重行政管理体系很难对此情况做出有效管理，加上近代以来日俄等帝国主义染指吉林地区的领土，清政府通过对吉林地区的行政体制改革来加强对此地区的控制力成为非常迫切的问题。在提及吉林府、厅、州、县设置的论文中，对其

---

[*] 梁超前，东北师范大学历史文化学院博士研究生；薛刚，长春师范大学历史文化学院教授。
① 田志和、潘景隆编著：《吉林建置沿革概述》，长春：吉林人民出版社，1990年，第99页。

设置的背景有一定的论述，这方面研究程度较深的是赵中孚先生的《清末东三省改制的背景》[1]，该文认为吉林地区州县民官之设置，主要是管理不断入境的移民。但在初期的封禁体制下，州县和驻防系统虽显示出和内地各省相反的主从关系，这种以驻防为主的地方行政制度，还能维持地方的行政管理，但流民陆续出关垦殖并未被禁令阻遏，移民从旗民手中得到土地的支配权也没有因不交产令而全面受到禁令。于是移垦社会逐渐发展，咸同以后速度尤快。为配合这一情势，吉林当局不得不陆续添设民官治理。在极短期内，吉林省也面临设置民官的压迫。光绪初年，吉林地区因经费支绌，税源有限，无法支持设置民署开支费用，民署只有吉林、长春、伯都讷三厅，到了光绪末年才扩大设置府、厅、州、县。

二、关于吉林府、厅、州、县设置过程的研究

吉林地区府、厅、州、县设置、沿革方面的研究成果较为显著，此类研究成果多见于东北地区的研究。20 世纪 40 年代，金毓黻先生就对清代吉林地区府、厅、州、县有所研究，在《清代统治东北之二重体系》这篇文章中提出了清代东北地区旗民分治的二重管理体制，这个观点对后来研究清代东北地方行政体制的学者产生了深厚的影响。金先生认为，"清代于东北所建立之行政制度，系分为两系，其一为旗系，其二为民系"。此时期吉林地区的民系机构也已设置，但仍隶属于奉天府尹，"吉林省城置永吉县，宁古塔置大宁县，伯都讷置长宁县，皆属于奉天府尹，是时，吉林与奉天盖未分疆而治也。嗣则一州二县中，废旗政统一。而吉林之地一统于将军矣"。[2]此二重体系下，吉林最初并未设州县，直到光绪初年，吉林省才有设置民官的创举。光绪末年，"几乎遍地皆为州县，有洪流莫挽之势，是时，旗署虽存，亦若风中之烛，朝不保夕"[3]。此后很多学者继承并发扬了金毓黻先生旗民双重体制的观点。

佟冬主编的六卷本《中国东北史》触及了清代吉林地区的行政体制[4]，主要为清末吉林历任将军督抚参与的各项变革。认为 1878 年 11 月，吉林将军奏请变通吉林官制，改设府县。因财政困难，直到光绪八年（1882）才开始实行，具体实施了道府县三级制。大规模设治，在光绪末年才全面铺开。董万仑的《东北史纲要》分析了清初东北的建置[5]，

---

[1] 赵中孚：《清末东三省改制的背景》，载中华文化复兴运动推行委员会主编：《中国近代现代史论集》第 16 编《清季立宪与改制》，台北：台湾商务印书馆，1986 年，第 537—567 页。
[2] 金毓黻：《清代统治东北之二重体系》，载孙进己、冯永谦、冯季昌：《东北历史地理论著汇编·清代》第 5 册，吉林省长春市人民印刷厂（内部资料），1987 年，第 379 页。
[3] 金毓黻：《清代统治东北之二重体系》，载孙进己、冯永谦、冯季昌：《东北历史地理论著汇编·清代》第 5 册，吉林省长春市人民印刷厂（内部资料），1987 年，第 382 页。
[4] 佟冬主编：《中国东北史》，长春：吉林文史出版社，1987 年。
[5] 董万仑：《东北史纲要》，哈尔滨：黑龙江人民出版社，1987 年。

认为清政府在东北地区对旗人、民人、边民，采用三种体制，分别管理。三种体制，一为八旗制，二为州县制，三为乡村制，对清代吉林地区府、厅、州、县设置只是一笔带过。此外，张博泉的《东北地方史稿》[①]、薛虹和李澍田主编的《中国东北通史》[②]、陈芳芝的《东北史探讨》[③]、宁梦辰等的《东北地方史》[④]、程妮娜主编的《东北史》[⑤]、李治亭主编的《东北通史》[⑥]、王禹浪和王宏北的《东北史地论稿》[⑦]、白钢主编的《中国政治制度通史》[⑧]、杨余练等编著《清代东北史》[⑨]、王魁喜等的《近代东北史》[⑩]等，对清代吉林地区府、厅、州、县建置也都有简要提及。

除了把整个东北地区作为研究对象外，还有专门研究吉林地区通史的成果出版。其中对清代吉林地区府、厅、州、县关注较多的是田志和和潘景隆编著的《吉林建置沿革概述》。[⑪]此书是研究吉林省区历史的专著，书中不再因袭东北地区的总体框架，着重点在于吉林地区，可以说既专门又深入。其中也涉及清代吉林地区官制方面的一些情况。对清代吉林地区民署、民官的设立，民官铨选、薪俸等方面给予了概括性的介绍。对清末吉林民官官制改革也有简要提及。对于清代吉林地区民署设置情况，书中有一个直观的数据，"据统计，从顺治十年设立东北第一个民署起，到宣统三年清亡止，东北地区共建10道26府19厅10州58县，占全国民署总数的6.64%。其中吉林省自设永吉州起到清亡止的184年间，共建4道11府5厅3州18县，约占东北三省民署总数的32.74%，大体上奠定了今天吉林省的规模"[⑫]。较后成书的《吉林通史》[⑬]对吉林地区的历史沿革有系统的追溯，书中第二卷第十三章论述了清代吉林行政区划与机构设置，对将军体制下的吉林府、厅、州、县设置都有详细介绍。这些成果是吉林省区史研究的典范，为清代边疆行政体制下地方行政建置的研究提供了重要参考价值。

论文成果方面，刁书仁《论清代吉林地区行政体制及其变化》[⑭]一文认为吉林地区的行政体制在清初至雍正朝以前是八旗一元化体制，清中叶后流民涌入与旗民双重体制并行，清末由旗民双重体制向行省州县制转变。对于不同时期，吉林地区设立府、厅、州、县的原因、沿革、裁撤都有阐释。任玉雪《清代东北地方行政制度研究》一文认为

---

① 张博泉：《东北地方史稿》，长春：吉林大学出版社，1985年。
② 薛虹、李澍田主编：《中国东北通史》，长春：吉林文史出版社，1991年。
③ 陈芳芝：《东北史探讨》，北京：中国社会科学出版社，1995年。
④ 宁梦辰等：《东北地方史》，沈阳：辽宁大学出版社，1999年。
⑤ 程妮娜主编：《东北史》，长春：吉林大学出版社，2001年。
⑥ 李治亭主编：《东北通史》，郑州：中州古籍出版社，2003年。
⑦ 王禹浪、王宏北：《东北史地论稿》，哈尔滨：哈尔滨出版社，2004年。
⑧ 白钢主编：《中国政治制度通史》，北京：人民出版社，1996年。
⑨ 杨余练、王革生、张玉兴，等编著：《清代东北史》，沈阳：辽宁教育出版社，1991年。
⑩ 王魁喜、吴文衔、陆方，等：《近代东北史》，哈尔滨：黑龙江人民出版社，1984年。
⑪ 田志和、潘景隆编著：《吉林建置沿革概述》，长春：吉林人民出版社，1990年。
⑫ 田志和、潘景隆编著：《吉林建置沿革概述》，长春：吉林人民出版社，1990年，第98—99页。
⑬ 孙乃民主编：《吉林通史》，长春：吉林人民出版社，2008年。
⑭ 刁书仁：《论清代吉林地区行政体制及其变化》，《社会科学战线》1994年第3期，第194—199页。

吉林地区府、厅、州、县在不同背景下都呈现出不同的特点,"至光绪初元,只设有吉林、白都讷、长春三厅。故吉林省州县管理体制的发展'势同初创',深受地方大员政区置设理念的影响",并把它的发展分为两个主要阶段:"其一,光绪元年至八年。吉林将军铭安主张端本而求治,设置民官。故在此期间增置了一些府、厅、县。其二,光绪二十八年至宣统三年。以吉林将军长顺奏请续行增改民官为起点,吉林省迅速增置大批民官,州县管理体制初具规模。"[1]

论及清代吉林地区府、厅、州、县设置的还有严寒的《吉林省市县设置沿革及名称由来(一)》[2]、严寒的《吉林省市县设置沿革及名称由来(二)》[3]、田志和的《论清代东北行政体制的改革》[4]、王建中和贾诚先的《试论清末东北"新政"》[5]、郭建平和常江的《清末东三省官制改革及其影响》[6]、邵士杰的《清末吉林旗务改革述略》[7]、定宜庄的《清代理事同知考略》[8]、赵云田的《清末新政期间东北边疆的政治改革》[9]、姜艳的《清末东三省行政设治与社会变迁》[10]、张敏的《〈盛京时报〉与清末东三省官制改革》[11]、任玉雪的《再论清代东北的旗、民管理体制》[12]、姜守鹏的《清代东北建制的特点》[13]、范立君的《近代东北移民与社会变迁(1860—1931)》[14]、赵国峰的《清代东北地方厅研究》[15]、韩振强的《清代吉林地区驻防与管理机构设置若干问题丛考》[16]、郭艳波的《清末东北新政研究》[17]、范立君和谭玉秀的《清代流民与东北双重行政管理体制的终结》[18]、张龙的《论清代以来东北地区行政沿革及其变化——从清代至民国政府》[19]、杨卫东的《民国北京政府时期东北地方行政制度研究》[20]、高月的《清末东北新政研究——

---

[1] 任玉雪:《清代东北地方行政制度研究》,复旦大学博士学位论文,2003年,第171页。
[2] 严寒:《吉林省市县设置沿革及名称由来(一)》,《长白学刊》1985年第2期,第59—61页。
[3] 严寒:《吉林省市县设置沿革及名称由来(二)》,《长白学刊》1985年第3期,第63—64页。
[4] 田志和:《论清代东北行政体制的改革》,《东北师大学报(哲学社会科学版)》1987年第4期,第59—64页。
[5] 王建中、贾诚先:《试论清末东北"新政"》,《学习与探索》1988年第1期,第135—139、62页。
[6] 郭建平、常江:《清末东三省官制改革及其影响》,《辽宁大学学报》1988年第4期,第91—94页。
[7] 邵士杰:《清末吉林旗务改革述略》,《历史档案》1990年第3期,第98—101页。
[8] 定宜庄:《清代理事同知考略》,载蔡美彪:《庆祝王锺翰先生八十寿辰学术论文集》,沈阳:辽宁大学出版社,1993年。
[9] 赵云田:《清末新政期间东北边疆的政治改革》,《中国边疆史地研究》2002年第3期,第31—40页。
[10] 姜艳:《清末东三省行政设治与社会变迁》,东北师范大学硕士学位论文,2003年。
[11] 张敏:《〈盛京时报〉与清末东三省官制改革》,《徐州师范大学学报(哲学社会科学版)》2003年第2期,第94—97页。
[12] 任玉雪:《再论清代东北的旗、民管理体制》,《学术界》(月刊)2010年第3期,第183—192页。
[13] 姜守鹏:《清代东北建制的特点》,《东北史地》2004年第3期,第16—22页。
[14] 范立君:《近代东北移民与社会变迁(1860—1931)》,浙江大学博士学位论文,2005年。
[15] 赵国峰:《清代东北地方厅研究》,东北师范大学硕士学位论文,2005年。
[16] 韩振强:《清代吉林地区驻防与管理机构设置若干问题丛考》,内蒙古师范大学硕士学位论文,2007年。
[17] 郭艳波:《清末东北新政研究》,吉林大学博士学位论文,2007年。
[18] 范立君、谭玉秀:《清代流民与东北双重行政管理体制的终结》,《兰台世界》(下半月)2008年第9期,第61—62页。
[19] 张龙:《论清代以来东北地区行政沿革及其变化——从清代至民国政府》,《牡丹江大学学报》2009年第2期,第8—11页。
[20] 杨卫东:《民国北京政府时期东北地方行政制度研究》,吉林大学博士学位论文,2010年。

近代中国民族国家构建视野下的疆域统合》①、赵云田的《清代东北的军府建置》②、郝赫的《近现代东北政区沿革述论（1907—1955）》③等。他们在对东三省的行政体制、改革措施介绍之余，也对吉林地区府、厅、州、县有所提及。这些研究在时间段的划分上虽有差异，但对清代吉林地区府、厅、州、县行政制度的建立过程、沿革、裁撤原因的介绍大同小异。故在此不再赘述。

三、边疆视域下的吉林府、厅、州、县研究

清朝入关定都北京后，吉林地区自然成为清朝的边疆地区，当然此地区也是清朝的边防重地和旗汉杂居区。因此特殊背景，一些边疆研究著作中往往将吉林地区与西北、西南边疆诸省合并起来一起研究。这方面研究成果比较多，具有代表性的当属赵云田先生的《中国治边机构史》，该书认为吉林地区随着汉族人口的流入，清政府不得不陆续设立府、厅、州、县以统治汉族人民。清代前期，清政府在吉林地区设置的府、厅、州、县有"吉林、长春、白都讷三个直隶厅。道光二十年以后，东北地区府、厅、州、县的建置宛如雨后春笋……吉林增设至十一府、十厅、三州、二十二县。"④"这些府、厅、州、县设置的年代，大多在光绪年间，有的是升格建置。它表明了这一时期汉族人口流入东北地区数量激增，耕地面积急速扩大……一方面广置府、厅、州、县，一方面裁撤副都统、总管等军府建置，以更适应对广大汉族人民的统治"。⑤笔者认为，这一论断相当贴切。赵云田的另一著作《中国边疆民族管理机构沿革史》因其主要是对中国边疆民族管理机构沿革的研究，概括性较强，对更具体的吉林州县体制的研究涉及较少，一笔带过。⑥赵云田所著《清末新政研究——20世纪初的中国边疆》⑦，提到吉林地方官制的变置，吉林地区由于时势不断变化，其疆域也有所不同，到了近代外交日亟，内政日繁，有的成为边疆重地，有的成为蒙荒交通地，有的成为交涉竞争地，原来所设民官，难资控驭，于是对一些地方官制进行了调整。对清末吉林地区道、府、厅、州、县的设立，治所，官制改革有了详细的介绍，为后来研究者研究清末吉林地区道、府、厅、州、县沿革变化提供了一个清晰的脉络。

---

① 高月：《清末东北新政研究——近代中国民族国家构建视野下的疆域统合》，中国社会科学院研究生院博士学位论文，2011年。
② 赵云田：《清代东北的军府建置》，《清史研究》1992年第2期，第29—38页。
③ 郝赫：《近现代东北政区沿革述论（1907—1955）》，吉林大学硕士学位论文，2007年。
④ 赵云田：《中国治边机构史》，北京：中国藏学出版社，2002年，第394页。
⑤ 赵云田：《中国治边机构史》，北京：中国藏学出版社，2002年，第395页。
⑥ 赵云田：《中国边疆民族管理机构沿革史》，北京：中国社会科学出版社，1993年。
⑦ 赵云田：《清末新政研究——20世纪初的中国边疆》，哈尔滨：黑龙江教育出版社，2004年。

四、关于吉林府、厅、州、县设置与改制中人物的研究

吉林将军铭安在吉林府、厅、州、县官制改革史上具有举足轻重的地位，其继任者希元也非等闲之辈，在改革方面所取得的成绩不可磨灭。他们试图通过改革谋求吉林地区与内地行政相同，进而巩固边疆统治。这些边疆大员的功绩在《清代人物传稿》中都有翔实的记载。[①]鉴于他们治理吉林地区所取得的成效，研究者自然无法绕开这些"以史为鉴"的好素材。这方面的研究成果主要有魏克威的《富俊与吉林的早期开发》[②]、曹昊哲的《清代吉林将军铭安施政研究》[③]、曹昊哲和吕萍的《试论吉林将军铭安官制改革及其影响》[④]、孙守朋和王松的《试论吉林将军希元治边方略》[⑤]、郑毅的《清代吉林将军长顺简评》[⑥]、刘威的《清代吉林将军职权研究》[⑦]。以上论述的相似之处在于突出了历任吉林将军个人的改革功绩和影响，着重论述了历任吉林将军在任期间对吉林地区的官制改革和调整，从而促进了吉林地区府、厅、州、县的设立。

五、余 论

对清代吉林地区府、厅、州、县研究成果的梳理，可以看出这一研究已经引起学术界的关注，并取得了一些成果。但已有研究呈现出不同的特点，概括起来如下。

其一，研究不够深入，缺少相应的专史或专题研究。对清代吉林地区府、厅、州、县的研究，大多呈现于东北通史、吉林通史和中国制度通史等一些著作中，或在一些清末改革的研究中偶有论及，系统介绍清代吉林地区府、厅、州、县方面的专著还很少。

其二，研究主要集中于府、厅、州、县的建立与沿革，对于府、厅、州、县官几乎没有涉及。吉林作为边疆地区，处于旗民双重体制管理之下，府、厅、州、县官员的设立有其特殊性，不同时期府、厅、州、县官的籍贯、出身，以及事功、任职年限、奖惩、升迁贬谪、致仕等方面都有进一步探讨的空间。

其三，学术界对于清代吉林地区府、厅、州、县的研究工作取得一些进展，但研究的视角主要集中在制度史、职官史上，而设民署、民官与各地社会发展的互动关系，没

[①] 清史编委会编：《清代人物传稿》，北京：中华书局，2001年。
[②] 魏克威：《富俊与吉林的早期开发》，《东疆学刊》2000年第1期，第33—36页。
[③] 曹昊哲：《清代吉林将军铭安施政研究》，长春师范大学硕士学位论文，2017年。
[④] 曹昊哲、吕萍：《试论吉林将军铭安官制改革及其影响》，《长春师范大学学报》2015年第9期，第68—71页。
[⑤] 孙守朋、王松：《试论吉林将军希元治边方略》，《黑龙江民族丛刊》（双月刊）2017年第6期，第100—105页。
[⑥] 郑毅：《清代吉林将军长顺简评》，《吉林师范学院学报》1984年第2期，第61—66页。
[⑦] 刘威：《清代吉林将军职权研究》，长春师范大学硕士学位论文，2017年。

有较为深入的研究。当然，对府、厅、州、县的性质、地位和作用的研究程度也尚浅。所以，不难看出，对于清代吉林地区府、厅、州、县的研究，仍有很大的空间。

对清代吉林地区府、厅、州、县乃至府、厅、州、县官员群体有待进一步研究，此举不仅具有较大的学术意义，同时具有一定的现实价值。学术意义概括起来如下：其一，目前学术界对清代吉林地区府、厅、州、县研究尚浅，而且还没有对本区域州、县官群体的研究，因此加强此方面的研究可以补充吉林地区府、厅、州、县研究的学术深度，也可以为其他边疆省区府、厅、州、县官员群体研究提供一些借鉴和参考；其二，通过进一步研究清代吉林地区府、厅、州、县以及州、县官员的群体状况，可以见微知著，大体反映出清朝在东北边疆地区府、厅、州、县设置以及州、县官员群体状况；其三，对清代吉林地区府、厅、州、县以及州、县官员群体的研究，可为了解清朝的国家政策、制度实施与变迁提供实际、客观的例子，进而能客观、理性地评价当时国家的相关政策和制度。

州、县是清代地方行政区划的基础，现如今的基层政区也有县向市发展的大趋势，州、县基层政区依然焕发着活力，因此对于清代吉林地区府、厅、州、县以及州、县官员群体的研究可为当今吉林地区市、县的持续发展提供一些借鉴。丁宝桢在其《保举人才堪备任使折》中提到"国家设官分职，首重得人"[①]，这在当今社会仍具有一定的意义。考察清代吉林地区府、厅、州、县以及州、县官员的群体任职背景与流转，考究其群体特征与相关的制度变迁，理清他们在任职期间的事功政绩，可以为当今地方管理提供有益的历史借鉴。所以，从以上两点意义来看，对清代吉林地区府、厅、州、县以及州、县官员群体研究是有必要且具有现实价值的。

（编辑：李晓光）

[①] （清）丁宝桢撰，王羊勺、何萍、陈琳，等标点，郝向玲、朱国梅校对：《丁文诚公奏稿》，贵阳：贵州省文史研究馆、贵州历史文献研究会、贵州省毕节行署、贵州省织金县人民政府，2000年，第601页。

政策、机遇与突破：哈尔滨城市发展的区位优势与重新定位研究[*]

高龙彬[**]

摘 要：随着中东铁路的建设和开通，作为 T 形铁路枢纽的哈尔滨，迅速在 20 世纪二三十年代成为国际化大都市和世界的贸易中心；解放战争时期，哈尔滨的经济中心地位逐渐弱化，经济管理职能日益减弱；中华人民共和国成立后，哈尔滨、沈阳、长春等城市成为中国计划经济体制下的重工业基地，哈尔滨的经济和政治地位被沈阳取代。改革开放以后，市场经济发展和国有企业改革，一度使以计划经济和重工业为核心的城市出现一些困境，但是国家振兴东北老工业基地战略和"一带一路"倡议的大力推进，给哈尔滨城市发展带来了新的机遇。

关键词：哈尔滨　国家政策　历史机遇　区域优势

国家"一带一路"倡议、振兴东北老工业基地战略、中俄蒙经济走廊、龙江丝路带以及《哈长城市群发展规划》等政策的相继发布，给哈尔滨城市发展提供了新的契机、注入了巨大的活力。哈尔滨城市发展和规划既需要突出自身区位优势，做好功能定位调适，同时也需要处理好中央与哈尔滨、东北与哈尔滨、黑龙江与哈尔滨，以及哈尔滨与各个城区等多个层次中点、线、面的关系。

一、"一带一路"倡议与哈尔滨：前沿与路径

哈尔滨是国家"一带一路"倡议中的节点性城市，亦为中国实施俄罗斯和东北亚政策的前沿地带，更是中国外交思想的一个实践场域。哈尔滨明确在国家"一带一路"倡议中的定位，首先需要处理好与俄罗斯的关系，特别是如何应对俄罗斯远东开发

---

[*] 2020 年度黑龙江省省属高等学校基本科研业务费科研项目（2020-KYYWF-0921）；哈尔滨市城源历史文化研究会项目"晚清民国时期哈尔滨道外民族资本与商号研究"。

[**] 高龙彬，黑龙江大学历史文化旅游学院副教授。

政策。

2017年5月14日，习近平在"一带一路"国际合作高峰论坛开幕式上讲道："2013年秋天，我在哈萨克斯坦和印度尼西亚提出共建丝绸之路经济带和21世纪海上丝绸之路，即'一带一路'倡议。"[①]2014年11月8日，习近平在"加强互通互联伙伴关系"东道主对话会上的讲话指出，一带一路"以亚洲国家为重点方向，率先实现亚洲互联互通。'一带一路'源于亚洲、依托亚洲、造福亚洲，关注亚洲国家互联互通，努力扩大亚洲国家共同利益"[②]。2016年4月19日，习近平在主持中共十八届中央政治局第三十一次集体学习时强调："推进'一带一路'建设，要处理好我国利益和沿线国家利益的关系，政府、市场、社会的关系，经贸合作和人文交流的关系，对外开放和维护国家安全的关系，务实推进和舆论引导的关系，国家总体目标和地方具体目标的关系。"[③]2016年8月17日，习近平在推进"一带一路"建设工作座谈会上的讲话再次强调："加强'一带一路'建设同京津冀协同发展、长江经济带发展等国家战略的对接，同西部开发、东北振兴、中部崛起、东部率先发展、沿边开发开放的结合，带动形成全方位开放、东中西部联动发展的局面。"[④]因此，东北老工业基地"对内要深入推进东北振兴与京津冀协同发展等国家重大战略的对接和交流合作，对外要深度融入共建'一带一路'，建设开放合作高地"[⑤]。哈尔滨的城市发展需要融入国家"一带一路"倡议，把国家的总体目标与地方的特色优势相结合，更大地发挥其地域优势。

中国（海南）改革发展研究院院长、中国东北振兴研究院院长迟福林，在《形成"一带一路"东北开放的大格局》一文中指出："东北地区应加快融入'一带一路'战略，以中俄蒙经济走廊建设为抓手，以推进基础设施投资合作和互联互通为依托，以制造业产业园区为平台，以建立东北亚自贸区网络为目标，以发展生产性服务贸易和服务业市场开放为重点，加快构建东北对外开放的大通道、大平台、大布局，由此形成东北振兴的新动力。"具体而言，"以沈阳、长春、哈尔滨、大连等城市为战略支点，协同推动外接俄罗斯、蒙古、韩国、日本、朝鲜和欧洲，内联国内腹地的贸易大通道建设，以实现'一带一路'战略与俄罗斯'欧亚联盟'战略和蒙古'草原丝绸之路'战略的对接，实现与'京津冀一体化'协同发展，吸引内地面向欧洲出口的产业和资金向东北转

[①] 习近平：《携手推进"一带一路"建设》，《习近平谈治国理政》第二卷，北京：外文出版社，2017年，第509页。
[②] 习近平：《"一带一路"和互联互通相融相近、相辅相成》，《习近平谈治国理政》第二卷，北京：外文出版社，2017年，第497页。
[③] 习近平：《推进"一带一路"建设，努力拓展改革发展新空间》，《习近平谈治国理政》第二卷，北京：外文出版社，2017年，第501页。
[④] 习近平：《让"一带一路"建设造福沿线各国人民》，《习近平谈治国理政》第二卷，北京：外文出版社，2017年，第505页。
[⑤] 张晓松、杜尚泽：《奋力书写东北振兴的时代新篇——习近平总书记调研东北三省并主持召开深入推进东北振兴座谈会纪实》，《哈尔滨日报》2018年9月30日，第1版。

移"。①2018 年 7 月 27 日下午，哈尔滨市领导同志孙喆在市政府理论学习会上谈到："……在新的一轮发展当中，在总书记确定的'一带一路'和我们机构调整、新旧动能转换、稳中求进的发展当中，哈尔滨怎样能更好地发展，这个还是要站在全球、全国、全市的大格局下，以各个部门、各个系统、各个领域，怎样更好地发展？"②

在国家"一带一路"倡议下，哈尔滨需要分析城市自身优势和不利因素，打破"过境贸易"的困境，突破东北三省一区与俄罗斯远东地区的同质化问题。这一方面表现在东北三省一区的同质化问题，如农业种植与工业产品。这是内部问题。另一方面是东北三省一区与俄罗斯远东地区的同质化问题，相关领域缺少差异性和互补性。这是外部问题。国家政策是一个层面，哈尔滨的具体落实又是另一个层面。同时，哈尔滨需要处理好与吉林省、辽宁省和内蒙古自治区的关系，形成与俄罗斯关系的整体化效应。在实施"一带一路"倡议过程中，我们既要重视历史，又要研究现在，深入研究俄罗斯对中国"一带一路"倡议和中俄蒙经济走廊的态度、政策，对哈尔滨城市未来发展具有现实意义。同时，将国家政策理论研究与具体实践相结合，为哈尔滨城市重新定位提供一定的参考价值。

二、"振兴东北老工业基地"战略与哈尔滨：创新与范式

东北老工业基地的形成与现状是历史发展的结果，曾作为"共和国长子"的哈尔滨、长春、沈阳为新中国的诞生和巩固都曾做出了巨大的贡献。在计划经济体制下，哈尔滨等城市形成了以重工业为核心的城市发展模式，也打造出专属于自身的城市特色和优势。在市场经济体制下，国有大型企业与城市发展的关系在不断发展变化。国家振兴东北老工业基地战略为哈尔滨等城市的创新发展提供了新的平台，哈尔滨等城市需要构建新的城市发展范式。

"东北地区等老工业基地曾是新中国工业的摇篮，在共和国发展史上写下了光辉灿烂的篇章。然而，最先步入计划经济，也是最后走出计划经济，东北长期积累的体制性、结构性矛盾日益显现，工业生产一度步履维艰，经济位次不断后移。"③2015 年 7 月 17 日下午在长春召开部分省区党委主要负责同志座谈会，听取对振兴东北地区等老工业基地和"十三五"时期经济社会发展的意见和建议。习近平总书记就推动东北老工业基地振兴提出了着力完善体制机制、着力推进结构调整、着力鼓励创新创业、着力保障和改

---

① 迟福林：《形成"一带一路"东北开放的大格局》，《经济参考报》2016 年 8 月 25 日，第 A08 版。
② 《孙喆市长在市政府理论学习会上的讲话》，《哈尔滨史志》2018 年第 4 期，第 2 页。
③ 张晓松、杜尚泽：《奋力书写东北振兴的时代新篇——习近平总书记调研东北三省并主持召开深入推进东北振兴座谈会纪实》，《哈尔滨日报》2018 年 9 月 30 日，第 1 版。

善民生的"四个着力"要求。2016年4月26日,《中共中央国务院关于全面振兴东北地区等老工业基地的若干意见》指出:"党中央、国务院对东北地区发展历来高度重视,2003年作出实施东北地区等老工业基地振兴战略的重大决策,采取一系列支持、帮助、推动振兴发展的专门措施","实施东北地区等老工业基地振兴战略,是党中央、国务院在新世纪做出的重大决策。当前和今后一个时期是推进老工业基地全面振兴的关键时期"。①

但是,"当前,国际政治经济形势纷繁复杂,我国经济发展进入新常态,东北地区经济下行压力增大,部分行业和企业生产经营困难,体制机制的深层次问题进一步显现,经济增长新动力不足和旧动力减弱的结构性矛盾突出,发展面临新的困难和挑战,主要是:市场化程度不高,国有企业活力仍然不足,民营经济发展不充分;科技和经济发展融合不够,偏资源型、传统型、重化工型的产业结构和产品结构不适应市场变化,新兴产业发展偏慢;资源枯竭、产业衰退、结构单一地区(城市)转型面临较多困难,社会保障和民生压力较大;思想观念不够解放,基层地方党委和政府对经济发展新常态的适应引领能力有待进一步加强。"这些矛盾和问题归根结底是"体制机制问题,是产业结构、经济结构问题,解决这些问题归根结底要靠全面深化改革"。②因此,"东北地区不能再只吃重化工、资源型、'初字号'的饭,要形成多点支撑、多元发展的产业新格局"③。

2016年10月18日,在东北振兴滚石上山、爬坡过坎的关节点上,国务院实施《关于深入推进实施新一轮东北振兴战略部署加快推动东北地区经济企稳向好若干重要举措的意见》和《东北振兴"十三五"规划》。李克强在《政府工作报告——2018年3月5日在第十三届全国人民代表大会第一次会议上》中指出,"扎实推进区域协调发展战略","制定西部大开发新的指导意见,落实东北等老工业基地振兴举措,继续推动中部地区崛起,支持东部地区率先发展"。④

从2003年实施振兴东北老工业基地战略到现在,国家"争取再用10年左右时间,东北地区实现全面振兴,走在全国现代化建设前列,成为全国重要的经济支撑带,具有国际竞争力的先进装备制造业基地和重大技术装备战略基地,国家新型原材料基地、现代农业生产基地和重要技术创新与研发基地"⑤。其中,"让人民群众共同分享东北振兴的红利,才能让人民群众有更多获得感。有民生的托底,有公平的机会,有稳定的制度环境,就能最大限度地激发社会活力、创新潜力"⑥。

振兴东北老工业基地不仅仅是工业问题,还包括社会等方面问题;振兴东北老工业

---

① 《中共中央国务院关于全面振兴东北地区等老工业基地的若干意见》,北京:人民出版社,2016年,第1—2、1页。
② 《中共中央国务院关于全面振兴东北地区等老工业基地的若干意见》,北京:人民出版社,2016年,第2页。
③ 《打赢全面振兴东北这场硬仗》,《人民日报》2016年4月27日,第1版。
④ 李克强:《政府工作报告——2018年3月5日在第十三届全国人民代表大会第一次会议上》,北京:人民出版社,2018年,第31页。
⑤ 《中共中央国务院关于全面振兴东北地区等老工业基地的若干意见》,北京:人民出版社,2016年,第5页。
⑥ 《打赢全面振兴东北这场硬仗》,《人民日报》2016年4月27日,第1版。

基地不仅需要考虑全国和东北一盘棋，还要看到差异性和特殊性。哈尔滨的国有大型企业基本是中央直管企业，一些企业的生产多为订单式生产。这些大型国有企业与哈尔滨实际关系，尤其是对哈尔滨城市发展的作用需要进一步探讨。哈尔滨等东北老工业基地在计划经济体制下，再加上地理等因素，造成了乡镇经济的不发达，从而，这在一定程度上阻碍了城市的发展。同时，对哈尔滨未来城市发展的探讨，也应结合国家东北边疆政策展开研究。

三、"龙江丝路带"与哈尔滨：核心与辐射

"龙江丝路带"是哈尔滨融入国家"一带一路"倡议和中俄蒙经济走廊的又一重要平台。哈尔滨是"龙江丝路带"的核心，既是起点也是终点，亦是东北亚联结中俄韩的枢纽，盘活"龙江丝路带"，辐射东北甚至内地。

2015 年 4 月 12 日，中俄韩"哈绥符釜"陆海联运常态化首班集装箱到港揭幕仪式在韩国釜山港码头举行，标志着"龙江丝路带"（即"黑龙江陆海丝绸之路经济带"）横跨亚欧、连接陆海的国际物流通道全线贯通。"哈绥符釜"（哈尔滨—绥芬河—海参崴（符拉迪沃斯托克）—釜山）陆海联运的常态化运行，是黑龙江省更深入融入"一带一路中蒙俄经济走廊"建设进程的重大举措。2015 年 5 月，习近平主席在访俄期间与普京总统签署了中俄关于丝绸之路经济带建设和欧亚经济联盟建设（以下简称"一带一盟"）对接合作的联合声明。2015 年 8 月 5 日，哈尔滨铁路集装箱中心站建成投用，"哈绥符釜"陆海联运首发运营，144 个集装箱从哈尔滨起运出海，黑龙江省正式打通出海口。2016 年 2 月 27 日，首班哈俄班列发车，这是又一条对俄国际物流通道顺利贯通。2016 年 4 月，"哈绥符釜"陆海联运常态化运营正式开通，龙江借港打通的出海口实现全天候运行。

因此，"协同推进战略互信、经贸合作、人文交流，加强与周边国家基础设施互联互通，努力将东北地区打造成为我国向北开放的重要窗口和东北亚地区合作的中心枢纽。推动丝绸之路经济带建设与欧亚经济联盟、蒙古国草原之路倡议的对接，推动中蒙俄经济走廊建设，加强东北振兴与俄远东开发战略衔接，深化毗邻地区合作。以推进中韩自贸区建设为契机，选择适宜地区建设中韩国际合作示范区，推进共建中日经济和产业合作平台。推动对欧美等国家（地区）相关合作机制和平台建设，高水平推进中德（沈阳）高端装备制造产业园建设。推进沿边重点开发开放试验区建设，推动黑瞎子岛保护与开发开放。提升边境城市规模和综合实力。进一步加大对重点口岸基础设施建设支持力度"[①]。

---

① 《中共中央国务院关于全面振兴东北地区等老工业基地的若干意见》，北京：人民出版社，2016 年，第 8 页。

哈尔滨作为对俄合作中心城市，是"龙江丝路带"建设的最大受益者。2015年12月16日国务院批复同意设立哈尔滨新区；2016年3月11日国家发展和改革委员会发布《哈长城市群发展规划》，3月15日，国务院正式通过关于同意设立哈尔滨综合保税区的批复。哈尔滨作为黑龙江省的省会，不仅是政治中心，还是经济、文化中心。与辽宁的沈阳和大连及山东的济南和青岛等政治-经济双核驱动模式不同，哈尔滨（长春亦是如此）的单核结构与城市发展模式与未来走向值得深入探讨。

四、《哈长城市群发展规划》与哈尔滨：桥梁与纽带

《哈长城市群发展规划》（以下简称《规划》）是国家对原来"哈大齐工业走廊"的重新规划和布局。《规划》打造黑龙江省和吉林省的协同发展。哈尔滨架构区域外合作与区域内合作的桥梁，发挥联结中外和内外的纽带作用。

哈长城市群处于全国"两横三纵"城市化战略格局京哈、京广通道纵轴北端，是全国重要的老工业基地和最大的商品粮基地，也是东北地区城市群的重要组成区域和东北地区对外开放的重要门户。规划范围包括黑龙江省哈尔滨市、大庆市、齐齐哈尔市、绥化市、牡丹江市，吉林省长春市、吉林市、四平市、辽源市、松原市、延边朝鲜族自治州。编制实施《规划》，是贯彻落实党中央、国务院决策部署的一项重要举措，有利于探索粮食主产区新型城镇化道路、培育区域经济发展的重要增长极，对于推进"一带一路"建设和扩大国际产能合作、进一步提升东北地区对外开放水平等具有重要意义。

国家"支持沈阳、大连、长春等地打造国内领先的新兴产业集群。充分发挥特色资源优势，积极支持中等城市做大做强农产品精深加工、现代中药、高性能纤维及高端石墨深加工等特色产业集群。积极支持产业结构单一地区（城市）加快转型，研究制定促进经济转型和产业多元化发展的政策措施，建立新兴产业集聚发展园区，安排中央预算内投资资金支持园区基础设施和公共平台建设。积极推进落实'互联网＋'行动。依托本地实体经济积极发展电子商务、供应链物流、互联网金融等新兴业态，支持跨境电子商务发展"[①]。

另外，国家"支持总部设在东北地区的中央企业先行开展改革试点。研究中央企业与地方协同发展、融合发展的政策，支持共建一批产业园区。加大中央国有资本经营预算对东北地区中央企业的支持力度"。并且，"在中央预算内投资中安排资金支持东北地区面向东北亚开放合作平台基础设施建设。提高边境经济合作区、跨境经济合作区发展水平。"[②] "国家重大生产力布局特别是战略性新兴产业布局重点向东北地

[①] 《中共中央国务院关于全面振兴东北地区等老工业基地的若干意见》，北京：人民出版社，2016年，第11—12页。
[②] 《中共中央国务院关于全面振兴东北地区等老工业基地的若干意见》，北京：人民出版社，2016年，第6、8—9页。

区倾斜。"①

同时,"做好与'一带一路'建设、京津冀协同发展、长江经济带'三大战略'互动衔接""推动东北地区与京津冀地区融合发展,在创新合作、基础设施联通、产业转移承接、生态环境联合保护治理等重点领域取得突破,加强在科技研发和成果转化、能源保障、统一市场建设等领域务实合作,建立若干产业合作与创新转化平台。支持辽宁西部地区加快发展,打造对接京津冀协同发展战略的先行区。加强与环渤海地区的经济联系,积极推进东北地区与山东半岛经济互动合作。支持东北地区与长江经济带、港澳台地区加强经贸投资合作"。还要"深化东北地区内部合作,完善区域合作与协同发展机制,支持省(区)毗邻地区探索合作新模式,鼓励开展协同创新,规划建设产业合作园区。加快推动东北地区通关一体化"。②

2018年9月25—28日,习近平在黑龙江、吉林和辽宁实地了解东北振兴情况,并在沈阳主持召开深入推进东北振兴座谈会。习近平就深入推进东北振兴提出六方面要求:"一是以优化营商环境为基础,全面深化改革。二是以培育壮大新动能为重点,激发创新驱动内生动力。三是科学统筹精准施策,构建协调发展新格局。四是更好支持生态建设和粮食生产,巩固提升绿色发展优势。五是深度融入共建'一带一路',建设开放合作高地。六是更加关注补齐民生领域短板,让人民群众共享东北振兴成果。"③从长春座谈会推动东北振兴的"四个着力",到沈阳座谈会的推进东北振兴的六方面要求,中央关于东北未来发展做出了全面的规划,具有重要的指导意义与指引作用。

为此,2018年9月30日下午哈尔滨市委常委会(扩大)会议强调:"习近平总书记关于东北振兴的重要论述,科学回答了为什么要推动东北振兴、怎样推动东北振兴等重大问题,是习近平新时代中国特色社会主义思想的组成部分,是深入推进东北振兴发展的纲领性文件,为新时代东北,以及我市贯彻新发展理念、推动高质量发展、实现全面振兴确立了新坐标、指明了新路径。"哈尔滨市要把深化改革作为首要任务,切实解决制约哈尔滨发展的深层次问题;以高科技产业为突破口,依靠科技创新推进新旧动能转换;着力打造现代省会都市圈,扎实推进深哈合作;全面加强生态环境保护,坚决保障国家粮食安全;把开发开放作为重要抓手,加快建设对俄合作中心城市;把保障和改善民生作为出发点和落脚点,持续保障和改善民生。④2018年10月2日上午,哈尔滨市召开市政府党组会议,传达学习习近平在深入推进东北振兴座谈会上的重要讲话精神和在黑龙江省考察期间的重要指示。会议要求"把工作、责任和问题摆进去,做到真学真用;要抓好分管战线的学习和大讨论,推动转观念、解难题;要关注发展短板,制定'时

---

① 《中共中央国务院关于全面振兴东北地区等老工业基地的若干意见》,北京:人民出版社,2016年,第23页。
② 《中共中央国务院关于全面振兴东北地区等老工业基地的若干意见》,北京:人民出版社,2016年,第4、9页。
③ 《习近平在东北三省考察并主持召开深入推进东北振兴座谈会时强调,解放思想锐意进取深化改革破解矛盾,以新气象新担当新作为推动东北振兴》,《新晚报》2018年9月29日,第A04版。
④ 《市委常委会(扩大)会议强调,学习宣传贯彻好习近平总书记东北振兴重要论述,以新气象新担当新作为推进哈尔滨实现全面振兴》,《新晚报》2018年10月1日,第A02版。

间表''路线图',务实有效推动工作"[①]。

一个城市的职能往往是"复杂"的叠加,我们需要首先将这些职能梳理分层,形成"有序"的合力。东北老工业基地的振兴要融入国家的"一带一路"倡议、京津冀协同发展和长江经济带"三大战略",这是不争的事实。因此,哈尔滨等东北老工业基地的发展需要与之匹配,不断改进完善,寻找与这种匹配的"结合点"和"生长点"。"打铁还需自身硬",哈尔滨等东北老工业基地需要利用自身优势,结合国家政策,发挥区位作用,突破历史定位,寻求更好的发展建设之路。

(编辑:李 威)

---

① 《全面持续深入学习习近平总书记重要讲话精神解放思想,真抓实干,促进哈尔滨全面振兴全方位振兴》,《新晚报》2018年10月8日,第A02版。

东北亚国际关系研究

从《入唐求法巡礼行记》来看登州海岸的边检制度
——兼与扬州、海州做比较*

朱红军[**]

摘　要：中唐以后，在边境州县和关津险要地区驻屯大量的军将，负责搜集边境情报并对往来船只人员进行检查。通过圆仁《入唐求法巡礼行记》一书中的记录得知，在中晚唐的边境州县存在三级金字塔结构的巡检系统。本文考察地区的巡检系统分别为扬州（村正或者海口所由）、押官、军镇大使；海州村正[①]、子巡军中、游奕使（兼押衙、同十将）；登州海口所由、押衙判官、押衙等三级构成。虽然名称不尽相同，但是从职责和上下级关系来分析，各个地方都存在直属于州刺史的基层巡检系统。巡检系统的最底层和行政系统的最底层是由同一部分人构成。同时，作为行政系统的县，并不参与巡检业务，但涉及外国人非法滞留等相关情况时也会加以干涉并严格管理。

关键词：边境巡检　金字塔结构　军将　州县

一、引　言

唐代的登州相当于现在烟台市的大部和威海市全境，在唐和朝鲜半岛、日本的交流中占有非常重要的位置。最迟在 7 世纪，新罗人就在山东半岛沿岸形成了聚集区；9 世纪山东、江淮地区和朝鲜半岛、日本之间形成了贸易网络。

---

[*]　本文所使用的圆仁所撰《入唐求法巡礼行记》为上海本（〔日〕圆仁撰，顾承甫、何泉达点校：《入唐求法巡礼行记》，上海：上海古籍出版社，1986 年）。
[**]　朱红军，鲁东大学区域国别学院讲师，日本海域亚洲史研究会、日本东亚文化交涉学会会员。
[①]　海州相当于今天连云港附近区域。

管彦波认为，中唐以后的边境防卫政策就已经从行军向驻屯军变化，并由地方节度使进行管理。①安史之乱以后，各个地区的藩镇为了维持管内治安，在管内州县和关津险要之处驻屯了军队。②鉴于藩镇势力的跋扈，唐宪宗进行改革，把地方军镇势力的控制权从节度使手中重新归还给州县。③

圆仁在中国的海岸经受了数次非常严格的检查，并一一记录在《入唐求法巡礼行记》一文中。目前相关的研究中，首先是黄清连对圆仁受到检查的流程进行了梳理④，而后林枫珏通过研究认为在唐代后期的藩镇中，存在直属于县的乡和直属于州的军事巡检并行的两条行政系统⑤。同时他还指出军事性质的押衙行政系统已经取代了乡和村，直接统治基层社会。但是，在唐代行政系统相关的研究中，中唐以后的乡和村，仍然作为统治基层社会的基本单位而存在。⑥

本文主要对圆仁在扬州、海州和登州所受到的检查进行整理，着重探讨登州的边境巡检系统的构成以及直属于州的军事巡检系统和县之间的关系。

二、登州的海岸巡检系统

圆仁一行在海州非法滞留失败以后被送上了停在附近的日本遣唐使船队，重新踏上了归国之途。遣唐使船队到了登州的管辖地之后，很快受到了当地巡检的检查，相关情况在《入唐求法巡礼行记》中记载如下：

> 十九日……申时到邵村浦，下碇系住。当于陶村之西南，拟入于澳，逆潮遥流，不能进行。
>
> 廿日早朝，新罗人乘小船来，便闻张宝亮与新罗王子同心，罚得新罗国，便令其王子作新罗国王子既了。⑦

从这两条信息可知，日本遣唐使的船到了登州邵村浦次日，也就是开成四年（839）四月二十日的早晨，不知姓名的新罗人乘船前来。很有可能就是当地驻扎的巡检末端前

---

① 管彦波：《唐朝的边疆局势及御边戍守体系的变化》，《贵州民族研究》2006年第6期，第115—120页。
② 〔日〕日野開三郎：『日野開三郎東洋史学論集』（第1卷）、東京：三一書房、1980、367頁。
③ 冯金忠：《唐后期地方武官制度与唐宋历史变革》，《河北师范大学学报（哲学社会科学版）》2008年第1期，第104—111页。
④ 黄清连：《圆仁与唐代巡检》，《"中央研究院"历史语言研究所集刊》1997年第4期，第899—942页。
⑤ 林枫珏：《论圆仁笔下的中唐基层行政组织》，《早期中国史研究》2011年第1期，第123—136页。
⑥ 张国刚：《唐代乡村基层组织及其演变》，《北京大学学报（哲学社会科学版）》2009年第5期，第112—126页；鲁西奇：《唐代乡里制度再认识》，《中国文化》2018年第48期，第56—75页。
⑦ 〔日〕圆仁撰，顾承甫、何泉达点校：《入唐求法巡礼行记》，"承和六年四月十九日" "开成四年四月二十日"条，上海：上海古籍出版社，1986年，第55页。按：开成四年即日本承和六年，在《入唐求法巡礼行记》中，入唐前用的是日本年号。开成四年（承和六年）后用的都是大唐年号，按圆仁记载，当时两国年号不同，日月相同。下同。

来检查，同时传达了当时的新罗国政。当地驻扎的新罗人能如此快速准确地了解到新罗内部的政治变动，也许得益于来往于唐和新罗之间，以及生活在唐新罗人社区的大量商人。

在那之后，由于天气原因，遣唐使的船迟迟未能出发，此时一名"押衙之判官"的人物前来探查究竟，但因天色已晚，暂且归去，打算次日再来。

> 廿四日，雾雨……暮际，骑马人来于北岸，从舶上差新罗译语道玄令迎。道玄来云："来者是押衙之判官，在于当县闻道本国使船泊此日久，所以来拟相看。缘夜归去，不得相看。明日专诣于舶上"。更令新罗人留于岸上，传语于道玄，转为官人令申来由。①

在他回去的同时，命令驻扎的新罗人留在岸边，盘问日本遣唐使的由来。这里的押衙判官具体是多大的官，不太好判断，从史料前后文来看，可能是圆仁的属官，兼任行政职务。在《山右石刻丛编》卷九咸通十三年（872）《河东节度高壁镇新建通济桥记》一文中，有"军判官宣德郎试汾州长史马瞻"②的人物。军判官和州长史为同一个人担任，应该大致属于同一级别。从唐代官员品级来看，汾州是上州，其长史应为正五品上，与文散官宣德郎的级别有所差异。因此这里应该是知上府司史，与宣德郎均为正七品下，所以军判官的级别很可能相当于正七品下。

其后，遣唐使船只在山东半岛南岸行进，于开成四年（839）四月二十六日停留乳山西浦。

> 廿六日……巳时，到乳山西浦，泊舶停住……未时，新罗人卅余骑马乘驴来云："押衙潮落拟来相看，所以先来候迎"……不久之间，押衙驾新罗船来。下船登岸，多有娘子。朝贡使判官差新罗译语道玄遣令通事由。已后，粟录事下舶到押衙处相看，兼作帖请食粮："先在东海县，但过海之粮。此舶过海，逆风却归，流着此间。事须不可在此吃过海粮，仍请生料"云云。押衙取状云："更报州家取处分"。晚头归宅。终日东北风吹。③

遣唐使船停留在乳山西浦之后，30个新罗人骑马乘驴而来，并传达了押衙也将会到来这一消息。押衙乘船前来，在岸上与日本使节进行了会面。30个新罗人和押衙分别乘坐不同交通工具前来，说明这30人可能是驻扎当地的军将，而押衙则是从巡检官府前来的。而30人这一数字不仅说明当地生活着大量新罗人，同时也说明来往于此地船只众多，需要大量人力来执行巡检业务。

遣唐使向押衙请求渡海所需粮食，得到需要报请"州家取处分"的回答。那么不仅

---

① 〔日〕圆仁撰，顾承甫、何泉达点校：《入唐求法巡礼行记》，"承和六年四月二十四日"条，上海：上海古籍出版社，1986年，第55—56页。
② （清）胡聘之编：《山右石刻丛编》卷九咸通十三年《河东节度高壁镇新建通济桥记》，清光绪二十七年刻本。
③ 〔日〕圆仁撰，顾承甫、何泉达点校：《入唐求法巡礼行记》，"承和六年四月二十六日"条，上海：上海古籍出版社，1986年，第56—57页。

说明了押衙和州的直属关系，同时也说明了作为边境州，登州负有向外国船只提供渡海粮食的职责。关于粮食的记录在日记的后文也出现了。开成四年（839）七月十六日记载："便见州使四人先来在院，运日本国朝贡使粮七十石米着，今于当村。缘朝贡使已发，不得领过，便报县家去。"①从登州运送粮食给当时停留在赤山法华院的日本遣唐使，只不过当时他们已经乘船出发了。

在那之后，押衙又来过一次，与遣唐使官员交流。

廿八日，天晴，押衙来与官人相看。②

而且，当圆仁他们需要咨询的时候，随时可以见到新罗人，只能说明新罗人一直在遣唐使船只周围监视着。

廿九日，北风吹，令新罗译语道玄作谋留在此间可稳便否，道玄与新罗人商量其事，却来云："留住之事，可稳便。"③

还有，在开成四年五月十四日和十五日，押衙来到船上，亲自清点遣唐使的人数，并记录在案，报给州府。此事不仅没有获得许可，反而引起了押衙的警觉，检查更为严格。并且在人数清点完毕之后，遣唐使特意奉送礼物给押衙，可能是为圆仁的冒昧而道歉。

十四日，州押衙来于舶上，问舶上之人数。且归村家。邵村勾当王训等来相看，便闻本国相公等九只船，先从卢山过海，遇逆风更流着于卢山以来之泊。入夜雷鸣洪雨。

十五日，朝，云色骚乱，云雨稍切。州押衙来于船上，请舶上人数。官人具录其数，帖报州家。晚头，押衙归，朝贡使赏禄绝绵等。④

在巡检过程中，作为地方行政的县是如何参与的。首先是开成四年八月十三日有一条记载。圆仁据别人消息称，遣唐大使的船队停在青山浦的时候，驻扎在青山浦的基层巡检立刻将这一消息报给了县。虽然没有证实，但也在一定程度上反映了当时的实际情况。

八月十三日，闻相公已下九只船在青山浦，更有渤海交关船同泊彼浦，从彼有人来报县家去，未详虚实所以然者。九只船从此赤山浦发后，西北风连日常吹，于

---

① 〔日〕圆仁撰，顾承甫、何泉达点校：《入唐求法巡礼行记》，"承和六年七月十六日"条，上海：上海古籍出版社，1986年，第64页。
② 〔日〕圆仁撰，顾承甫、何泉达点校：《入唐求法巡礼行记》，"承和六年四月二十八日"条，上海：上海古籍出版社，1986年，第57页。
③ 〔日〕圆仁撰，顾承甫、何泉达点校：《入唐求法巡礼行记》，"承和六年四月二十九日"条，上海：上海古籍出版社，1986年，第57页。
④ 〔日〕圆仁撰，顾承甫、何泉达点校：《入唐求法巡礼行记》，"承和六年五月十四日""开成四年五月十五日""开成四年五月十六日"条，上海：上海古籍出版社，1986年，第58页。

今犹有,更有何所障不发去?但应是人虚传。①

还有,开成四年(839)七月十六日记载:"便见州使四人先来在院,运日本国朝贡使粮七十石米着,今于当村。缘朝贡使已发,不得领过,便报县家去"②,这显示从登州运粮食到赤山法华院时,遣唐使第二船已然出发,差役不得已向县做了报告。说明作为行政机关的县也充分掌握来往船只的消息。

另外,圆仁在赤山法华院滞留一事,主要是由行政系统的县来管辖,从相关文书也可以解读出来。

> 廿八日申时,县使窦文至等两人将县帖来。其状称:
> 县帖青宁乡
> 得板头窦文至状报:日本国船上抛却人三人。
> 右检案内,得前件板头状报:其船今月十五日发讫,抛却三人,见在赤山新罗寺院,其报如前者。依检,前件人既船上抛却,即合村保板头当日状报,何得经今十五日然始状报?又不见抛却人姓名兼有何行李衣物?并勘赤山寺院纲维、知事僧等,有外国人在,都不申报。事须帖乡专差人勘事由,限帖到当日,具分折状上。如勘到一事不同及妄有拒住,并进上勘责。如违限,勘事不子细,元勘事人必重科决者。
> 开成四年七月廿四日
> 　　　　　　　　　　　　　　　　　　　　典王佐帖
> 　　　　　　　　　　　　　　　　　　主簿副尉胡君直
> 摄令戚宣员
> 求法僧等便作状,报留却之由。其状如左……
> 青宁乡赤山院状上:勘日本国僧人船上不归事由等状③

开成四年(839)七月二十八日,县使窦文至等两人带着文书来到赤山法华院。根据文书内容得知,圆仁在赤山法华院滞留一事,虽然当地的板头已经向县汇报了,但是过了15天,赤山法华院也没有向县汇报。为了回应,赤山法华院和圆仁分别将事情的详细情况向县做了说明。"板头"在史料中没有对应名称,可能是村保、保头或者说版籍(户籍)相关的基层办事人员。寺院中负责人主要是三纲,分别为寺主、上座和维那,因此县文书中的知事僧应该对应寺主,纲维对应维那。

---

① 〔日〕圆仁撰,顾承甫、何泉达点校:《入唐求法巡礼行记》,"承和六年八月十三日"条,上海:上海古籍出版社,1986年,第67页。
② 〔日〕圆仁撰,顾承甫、何泉达点校:《入唐求法巡礼行记》,"承和六年七月十六日"条,上海:上海古籍出版社,1986年,第64页。
③ 〔日〕圆仁撰,顾承甫、何泉达点校:《入唐求法巡礼行记》,"承和六年七月二十八日"条,上海:上海古籍出版社,1986年,第65—67页。

三日午时，县使一人将县帖来。其帖文如左：

县　帖青宁乡

先得状，在赤山寺院，日本国船上抛却僧三人、行者一人

右检案内得状称，前件僧等先具事由申上讫，恐后州司要有追勘状请帖海口所由及当村板头，并赤山寺院纲维等，须常知存亡，请处分者。奉判准状帖所由者。依检前件人事，须帖海口所由告报，及纲维等，须常知存亡。如已后州司追勘，称有东西不知去处，免追必重科决。仍限帖到当日，告示畜取状，州状上者。

开成四年八月十三日

典王佐帖

主簿副尉胡君直

摄令戚宣员

司功

先在青宁乡赤山寺院日本国船上抛却僧三人、行者一人

右件僧等先申州，申使讫。恐有东西去，八月十四日帖赤山寺院并村保、板头、海口所由等，须知存亡。寻问本乡里正，称村正谭亶抛却帖，至今都无状报。其谭亶见在，伏请处分。牒件状如前。谨帖

开成四年九月日

典王佐牒

青村正状　宣员

日本国僧圆仁等　状上[①]

在这个县文书中，又出现"海口所由"一职，与前面的板头、纲维等都有向县汇报的义务。海口，顾名思义，海的出入口，相当于现在的港口。所由在唐代主要是负责各种事务的官吏。因此，这里的海口所由笔者认为应该就是前面出现频率比较高的时刻监视日本遣唐使船只的新罗人，也是行政系统和巡检系统的最末端。

从以上文登县下发给赤山法华院的文书来看，圆仁滞留相关的情报，海口所由、村保、板头、赤山法华院知事僧、纲维等基层人员有向县汇报的义务。当板头汇报，赤山法华院却没有汇报的时候，县里就会发文询问详细情况并责难。由于外国人的滞留是属于法律严格禁止的行为，也是县户籍管理中重要的业务，因此格外注意。

综上所述，总结登州境内巡检制度，新罗人、押衙判官、押衙依次登场来对遣唐使船只进行检查，从其相互之间的关系来看，应设有从海口所由到押衙判官，再到押衙的三级巡检制度。在海岸巡视的新罗人是海口所由，和掌握村里情况的村正一样，都是行

[①] 〔日〕圆仁撰，顾承甫、何泉达点校：《入唐求法巡礼行记》，"承和六年九月三日"条，上海：上海古籍出版社，1986年，第68—69页。

政末端，也是巡检制度的末端。同时，作为行政机关的县并没有参与到巡检事务中，但若涉及非法滞留，则对事态发展积极关注。

三、扬州和海州的海岸巡检系统

（一）扬州的海岸巡检

圆仁和遣唐使经过海上的风暴以后，船只损坏严重，但还是在扬州管内海岸登陆了。上岸当日，圆仁一行在守捉军中停宿。

> 二日……留学僧等到守捉军中季赏宅停宿。①

守捉，在《新唐书》中记载"夫所谓方镇者，节度使之兵也。原其始，起于边将之屯防者。唐初，兵之戍边者，大曰军，小曰守捉，曰城，曰镇，而总之者曰道"②。守捉在唐初期为戍边的小规模军队的称呼，但是中唐以后有滥用的倾向。但是，圆仁一行在当地停留约一周没有出发引起了当地军事巡检的注意，当地的军镇大使刘勉还有当村的押官一起来慰问遣唐使一行。名义上是慰问，但圆仁还是用了"巡检"一词，因此刘勉是来巡检的这一结论应该没问题。关于"押官"，《旧唐书》职官志里有"凡诸军镇，每五百人置押官一人，千人置子总管一人，五千人置总管一人"③的相关记载，但当地村落里是否有500人驻扎不得而知，这里的驻村押官跟着镇使刘勉一起负责巡检事宜。

> 九日巳时，海陵镇大使刘勉来慰问使等，赠酒饼，兼设音声。相从官健、亲事八人，其刘勉着紫朝服，当村押官亦同着紫衣。巡检事毕，却归县家。④

刘勉调查完回去不久，应该是把相关情况向扬州都督府做了汇报，因此遣唐使抵达如皋镇时，也得到了从扬州运送过来的粮食。同一天，刘勉再次来到遣唐使驻扎之处，圆仁再次用了"巡校"一词，很明显是巡查。从以上事项可以看出，在扬州存在从当村押官到镇使的巡检系统。

> 廿日……射手丈部贞名等从大使所来，云："从此行半里，西头有镇家，大使、判官等居此，未向县家。大使、判官等闻贵信物来，为更向州，令装束船舫。"又云："今日州使来，始充生料……"乍闻忻然，颇慰疲情。申时，镇大使刘勉驾马来泊舫

---

① 〔日〕圆仁撰，顾承甫、何泉达点校：《入唐求法巡礼行记》，"承和五年七月二日"条，上海：上海古籍出版社，1986年，第3页。
② 《新唐书》卷五十《兵志》，北京：中华书局，1975年，第1328页。
③ 《旧唐书》卷四十三《职官志二》，北京：中华书局，1975年，第1835页。
④ 〔日〕圆仁撰，顾承甫、何泉达点校：《入唐求法巡礼行记》，"承和五年七月九日"条，上海：上海古籍出版社，1986年，第5页。

之处，马子从者七八人许，检校事讫，即去。录事等下舫，参诣大使所。日晚不行，于此停宿。①

日本遣唐使在前往扬州途中经过海陵县城，但只是简单介绍了县主要官员的组成，并没有任何受到检查的记载。从海陵县城的主要构成人员来看，出现了若干军将的称谓，这和律令制中的构成有很大不同，想必此地的行政单位已经和驻扎在当地的众多军镇交织在一起，发生了改变。

同时，扬州地区的村野，应该也有类似村正的管理人物，或者海口所由来负责最基层的巡视。但是这种最基层的人物在史料中没有出现，只出现了押官和镇使。日本遣唐使的消息，由基层的村正或者海口所由汇报给了当村驻扎的押官，再由押官报告给了当地镇使。也就是说，扬州可能存在村正或海口所由、押官、镇使的三级巡检体系。

（二）海州的海岸巡检

圆仁一行四人在跟随遣唐使归国途经海州附近海域时，在遣唐大使藤原常嗣的默许下私自下船打算偷偷滞留下来，但是却被当地新罗人村落的管理者识破并报告给了在当村巡视的军官。

> 五日平明，信风不改……涉浦过泥，申时到宿城村新罗人宅，暂憩息，便道新罗僧从密州来此之意。僧等答云："新罗僧庆元、惠溢、教惠等乘便船，来到此间，一两日宿住，请勾当垂愍交住。"爰村老王良书云："和尚到此处，自称新罗人，见其言语，非新罗语，亦非大唐语。见道日本国朝贡使船，泊山东候风，恐和尚是官客，从本国船上逃来。是村不敢交官客住，请示以实，示报，莫作妄语。只今此村有州牒，兼押衙使下有三四人在此探候。更恐见和尚，楚捉入州"云云。思虑之会，海州四县都游将下子巡军中张亮、张茂等三人，带弓箭来问从何处来？僧等拟以实答，还恐人称有罪过楚捉，即作方便设谋，便虚答之："僧等实是本国船上来，缘病暂下船，夜宿不觉船发，雇人到此，请差使人送去"云云。爰军中等的然事由，僧将僧等，往村长王良家，住军中请，具录留之由与押衙。僧等便作状交报，其状称……爰子巡军中等更加别状，遣报押衙都游奕所。②

村老王良听圆仁所说语言非新罗语也不是大唐语，因而产生了怀疑，再加上当地有严厉的检查制度，还有在当村巡视的军官，因此他不敢怠慢，立刻报告给了子巡军中张亮等人。关于王良，有村老和村长两种表述，按照唐代制度严格来说应该是村正，负责督察村内事务。接到王良的报告，在当地巡视的张亮等三人拿着武器前来询问相关详情。

---

① 〔日〕圆仁撰，顾承甫、何泉达点校：《入唐求法巡礼行记》，"承和五年七月二十日"条，上海：上海籍出版社，1986年，第6—7页。

② 〔日〕圆仁撰，顾承甫、何泉达点校：《入唐求法巡礼行记》，"承和六年四月五日"条，上海：上海古籍出版社，1986年，第39—41页。

关于张亮的官职子巡军中、都游将下，想必是都游奕使使下，这也和后文中张实游奕使身份对应起来。游奕使在后文中有出现，是指张实，海州巡检的负责人。

> 六日，天晴，县家都使来请状，依昨样作状与之。子巡将等差夫二人，遣泊船处，令看彼船发未，但缘使者迟来，不可得发去。子巡将张亮云："今差夫一人，将和尚随身衣服，到第二舶处，到山南，即觅驴驮去。在此无处借赁驴马者。"晚头，县都使来云："余今日且行，明日在山南作餺飥，兼雇驴，待和尚来。须明日早朝但吃粥，早来。斋时已前，到彼空饭。"语了即去。少时，押衙差州司衙官李顺把状走来，其状称："彼九只船发未，专到那岛里看定虚实。星夜交人报来者。"子巡张亮据看船使说，便作船已发并不见之状，差人报示于押衙所。①

从押衙差人来请状，以及张亮差人把相关情况报告给押衙所等，也可以窥探出押衙张实和张亮的上下级关系。同时从这条和以后的记载也可以看出，县的使节并没有直接参与到整个巡检过程，而只是进行了简单询问便回到了县里去。"七日卯时，子巡军中张亮等二人，雇夫令荷随身物，将僧等去。天暗云气，从山里行，越两重石山，涉取盐处，泥深路远。巳时，到县家都使宅斋……行廿里到心净寺，是即尼寺。押衙在此，便入寺相看，具陈事由。押衙官位姓名：海州押衙兼左二将军将四县都游奕使、勾当蕃客、朝议郎、试左金吾卫张实。啜茶之后，便向县家去。更雇驴一头，从尼寺到县廿里。晚头到县，到押司录事王岸家宿。驴功与钱廿文，一人行百里，百廿文。"开成四年（839）四月七日，圆仁一行随着张亮从宿城村出发到了县里，见到了在县里寺庙等候的"海州押衙兼左二将军将四县都游奕使、勾当蕃客、朝议郎、试左金吾卫"张实。②张实并没有在县衙等候而是在寺庙等候，由此可知，张实是直属于州的军事巡检，并不是县的官员，没有办公府邸。

从张实的官职来看，押衙和左二将是属于军职，游奕使在《通典》中的相关记载为，"游奕，于军中选骁果、谙山川泉井者充，常与烽铺土河计会交牌，日夕逻候于亭障之外，捉生问事。其军中虚实举用，勿令游奕人知。其副使子将，并久军行人，取善骑射者兼"③，日夜巡逻之意，也就是巡视、巡检。这里的副使子将，也对应前文出现的子巡军中的张亮。同时，《资治通鉴》中也有类似的表达，"以左玉钤卫将军论弓仁为朔方军前锋游弈使，戍诺真水为逻卫。自是突厥不敢渡山畋牧，朔方无复寇掠，减镇兵数万人"④。这里用的"逻卫"与巡视、巡检意思基本相同。张实勾当蕃客的身份，显然是指

---

① 〔日〕圆仁撰，顾承甫、何泉达点校：《入唐求法巡礼行记》，"承和六年四月六日"条，上海：上海古籍出版社，1986年，第41—42页。
② 〔日〕圆仁撰，顾承甫、何泉达点校：《入唐求法巡礼行记》，"承和六年四月七日"条，上海：上海古籍出版社，1986年，第42页。
③ （唐）杜佑撰：《通典》卷一百五十二《兵五》，钦定四库全书版。
④ 《资治通鉴》卷209《唐纪二十五》，北京：中华书局，2013年，第5543页。

也负责辖内或者来往的外国人的管理。

圆仁在见到张实之前已和当地县官会面，但是仅仅是在录事王岸家里一起吃饭喝酒聊天而已，并没有受到严格盘问的记载。

> 八日早朝，吃粥之后，押衙入县，少时归来。县令通直郎守令李夷甫，县丞登仕郎前试太常寺奉礼郎摄并崔君原，主簿将仕郎守主簿李登，县尉文林郎尉花达，捕贼官文林郎尉陆僚等，相随押衙来看，共僧等语话。主人与县令等设酒食，吃饭即归。押衙及僧等斋后出王录事宅，向舶处。押衙与八个军中，排比小船，驾之同发。县令李夷甫以新面二斗寄张押衙献州刺史。①

从这条记录最后一句也可以看出张实和刺史的关系，县令以新面两斗作为献给刺史的礼物，请张实代为转交。圆仁一行在面见了刺史并受其盘问之后，才被一名军将送到了停在附近的遣唐使船只上，重新踏上了回国的征途。

> 押衙及将等先入内报，少时，唤僧等且入。至刺史前，着椅子令座，问抛却之由，令押衙申。刺史姓颜名措，粗解佛教，向僧等自说。语话之后，便归神庙。刺史颜大夫差一军将，令相送僧等三人及行者，暂住海龙王庙。②

从海州的巡检系统来看，即使在远离州县的偏僻村野也有巡检军官的驻屯。当村村正王良在了解到圆仁的行踪可疑时第一时间向在当村巡视的游奕将下、子巡军中的张亮等做了汇报，张亮又把详细情况汇报给了押衙游奕使的张实。因此，在海州存在从村正向子巡军中，从子巡军中向押衙游奕使汇报的三级巡检系统。在整个巡检过程中，一直到登上遣唐使第二艘船上，圆仁一行周围始终由军将伴随左右，和登州海岸的新罗人一样，说是监视者应该毫不为过。

四、扬州、海州、登州的巡检系统比较

从前文总结扬州、海州、登州的海岸巡检系统如表1所示。

表1 扬州、海州和登州海岸巡检系统

项目	扬州	海州	登州
所属	淮南节度使李德裕	兖海沂密监察使张贾	淄青平卢节度使韦长
直属	扬州刺史李德裕	海州刺史颜措	登州刺史乌角
部门	军镇	押衙所	（勾当新罗所？）

---

① 〔日〕圆仁撰，顾承甫、何泉达点校：《入唐求法巡礼行记》，"承和六年四月八日"条，上海：上海古籍出版社，1986年，第42—43页。

② 〔日〕圆仁撰，顾承甫、何泉达点校：《入唐求法巡礼行记》，"承和六年四月八日"条，上海：上海古籍出版社，1986年，第43页。

续表

项目	扬州	海州	登州
上级军官	海陵镇大使刘勉	海州押衙兼左二将军将四县都游奕使、勾当蕃客、朝议郎、试左金吾卫	押衙
下级军官	当村押官	游奕将下、子巡军中	押衙判官
巡检末端	（村正？海口所由？）	村老、村长（村正）	海口所由、村保板头、寺院知事僧纲维

从海岸巡检制度来看，虽然名称不尽相同，但是各地都存在大约三级垂直管理体系。扬州地区虽然没有巡检末端的出现，但是搜集情报、密切关注海上和海岸往来船只等工作需要大量的基层人员。因此，在扬州是村正或海口所由、押官、军镇大使；海州是村正、游奕将下子巡军中、押衙游奕使；登州是海口所由、押衙判官、押衙构成的三级管理系统。作为最基层的巡检系统，村正或者海口所由，同时承担着县和巡检的双重工作。

巡检的办公场所（官衙所在地）是扬州如皋镇大使府、海州押衙所、登州勾当新罗所。登州牟平县押衙虽然没有明示其办公场所的名称，但是参照文登县张咏以及根据牟平县大量新罗人的活动记录来看，应该也是勾当新罗所。

作为直属于州的海岸巡检系统，有着一套完整的巡检制度和人员配备，县并不参与到海岸巡检业务中，但是如果涉及外国人的非法滞留则需另当别论了。

（编辑：盛宇平）

高丽时期檀君认识的演变过程及其原因

朱虹桥　金锦子[*]

摘　要：檀君神话是古代朝鲜的神话，对于朝鲜民族来说，檀君神话对其历史发展、民族性格的塑造有重要意义；从文化观念上来说，檀君是朝鲜民族精神层面共同的文化根基。但在朝鲜半岛国家历史发展过程中，对檀君神话的认识并不是一成不变的，相反，檀君神话作为历史符号，在不同时代被赋予了不同的内涵，结合现实需要，对檀君的认识也发生着变化。以蒙古东征为大致分界线，高丽前期和后期对檀君神话的认识是不同的，最主要的原因是外敌的进攻引发了民族意识的抬头，檀君神话成为提升民族向心力，进而抗击外来侵略者的武器。因此，高丽后期檀君神话的地位得到提升，这是在当时的历史条件下，由政治需要、时代局限所决定的，显然是违背历史的。

关键词：檀君神话　《三国遗事》　《帝王韵记》　蒙古东征高丽

对朝鲜半岛族源问题的探究从古至今从未间断。起源问题之所以如此重要，是因为它涉及一个民族的根基。1949年韩国政府宣布10月3日为开天节（相传为古朝鲜的建国时间），此后，开天节成为韩国最重要的节日之一；韩国民族宗教大倧教亦把檀君当作教祖。"人类的力量需要群众的合作，群众合作又需要打造群众的身份认同，而且所有群众的身份认同都以虚构的故事为基础。"[①]由此可知，为什么檀君神话对于朝鲜民族有如此重要意义。可以说"檀君神话产生了韩国的单一民族神话"[②]。

檀君神话研究关系到朝鲜民族的起源，是东北亚学界重要的研究课题之一。学界对于檀君神话也颇有争议，其主要争议点在于檀君朝鲜到底是历史还是神话，抑或是佛教故事，檀君神话是特定时间的产物还是漫长历史发展过程中的产物。即便是结合考古学的最新研究发现，学界对古朝鲜的研究仍存在很大局限性。檀君朝鲜资料仅限于文学领域，暂无太多的历史学及考古学证据。[③]而对于檀君神话在不同时代的认识问题也少见于史料。关于檀君神话，不同的时代有不同的认识。而决定认识不同的关键不是历史的

---

[*] 朱虹桥，浙江省温州市永嘉县第二高级中学教师；金锦子，延边大学人文社会科学学院副教授。
[①] 〔以〕尤瓦尔·赫拉利：《今日简史——人类命运大议题》，林俊宏译，北京：中信出版社，2018年，第125页。
[②] 〔韩〕林炳僖：《韩国神话历史》，广州：南方日报出版社，2012年，第93页。
[③] 成璟瑭：《韩国学术界古朝鲜研究的动向述论》，《社会科学战线》2017年第8期。

本体，而是时代的环境和背景。本文旨在分析关于檀君朝鲜的认识在高丽前后的变化过程及其演变的内在复杂性。

一、高丽史籍对檀君神话的记载

檀君神话是古朝鲜建国神话，主要由三个部分构成，即天上的桓因、下凡的桓雄、开国的檀君。关于檀君神话的最早记述是《三国遗事》。《三国遗事》是高丽后期僧人一然（1206—1289）所著，以高句丽、百济、新罗三国为主要记述对象，全书记述了朝鲜半岛自檀君开国至新罗灭亡的 3000 多年的历史。书中记载了许多《三国史记》中所没有的史料、新罗乡歌、佛学故事。因此，《三国遗事》虽然属于私家著述，记载传闻稗说，但也具有重要的史料价值。檀君神话被记录在《三国遗事》纪异卷第一，其原文如下：

古朝鲜①

《魏书》云：乃往二千载，有坛（檀）君王俭，立都阿斯达，开国，号朝鲜。与高同时。

古记云：昔有桓因庶子桓雄，数意天下，贪求人世。父知子意，下视三危太伯可以弘益人间，乃授天符印三个，遣往理之。雄率徒三千，降于太伯山顶神坛树下，谓之神市。是谓桓雄天王也。将风伯、雨师、云师，而主谷、主命、主病、主刑、主善恶，凡主人间三百六十余事。在世理化。

时有一熊一虎同穴而居，常祈于神雄，愿化为人。时，神雄遗灵艾一炷、蒜二十枚，曰："尔辈食之，不见日光百日，便得人形。"熊虎得而食之。忌三七日，熊得女身；虎不能忌，而不得人身。熊女者无与为婚，故每于坛（檀）树下咒愿有孕。雄乃假化而婚之，孕生子。号曰坛（檀）君王俭。以唐高即位五十年庚寅，都平壤城，始称朝鲜。又移都于白岳山阿斯达，又名弓忽山，又今弥达。御国一千五百年。周虎王即位己卯，封箕子于朝鲜。坛（檀）君乃移于藏唐京。后还隐于阿斯达，为山神，寿一千九百八岁。

唐《裴矩传》云：高丽本孤竹国，周以封箕子为朝鲜。汉分置三郡，谓玄菟、乐浪、带方。《通典》亦同此说。②

除《三国遗事》外，檀君神话的叙述在《帝王韵纪》也有记载。《帝王韵纪》是高丽王朝后期学者李承休所做的长篇史诗，其中关于檀君神话的记载如下：

---

① 在朝鲜半岛国家古代史中，古朝鲜一般包括檀君朝鲜、箕子朝鲜和卫满朝鲜。此处的古朝鲜指檀君朝鲜，相传公元前 2333 年由檀君王俭建立，建都于阿斯达。目前学界围绕着檀君朝鲜是否真实存在等问题还有诸多争议，但可以确定的是朝鲜、韩国都将其视为朝鲜民族的祖先。
② 〔高丽〕一然撰：《三国遗事·纪异》，〔韩〕权锡焕、陈蒲清译，长沙：岳麓书社，2009 年，第 5—6 页。

初谁开国启风云，释帝之孙名檀君。（本纪曰上帝桓因有庶子曰雄云云，谓曰下至三危太白，弘益人间欤，故雄受天符印三个，率鬼三千而降太白山顶神檀树下，是谓檀雄天王也云云。令孙女饮药成人身，东北扶余、秽与貊，皆檀君之寿也。与檀树神婚而生男，名檀君，据朝鲜之域为王。故尸罗、高礼、南北沃沮、东北扶余与貊皆檀君之寿也。理一千三十八年入阿斯达山为神，不死故也）并与帝高兴戊辰，经虞历夏居中宸。于殷虎丁八乙未，入阿斯达山为神。（今九月山也。一名弓忽，又名三危，祠堂犹在）享国一千二十八，无奈变化传桓因。却后一百六十四，仁人聊复开君臣（一作：尔后一百六十四，虽有父子无君臣）。[①]

两部史籍叙述的内容大体相同，仅在细微处有差别，其差异点主要体现在如下几个方面：①《帝王韵纪》中删去了"一熊一虎同穴而居，常祈于神雄，愿化为人"以及"熊得女身"的相关片段，而把"熊女"变成"孙女"。[②] ②改变了檀君的血统，在《三国遗事》中，檀君王俭是桓雄和熊女所生，而在《帝王韵纪》中桓雄"令孙女饮药成人身，与檀树神婚而生男，名檀君"[③]，即檀君是孙女和檀君树所生。③将"灵艾一炷、蒜二十枚"变成"药"。[④]

差异产生的主要原因在于：历史学家引用史料的来源不同、史家的史观不同、檀君神话在民间的佛教化程度不同。首先，《三国遗事》引用《魏书》和《古记》（失传），《帝王韵纪》引用《本纪》（失传）。其次，从李承休的生平和《帝王韵纪·帝王韵纪进呈引表》的内容上来看，李承休有着极深的儒学和佛学修养。"谨据国史，旁采各本纪与夫殊异传所载，参诸尧舜已来经传子史，去浮辞，取正理，张其事，而咏之，以明兴亡年代。凡一千四百六十言。"[⑤]李承休在《帝王韵纪·帝王韵纪进呈引表》中明确表示他删改了檀君神话，删改的原则是"去浮辞，取正理，张其事"[⑥]。去浮辞，即删去檀君神话中荒诞不经的部分。因此，在《帝王韵纪》中李承休将"熊女"变成"孙女"，并且为了消除与儒家伦理不合的情节，李承休改变了檀君的血统。最后，李承休将"灵艾""蒜"变成"药"，删去了反佛教化的因素，加深了檀君神话在流传过程中的佛教化程度。

二、高丽前期和后期对檀君神话认识的变化

在朝鲜半岛国家历史发展过程中，不同时期对檀君神话有不同的认识。有时将檀君

---

① 〔高丽〕李承休撰：《帝王韵纪》卷下，京城府（今韩国首尔）：朝鲜古典刊行会，1939年影印版，第35页。
② 〔高丽〕一然撰：《三国遗事·纪异》，〔韩〕权锡焕、陈蒲清译，长沙：岳麓书社，2009年，第5—6页。
③ 〔高丽〕李承休撰：《帝王韵纪》卷下，京城府（今韩国首尔）：朝鲜古典刊行会，1939年影印版，第35页。
④ 〔高丽〕李承休撰：《帝王韵纪》卷下，京城府（今韩国首尔）：朝鲜古典刊行会，1939年影印版，第35页。
⑤ 〔高丽〕李承休撰：《帝王韵纪》卷下，京城府（今韩国首尔）：朝鲜古典刊行会，1939年影印版，第35页。
⑥ 〔高丽〕李承休撰：《帝王韵纪》卷上《帝王韵纪进呈引表》，京城府（今韩国首尔）：朝鲜古典刊行会，1939年影印版，第3页。

神话历史化，有时却忽视檀君神话的存在。不同的认识是因为与时代环境结合的檀君神话是表现时代环境的一种符号，这样的现象意味着对檀君神话的解释不接近对象的本体，而和解释体结合。①

高丽前期和后期对于檀君朝鲜的认识亦有所不同。这一点可以从《三国史记》和《三国遗事》的对比中看出。《三国史记》是高丽初期1145年（高丽仁宗二十三年）金富轼等编撰的一部记述朝鲜半岛三国新罗、百济、高句丽的官方正史。对于三国之前的朝鲜半岛早期历史，在《三国史记》第29卷年表（上）中，金富轼指出："海东有国家久矣。自箕子受封于周室。"②而且"年代绵邈，文字疏略，固莫得而详焉"③。记述虽然简略，但却明确体现了对箕子开国的认识。《三国史记》乃是国家正史，是高丽初期统治者统治意志的体现。文宗九年（1055），高丽在给契丹的国书上也自称是"箕子之国"。从以上的论述中我们可以看出，高丽前期对箕子朝鲜的认识明显高于对檀君神话的认识。"这样的檀君认识与政治势力有密切的关系。"④"神话英雄具有神圣性"，但这种神圣性并不是英雄本身所具有的，而是后世赋予他的。同样，国家的建立也需要后世赋予其神圣性。918年，王建被拥立为王，国号高丽，并在935年合并新罗，936年灭后百济，统一了朝鲜半岛。高丽朝鲜从本质上来说是以豪族为基础建立的政权，国内政局并不稳定，高丽太祖是豪族联合政权的代表，豪族问题在高丽经历了漫长的历史时期才得以解决。因此，为了缓解社会矛盾、保持政权稳定、确保政权的正当性，提高檀君神话的历史地位，使高丽世系神圣化是大势所趋。《帝王韵纪·先代纪》的开篇记载"自古受命君，孰不非常类，惟我皇家系"⑤，即，将太祖王建、王氏家系神圣化，以获得建国的正当性。

对檀君神话的这种认识从蒙古东征高丽后发生转变。蒙古东征高丽从高宗十八年（1231）开始，当时高丽正值以崔瑀为首的武臣专权时期。蒙古以其强大的军事力量，霸道地干涉高丽内政，遭到了高丽人民的顽强抵抗。以崔瑀为首的高丽统治阶级将都城迁移至江华岛，以示消极抵抗。此后的30年间，蒙古先后六七次东征高丽⑥，在此期间高丽人对于檀君神话的认识也逐渐提升。

这一点从《三国遗事》和《帝王韵纪》中就可以看出。《三国遗事》和《帝王韵纪》大致是同一时期产生的著述，都写于高丽忠烈王时期，这一时期正是蒙古攻打高丽时期。但学术界普遍认为，从他们撰书时间上来看，《三国遗事》中檀君神话的文本记述早于《帝王韵纪》。《三国遗事》为高丽僧人一然所著，其撰写目的是宣扬佛教，属于私家著

---

① 〔韩〕林炳僖：《韩国神话历史》，广州：南方日报出版社，2012年，第93页。
② 〔高丽〕金富轼著，孙文范等校勘：《三国史记》卷29《年表上》，长春：吉林文史出版社，2003年，第335页。
③ 〔高丽〕金富轼著，孙文范等校勘：《三国史记》卷29《年表上》，长春：吉林文史出版社，2003年，第335页。
④ 〔韩〕林炳僖：《韩国神话历史》，广州：南方日报出版社，2012年，第94页。
⑤ 〔高丽〕李承休：《帝王韵纪》卷下《本朝君王世系年代》，京城府（今韩国首尔）：朝鲜古典刊行会，1939年影印版，第53页。
⑥ 〔韩〕高丽大学校韩国史研究室：《新编韩国史》，孙科志译，济南：山东大学出版社，2010年，第99页。

述。而《帝王韵纪》是李承休在他被罢官并隐居7年之后为忠烈王写的，所以《帝王韵记》对他来说有孔子编《春秋》般的意义，意在强调王权的正统性。[1]《三国遗事》和《帝王韵纪》是现存最早叙述檀君神话的史书，更新了朝鲜半岛上古史的谱系，初步奠定了檀君朝鲜和箕子朝鲜作为朝鲜半岛历史开端的地位。从成书时间及这一时期史书的内容上我们可以推断出，高丽后期即蒙古东征时期，不管是高丽统治阶级还是民间，对于檀君神话的认识已经与前期有所不同，檀君神话的地位得到大大提升。这种思想甚至一度延续到朝鲜初期，"东方初无君长，有神人降于太白山檀木下，国人立以为君，是为檀君。时，唐尧二十五载戊辰也"[2]。

三、对檀君神话不同认识所产生的原因

高丽前期和后期，对檀君神话的认识不同，对神话的认识与当时的时代环境、史家撰书时的史学观念和政治势力的渗透有很大关系。

（一）时代环境的影响

高丽初期成宗（981—997）时期，科举制的引入，对于儒学和古代中国文化在朝鲜半岛的传播有重要意义。朝鲜半岛的慕华情绪及对箕子的崇拜由来已久，《旧唐书·东夷传》记载，高句丽迁都平壤以后，祭祀的诸神中有箕子神。随着儒学的传入，从传统华夷观出发，强调箕子的教化始祖地位，等于强调"以夏变夷"的意义，也就将箕子与中华秩序联系起来了，箕子成为春秋大一统的象征。[3]威廉·埃利奥特·格里菲斯[4]指出，朝鲜人会以相当自豪的心情援引箕子，为的是证明他们文化之古老。[5]为此，关于箕子东迁之事，不论是中国典籍，还是朝鲜半岛典籍都多有涉猎。在朝鲜半岛，金富轼《三国史记》和一然《三国遗事》都接受箕子"受封东来说"。这可能是高丽前期史书《三国史记》中对于半岛早期国家只涉及"海东有国家久矣。自箕子受封于周室"[6]的主要原

---

[1] 王元周：《檀箕认识与朝鲜半岛的国史建构》，载北京大学韩国学研究中心编：《韩国学论文集》第22辑，广州：中山大学出版社，2014年，第16—39页。
[2] 〔朝鲜〕李源益编：《东史约·上》，《韩国史料丛书》第33辑，首尔：韩国国史编纂委员会，1990年。注：数据库内容、无法标注具体页码。
[3] 王元周：《檀箕认识与朝鲜半岛的国史建构》，载北京大学韩国学研究中心编：《韩国学论文集》第22辑，广州：中山大学出版社，2014年，第16—39页。
[4] 〔美〕威廉·埃利奥特·格里菲斯（1843—1928），美国传教士、作家，长期关注和研究东方历史。19世纪最早一批撰写关于朝鲜的作品的西方作家之一。
[5] 〔美〕迈克尔·J.塞斯：《朝鲜的神话、记忆与再创造——檀君神话案例研究》，孙宏哲译，载北京大学韩国学研究中心编：《韩国学论文集》第22辑，广州：中山大学出版社，2014年，第113—123页。
[6] 〔高丽〕金富轼著，孙文范等校勘：《三国史记》卷29《年表上》，长春：吉林文史出版社，2003年，第335页。

因。但是随着东北亚局势的不断发展，并由于大一统观念使国家这一共同体的凝聚力不断地提升，寻找本国自己的建国神话，追溯国家历史成为时代大势。

首先，高丽前期东北亚的局势较稳定，宋太祖赵匡胤于960年建立宋朝，结束了五代十国时期混乱的割据局面，以宋为中心的华夷体系在东北亚重新确立。华夷思想在中国历史上延续了2000年左右，是儒学文化中一种传统的政治观点，是儒家文化自我评价的标准和处理对外关系的原则。[①]中原的统一与稳定是华夷思想确立的前提和基础。华夷思想随着宋朝大一统而重新确立，但女真的崛起导致东北亚国际秩序的变化。1126年，金军攻破开封，俘虏了宋徽宗、宋钦宗父子，导致北宋灭亡，史称"靖康之变"。北宋的灭亡使东北亚的中心发生改变，也使高丽的观念发生改变，引发了高丽对本民族起源问题的思考。

其次，高丽之前的国家大都有自己的建国神话，如新罗的赫居世神话、高句丽的朱蒙神话、伽倻国的金首露神话等。对于"国家"这一"想象的共同体"而言，起源叙事与建国神话发挥了巨大且独一无二的作用。[②]一个国家的建立需要官僚体制等政治制度的完备，更需要建国神话从精神层面上整合国家。新罗是朝鲜半岛第一个统一国家，有自己的赫居世神话作为支撑。高丽初期，经历了从后三国的分裂到高丽太祖王建统一朝鲜半岛，结束分裂的局面，建立高丽王朝。随着民族大一统的实现而表现出的强烈的国家自信心，开始排斥此前以新罗为中心的三国统一观，强调三国的大一统。[③]因此，统治阶级迫切需要建立统一的历史共同体意识。

（二）不同史观下的记述

金富轼（1075—1151）是高丽前期的政治家、实学家。22岁走上仕途，曾两次奉命出使宋朝，1136年平定妙清之乱，在其晚年奉命主持编写《三国史记》。从《三国史记》的内容上可以看出金富轼的史学素养及他的历史观。在《进三国史记表》中，金富轼指出："臣富轼言，古之列国，亦各置史官，以记时事……至于吾邦之事，却茫然，不知其始末，甚可叹也！况惟新罗氏、高句丽氏、百济氏，开基鼎峙，能以礼通与中国。故范晔《汉书》，宋祁《唐书》，皆有列传，而详内略外，不以具载。"[④]这表明金富轼写《三国史记》的原因，不仅是奉仁宗之命编写史书，其本身更有一种历史使命感，为编写一部朝鲜半岛的详细历史。金富轼极高的史学素养与他极深的儒学素养是分不开的，因此正统观是他最重要的历史观。金富轼的正统观包含两方面的内容：其一，通过《三国史记》中"详新罗而略百济"的特点可以看出金富轼以新罗为中心的正统观；其二，通过《三国史记》记述的内容和他对皇帝的尊称上可以看出金富轼以中原王朝为正统的正统

[①] 苗威：《华夷观的嬗变对朝鲜王朝吸收中国文化的影响》，《东疆学刊》2002年第3期，第67—71页。
[②] 张晴：《现实主义与国家叙事》，《美术研究》2016年第1期，第68—73页。
[③] 〔韩〕朴仁镐：《韩国史学史》，全莹、金锦子、郑京日译，香港：香港亚洲出版社，2012年，第20页。
[④] 〔高丽〕金富轼著，孙文范等校勘：《三国史记·进三国史记表》，长春：吉林文史出版社，2003年，第1页。

观。究其原因,主要是因为金富轼深受儒家文化和中国史书的影响。金富轼的正统观势必会影响他的神话观,《三国史记》中也包含部分建国神话的内容,但金富轼并未将这些内容当成信史,这在其史评中可得到印证。"新罗朴氏、昔氏,皆自卵生。金氏从天入金柜而降,或云乘金车,此尤诡怪,不可信。然世俗相传,为之实事。"[①]从"此尤诡怪,不可信"可以看出金富轼对神话的主观历史认识是否认的。

一然(1206—1289)是高丽后期著名僧人,1283年获"圆经中照国尊",此为高丽最高的僧籍之一,足以见证一然的地位。因此,通过《三国遗事》可以看出佛教史观是其主要的历史观。有学者将古代佛教史观归纳为六种,即"本迹史观、感应史观、神通史观、业报史观、末法史观、正统史观"[②]。这六种史观在《三国遗事》中均有体现。一然撰写史书最主要的目的是弘扬佛法,而不是著述前代系统详细的历史,这就造成了《三国史记》和《三国遗事》有本质差异。

(三)蒙古东征高丽

随着高丽王朝的不断发展,大一统观念不断深化,民族自信心不断增加,也为了巩固政权,维护社会秩序。高丽统治阶级找到了一个更有说服力的历史渊源,由此在历史学中开始重视一直以来被忽略的从檀君到高句丽时期的北方系历史,而檀君神话所激发出的民族进取意识则成为击退外民族的精神原动力。

以蒙古使臣在鸭绿江边遇害事件为由,从1231年至1273年,蒙古先后多次东征高丽。持续的战争使高丽内部的民族矛盾和阶级矛盾空前激化,高丽社会的生产力严重破坏,给高丽社会带来了重大损失。在战争中,统治者的无能和妥协与高丽人民的英勇抗战形成了鲜明对比。崔氏武臣政权于1232年7月将王室迁至江华岛,消极抵抗蒙古的攻击。而高丽人民采用传统守城、游击等战术,进行斗争。从13世纪末高丽后期著书立说的内容上看出,高丽人民的抗蒙意识对塑造朝鲜民族精神有重要作用,在抗击外来势力的同时,民族意识抬头,民族凝聚力增强。13世纪末,僧人一然编纂的《三国遗事》和李承休编纂的《帝王韵纪》相继问世。他们都希望通过对檀君神话的记叙,提升高丽人的民族意识,增强民族自信心,抵抗外来侵略者。

四、结 论

在朝鲜民族历史发展过程中,对檀君神话的认识发生过几次重大变化,其中一次重要转折是在高丽时期,高丽前期和高丽后期对檀君的认识并非一以贯之,高丽前期是以

[①] 〔高丽〕金富轼著,孙文范等校勘:《三国史记》卷22,长春:吉林文史出版社,2003年,第171页。
[②] 李春祥:《〈三国史记〉与〈三国遗事〉比较研究》,《东北史地》2016年第1期,第88页。

箕子朝鲜为历史开端的历史谱系，对箕子朝鲜的认识明显高于对檀君神话的认识。但是，高丽后期，蒙古东征高丽，激发了高丽人民的爱国热情，引发民族意识的抬头，檀君神话成为提升民族向心力，抗击外来侵略者的武器。檀君神话的地位也因此得到提升。

  一个时期的历史认识是由多方面因素共同促成的。其中最主要的因素是当时时代的环境、统治阶级的认识、史家的史学观念等。檀君神话在高丽前期到高丽后期变化的主要原因亦是如此。首先，高丽之前的各国基本都有自己的建国神话，高丽虽为统一国家，但没有自己的建国神话，为此必须追根溯源，寻求统一的历史共同体意识。其次，史家在不同的史学观念影响下，对史料的取舍必然是不同的。最后，蒙古东征高丽成为檀君神话认识发生改变的导火索，在整个抗击蒙古军队的过程中，檀君神话所代表的檀君精神成为民族精神、民族历史的核心。

  对于一个历史事件来说，在不同的时代有不同的认识，决定他们不同认识的不是历史解释本身，而是由当时的时代背景和政治需要所决定的，历史事件变成了解释当时时代的一种符号。檀君神话的认识亦是如此，笔者认为对檀君神话认识的提高是在特定时代、特定背景下出现的。在特定历史时期，檀君神话被赋予了现实意义，对塑造朝鲜民族意识，提升民族向心力有重要作用。我们对历史的认识应该更接近历史本身，而不是依据时代需要来创造历史符号。

（编辑：潘博星）

明代中朝友好交流的使者
——董越[*]

刘喜涛[**]

摘 要: 董越是明代出使朝鲜王朝的一位重要使臣,留下世人耳熟能详的《朝鲜赋》,为后人津津乐道。他的出使进一步增进了明代中朝两国的关系,其与朝鲜君臣的诗赋交流与政治交往体现了当时封贡关系背景下的东北亚国际关系格局。董越在朝鲜的政治、经济和文化交流等活动反映出明代中朝间友好的国家关系。在当前东北亚国际关系背景下,重温历史上对中朝友谊做出贡献的人物事迹,对构建人类命运共同体的理论及新型东北亚国际关系将产生积极的促进作用。

关键词: 董越 《朝鲜赋》 朝鲜王朝 东北亚 中华认同

明朝与朝鲜王朝相互往来的使臣,分别代表各自国家行使外交权利。双方使臣除了肩负外交使命外,还是密切中朝关系的友好使者,创造并为后人留下了辉煌的文化。纵观整个明朝,出使朝鲜的文翰之士多留有诗赋和纪事文本。留存于后世的明朝使臣记述有倪谦的《朝鲜纪事》、张宁的《奉使录》、董越的《朝鲜赋》、龚用卿的《使朝鲜录》、许国的《朝鲜日记》、黄洪宪的《朝鲜国记》、朱之蕃的《奉使朝鲜稿》、姜曰广的《輶轩纪事》。其中许国的《朝鲜日记》仅见记载,不见存本。以上使臣所留文本记录,虽然篇幅较短,但内容涉及朝鲜国内自然、人文等各方面状况,这些使行录本身就是当时使臣往来交流的文化见证,也是中朝友好的历史化石。

一、董越出使朝鲜概况

董越,字尚矩,江西宁都县人。五岁丧父,全赖其母教养成人。成化五年(1469)

---

[*] 本文系 2017 年国家社会科学基金重点项目"朝鲜王朝的'中华'认同历史演变研究"(项目编号:17AZS011)阶段性成果。吉林省教育厅 2018 年一般项目(项目编号:JJKH20181214SK)阶段性成果。

[**] 刘喜涛,长春师范大学历史文化学院教授。

进士第三名及第授翰林院编修，又晋升为侍读。成化二十年被选为东宫读学，二十三年充任经筵讲官。孝宗朱祐樘即位年（1487），升为右春坊右庶子兼翰林院侍讲。董越博览古典，长于诗文，平生撰写文章歌诗，典雅优裕，而其人修眉长身，性格和厚，接人恭谨致礼，博洽善议论。[①]

明朝弘治元年（1488），董越与刑科给事中王敞作为弘治皇帝即位的宣诏使出使朝鲜，此时董越58岁，而副使王敞年36岁。[②]"董越、王敞一行16人（随员14）于弘治元年2月25日由辽东军护送而到达朝鲜的义州，朝鲜远接使许琮、宣慰使蔡寿迎接并款待他们。之后，经宣川郡、郭山郡、安州、博川郡、嘉山郡、安州、肃川郡、顺安县、平壤、长湍府、坡州、碧蹄馆，到达汉城。"[③]使行途中，董越参观了诸如龙虎山、熊骨山、天马山、凤头山等美景，游览了平壤的浮碧楼等古迹。所到之处，皆受到了热烈欢迎，在平壤和黄州，朝鲜"设鳌山棚，陈百戏"以迎接董越一行。远接使许琮与董越还讨论了双方民俗的差异，许琮说："吾见《大明一统志》书我国风俗，或云父子同川而浴，或云男女相悦而婚。是皆古史之言，今我国绝无此风。《一统志》因古书之，无乃不可乎？"副使王敞曰："董老先生当修先帝实录，如此事改之何难。"董越说："当书本国今时风俗，而仍载古史之言，不可。本国美风俗尽录与我，则修实录时当奏达载之。"董越还对许琮说："朝廷以本国至诚事大，故写诏龙笺用十品，非赐他国之比。吾等拜辞日题奏曰：'赍去诏书，何以处置？'皇帝命曰：'朝鲜臣民若请留之，则可留之而来。'真殊恩也。今次谢恩表文内当并载此意。"[④]董越到达王京汉城之时，朝鲜成宗衮冕郊迎，诸大臣则簪裾鹄侍，全城街巷，尽依礼制，盛陈丝竹百戏，披彩张画来欢迎；被迎入都城后，董越等被安置于太平馆，受到恭敬的礼遇：每日早晨，朝鲜成宗必遣一宰相，一承旨到太平馆问安，外出游览则备妥良驹代步，并提供笔墨作为唱酬之用。[⑤]董越此次出使朝鲜，一是颁弘治皇帝登极诏，一是赍币帛文锦赐朝鲜国王及王妃。在完成使命之余，以文会友，同朝鲜文臣儒士广泛交谈，对朝鲜的现状及其文化习俗有了许多新的了解。通过交流，董越还得知：朝鲜的毛笔并非狼尾所制，而是黄鼠毫所制；朝鲜的纸不是蚕茧所制，而是楮皮所制。[⑥]董越一行赴朝鲜来去三个月，在朝鲜逗留仅月余，但朝鲜君臣同董越、王敞双方彼此留下了深刻印象，尤其是董越的诗才和品格征服了朝鲜君臣，在朝鲜人的眼里，若同以往的文人使者相比，也是要高出一格，若同宦官相比，简直就是天壤之别了。董越在朝鲜所表现的不仅仅是个人的风范，更重要的是显示了一个文明大国使臣应有的风度。另外，就董越的身份来说，他是翰林学士，这对一向重礼仪、尚文

---

① 参见《明孝宗实录》卷187，"弘治十五年五月乙亥"条，台北：台湾"中研院"历史语言研究所，1962年，第3440—3441页。
② 叶泉宏撰：《明代前期中韩国交之研究》，台北：台湾商务印书馆，1991年，第127页。
③ 姜龙范、刘子敏：《明代中朝关系史》，牡丹江：黑龙江朝鲜民族出版社，1999年，第264页。
④ 《李朝实录》卷214，"成宗十九年三月甲戌"条，北京：国家图书出版社，2011年，第13册，第612页。
⑤ 叶泉宏撰：《明代前期中韩国交之研究》，台北：台湾商务印书馆，1991年，第129页。
⑥ 姜龙范、刘子敏：《明代中朝关系史》，牡丹江：黑龙江朝鲜民族出版社，1999年，第265页。

明的朝鲜来说，自然也提高了其在明朝属国中的地位，并进一步增强了"慕华事大"的热情，而董越所作《朝鲜赋》，使中国人对朝鲜有了许多新的认识，为中朝间的进一步交流奠定了基础。

二、《朝鲜赋》中的朝鲜印象

明朝与朝鲜王朝互派使臣，不仅要完成出使的常规使命，还兼有政治、经济、文化等相关任务。两国使臣在出使期间，开展诗赋酬唱、学问探讨、文化交流等活动，涉及文学、语言、文字、书法、绘画、图书典籍、儒学、科学技术等领域。既加深了彼此的了解和友情，也为两国文化的传播做出了贡献，这些使臣可概括为："出使朝鲜的文官多出身翰林，具有较高的文化修养。"①而"文翰出身的使臣不同于宦官出身的使臣，他们多数都谢绝了朝鲜馈赠的礼物，还致力于和朝鲜儒学家们进行学术交流。其中有几人还留下了出使朝鲜的纪行文，如景泰元年（1450）出使朝鲜的使臣倪谦著有《朝鲜纪事》，弘治元年（1488）董越留下的《朝鲜赋》"②。明朝嘉靖年间，翰林修撰龚用卿奉旨出使朝鲜王朝，曾留下著名的诗句："削壁凌空玉笋尖，溪头和露草纤纤。候迎鼓吹崇新典，奔走村氓耸具瞻。筵上日抄云母饭，盘中时有水晶盐。满囊风月助归兴，却信平生也自廉。"③明朝文官使臣出使朝鲜期间，与朝鲜文人交游唱和，交流切磋，积极施展自己的诗才画艺，显示自己国家的文德礼义。双方的唱酬诗文被朝鲜政府辑录刻印，集成23部《皇华集》，成为明朝与朝鲜诗赋交流的结晶。

董越的《朝鲜赋》是其出使朝鲜归国后所写的一篇历史文学作品，其开篇写道："诏许建邦，自为声教。曰《诗》曰《书》，视庠视校。士穷则辟蠹雕虫，宦达则搏鹏变豹。农勤稼穑，技习工巧。官多仿古，俸则给田……其最可道者，国有八十之老，则男女皆赐宴以覃其恩；子有三年之丧，虽奴仆亦许行以成其孝。王都设归厚之署，储棺椁以济乎贫穷；乡饮严扬觯之文，秩笾豆以戒其喧闹。婚媾谨乎媒妁，子出再醮者虽多学亦不得齿于士流；门第最重簪缨，世列两班者或匪彝则皆不为之礼貌。至若家不许藏博奕，祭则皆立家庙，大夫乃祭三代，士庶则止祖考。此皆自箕子而流其风韵，而亦视中国为之则效也。"④这段记载从整体上对朝鲜社会的政治、文化和生活习俗进行了概括，董越认为朝鲜王朝自奉明朝正朔以后，社会秩序井然有序，君王广施仁政；臣民则以《诗》《书》等儒家经典为约束自身言行的礼仪规范；所有的世人皆尊老爱幼，士大夫则以国家社稷为重，与中国传统的社会价值观念一致；在家庭伦理道德方面，朝鲜王朝也都遵循

---

① 刘喜涛：《朝鲜王朝的"太平馆"》，《古代文明》2011年第2期，第110页。
② 刘喜涛：《封贡关系视角下明代中朝使臣往来研究》，哈尔滨：黑龙江人民出版社，2015年，第40页。
③ （明）严从简著，余思黎点校：《殊域周咨录》卷1，北京：中华书局，1993年，第31页。
④ （明）董越：《朝鲜赋》，台北：台湾商务印书馆，1969年，第1页。

儒家规范，反映出朝鲜社会是一个践行礼乐文明的国家。

另外，在《朝鲜赋》中还有对朝鲜社会饮食、服饰、建筑的描写。其中朝鲜的饮食分为主食、茶食和菜肴、酒类等。主食以馒头、各种糕和饼饵为主，反映了朝鲜农作物以小麦和水稻为主的特点。菜肴主要包括蔬菜和肉类，其中牛、羊、猪、鹅四种为常见的肉类。茶食主要指人参汤，在董越向朝鲜国王颁诏完成之后，朝鲜国王在勤政殿向董越进献一盏人参汤。其他甜食主要为饼饵，水果则以时令的瓜果梨桃为主。

在服饰方面，分为官服和平民服装，区别在于官员品级不同，服饰不一样，其中堂上官面料多绮绣，面料为棉和丝织品；三品以下的堂下官面料多纫布；平民则为麻布。官员多穿用鹿皮制的鞋，普通百姓则穿用牛皮制的鞋。

在建筑风俗方面，《朝鲜赋》中主要记述了勤政殿、仁政殿、慕华馆和太平馆。"慕华馆位于王京城外，在这里，举行迎诏敕仪式，根据明朝使臣到朝鲜所颁诏谕不同，举行不同的迎接礼仪，如迎诏仪、迎敕仪等。迎诏敕仪式结束后，使臣要从崇礼门入城。"[①]《朝鲜光海君日记》记载："崇礼门，自上迎诏、敕正门也。"[②]根据学者研究，崇礼门是朝鲜王朝迎接明朝诏书、敕书的第一道程序，太平馆入住是最后一个步骤。"自朝鲜王朝建国以来，迎接诏书和敕书一定要通过崇礼门入城。在通向景福宫和昌德宫的时候，百官要列立于宫殿两侧，大小官员全部穿着符合自己品阶的官服，国王陪同明使，鼓乐齐鸣。各种迎接仪式完成后，使臣一行入住太平馆。在太平馆住宿期间，明使要享受朝鲜政府和官员的多次宴请。"[③]关于太平馆，《朝鲜赋》记载："太平有馆，在崇礼门内，中为殿，前为重门，后有楼，东西有廊庑，所以待天使者。"[④]太平馆是明朝使臣在朝鲜住宿和活动的馆舍。明朝出使朝鲜多为颁布诏令敕书的使臣。"使臣一行到达汉城郊外，国王带领王世子及以下大臣到城外慕华楼远迎，然后到宫阙行茶礼，接受诏敕。迎接诏敕仪式结束后，使臣一行到达太平馆接受朝鲜国王的宴请。翌日，朝鲜国王还要亲自到太平馆设下马宴，又翌日，在太平馆设翌日宴。过几天后又设温斟宴。使臣回国前一天或前两天，国王要亲自到太平馆设饯别宴，称作上马宴。"[⑤]以上各次宴饮在董越的《朝鲜赋》中记载为："太平馆初燕（宴）为下马燕（宴），再燕（宴）为正燕（宴），三燕（宴）为上马燕（宴），仁政殿之燕（宴）则名私燕（宴）也，初拟此礼以未当欲与议更张，及至，乃知太平、慕华二馆其制皆殿，专为奉迎天诏而设，无事时，王则不造，及观其每来设宴，必先于馆门外小殿俟候。"[⑥]大部分的宴饮在太平馆内举行，也有在太平馆外举行宴饮的情况，如仁政殿宴请，这是朝鲜国王在王宫内举行的宴会。如果使臣不愿意去

---

① 刘喜涛：《封贡关系视角下明代中朝使臣往来研究》，哈尔滨：黑龙江人民出版社，2015年，第132页。
② 《李朝实录》卷47，"光海君三年十一月甲寅"条，北京：国家图书馆出版社，2011年，第28册，第406页。
③ 转引自刘喜涛：《封贡关系视角下明代中朝使臣往来研究》，哈尔滨：黑龙江人民出版社，2015年，第132页。
④ （明）董越：《朝鲜赋》，台北：台湾商务印书馆，1969年，第5页。
⑤ 刘喜涛：《封贡关系视角下明代中朝使臣往来研究》，哈尔滨：黑龙江人民出版社，2015年，第147页。
⑥ （明）董越：《朝鲜赋》，台北：台湾商务印书馆，1969年，第7页。参见刘喜涛：《朝鲜王朝的"太平馆"》，《古代文明》2011年第2期，第108页。

王宫，国王会亲自到太平馆设宴代替。董越以严谨的态度，及时记录出使朝鲜的沿途见闻，凡山川、风俗、人情、物态都有详细记录，使该书成为后世了解当时朝鲜社会风俗不可多得的珍贵史料。

三、董越在朝鲜的社会活动

根据《朝鲜王朝实录》记载，明朝使臣到达朝鲜除了进行正常的使行活动外，还要与朝鲜的官员进行叙旧、笔谈、游览王京等。"明朝使臣在朝鲜的游览主要集中在朝鲜王京附近的寺院、城内景点、成均馆、慕华楼、汉江以及南山等地方。"[①]最多的是到汉江游湖，还有去寺院的记载。"游览汉城周边地区的主要活动是设宴、射箭、游湖、钓鱼、放鹰等。"[②]也有使臣到成均馆、箕子庙谒圣。文臣更加注重文化的传播和交流，他们到成均馆拜孔子庙并和成均馆的学生探讨诗文，这也受到朝鲜的文臣欢迎，双方在诗文唱和的同时，促进了中朝文化交流。董越到达朝鲜后，曾经拜谒箕子庙，当了解到箕子庙旁边是檀君庙后，再次进庙行拜礼，得到了朝鲜陪同官员的赞誉。

"在游览过程中，明朝使臣在观赏和宴饮过程中会了解朝鲜历史和风俗，也会和接待的朝鲜官员进行诗赋唱和等文化交流。"[③]在宴饮过程中，为了活跃气氛，朝鲜官员还会安排歌妓舞女等助兴。像"茶饮这样的宴请虽不是大型宴会，但也会在茶礼之后进女乐为明使歌舞。在宴饮其间为明使服务的舞女和歌女数量"[④]，根据《朝鲜世宗实录》记载："议政府据礼曹启，京妓一百二十五人，其数过多。凡使臣及内宴时，女乐四十人，虽加一部，亦不过八十人。莲花台六人，补数十四人，并百人，以为定额。其余二十五人革之。"[⑤]根据以上记载可以推测出明使提供的宴饮女乐为40—100名。对于朝鲜提供的女乐，董越也都婉言拒绝。在新安馆驿的宴请中，朝鲜方面向使团提供"妓乐"表演，董越以"先皇帝丧三年内，不可听乐"为由谢绝。到达开城府时，朝鲜远接使许琮欲进女乐，被董越再次拒绝。董越的言行得到了朝鲜官员的称赞，被评价为"凡行礼极其敬谨，无少差违，可谓正大之人矣"[⑥]。

另外，明朝和朝鲜的风俗也是使臣在游玩中经常和朝鲜大臣谈论的话题。在1488年作为使臣来汉城的董越和副使王敞在和朝鲜伴送使许琮交流的过程中就谈到了关于朝

---

① 刘喜涛：《明朝使臣在朝鲜游览的政治文化内涵》，《兰台世界》2014年第36期，第14页。
② 刘喜涛：《明朝使臣在朝鲜游览的政治文化内涵》，《兰台世界》2014年第36期，第14页。
③ 刘喜涛：《明朝使臣在朝鲜游览的政治文化内涵》，《兰台世界》2014年第36期，第15页。
④ 刘喜涛：《朝鲜王朝的"太平馆"》，《古代文明》2011年第2期，第109页。
⑤ 《李朝实录》卷115，"世宗二十九年三月庚辰"条，北京：国家图书馆出版社，2011年，第5册，第556页。
参见刘喜涛：《朝鲜王朝的"太平馆"》，《古代文明》2011年第2期，第109页。
⑥ 《李朝实录》卷214，"成宗十九年三月乙亥"条，北京：国家图书馆出版社，2011年，第13册，第614页。

鲜的风俗习惯,并要求随从记录下来,而朝鲜方面也以此为荣。伴送使许琮曰:"臣在路上,与天使言本国风俗。天使云:'修先帝实录时,当载之矣。'此虽不可信,使本国美俗传播,中朝亦幸矣。"①关于明使所言要把朝鲜风俗载于所修先帝实录之中,朝鲜方面非常渴望并重视,如董越和王敞还曾和伴送使许琮到临津游览并在舟中小酌畅谈。两天使对许琮说:"前者诣成均馆时,请书学令以来,今来否……董先生还朝修先帝实录时,本国风俗当奏皇帝,书于史策。先生性直,平生不贰言。吏曹还归须将此意启于殿下。"②这种在官方场合外自由讨论风俗、地理及制度等事情,在游览过程中经常发生。

四、余论:使臣在中朝友好交往中的历史作用与现实启示

中朝文化同根同源,有史以来,朝鲜一直在汉文化圈的辐射和影响范围内,从箕子朝鲜、卫氏朝鲜开始,朝鲜半岛诸政权一直接受汉文化的熏陶和影响,也虚心学习和接受汉文化的精髓。朝鲜王朝时期推行事大国策,双方使臣成为维系朝鲜与明朝关系的纽带。"通过使臣来往,促进了两国的文化交流。两国文化的相通性,又加深了朝鲜对明朝的依赖,从政治上的册封、经济上的朝贡贸易到文化上的慕华思想,都体现了朝鲜尊崇中国文化并希望成为这种文化的一员。为了实现这一目标,朝鲜历朝历代都以儒家思想作为治国的指导思想。引进汉学书籍,朝鲜使臣带回了中国的传统古籍,如《四书五经》、《春秋会通》、《大学衍义》等,中国书籍流入朝鲜在引进文化传播载体书籍的同时,朝鲜一直使用汉字书写,共同的文化特质和交流媒介促进了中朝封贡关系的融洽。"③政治体制上,朝鲜王朝仿照中国的政治体制和权力架构建立朝鲜王朝的政治行政体系。经济上,明朝惠赐给朝鲜的物品有重要意义。同时使臣往来过程中带回的书籍、药材、医术等方面对朝鲜王朝的社会发展有重要作用。儒家文化的外延浸润朝鲜半岛,在朝鲜形成承袭中国宋朝的"朱子学"体系,后期经过吸收明朝"阳明学"形成具有自身特色的"性理学"文化。

朝鲜王朝(1392—1910),从建立之初就同明朝建立并保持了长久的和平、稳定关系,通过双方使臣往来,明朝在政治、宗教、文化、风俗、经济、军事、礼仪、思想、观念等多个领域影响朝鲜。对于明朝先进的文化、思想等,朝鲜主动遣使引进和吸收。同时,明使赴朝后,朝鲜也主动学习,通过各种途径提升自身各个领域的发展水平。明使到达朝鲜后,入住太平馆,王世子以下百官要举行相见礼、见官礼等,前后七次设宴

---

① 《李朝实录》卷214,"成宗十九年三月壬午"条,北京:国家图书馆出版社,2011年,第13册,第618页。
② 《李朝实录》卷214,"成宗十九年三月癸未"条,北京:国家图书馆出版社,2011年,第13册,第618页。
③ 刘喜涛:《封贡体系与明代君臣的天下观——以朝鲜王朝为中心》,《求索》2014年第7期,第156页。

款待明使，随时奉行茶礼。而且陪同明使在京城内的文庙进行拜谒，游览金刚山、汉江、杨花渡、西江等地。双方使臣诗赋唱和形成许多文化成果，如流传后世的《皇华集》，各种类别的使行记录等。双方在语言、医药、医术、书籍等方面也交流广泛。通过使臣往来，明朝和朝鲜建立了一种良性、顺畅、遍布各个领域的封贡关系。时间上的连续性、地域上的广阔性、领域的多样性是明朝和朝鲜王朝封贡关系的基本特征。中朝使臣往来是这种全方位、多角度、多层面封贡关系的具体体现。虽然古代国家间关系多从"华夷"观和"天下"观的角度被阐释，但是明朝时期，双方使臣往来所展示的全方位、多角度、多层面的交流方式，仍体现出自身独特的魅力和特点，对后世乃至当今的东亚国际交往具有可资借鉴的历史经验。

（编辑：李晓光）

东北亚文献整理与研究

许穆《记言》中高句丽相关史料辑录*

陈俊达　王　征**

摘　要： 李朝文人许穆的文集《记言》中，关于高句丽的史料分见于卷32《记言东事序》、卷32外篇《东事一·檀君世家》、卷33外篇《东事二·新罗世家》、卷34外篇《东事三·高句丽世家》和《东事三·百济世家》《东事三·秽貊》、卷48续集《四方二·关西志》等处，共计15 000余字。辑录许穆《记言》中的高句丽史料，对于研究许穆的史观、许穆构建的朝鲜半岛古史谱系，以及李朝文人的高句丽印象等问题具有重要价值。

关键词： 许穆　《记言》　高句丽　史料

《记言》为李氏朝鲜时期著名文人许穆的文集。许穆生于李朝宣祖二十八年（1595），卒于李朝肃宗八年（1682）。1689年，许穆的子孙、门徒奉肃宗之命，刊刻出版许穆自编的原集、续集部分，以及门徒搜集整理的别集部分。后许穆的后人又编写了年谱部分，于1772年重刊时将各部分合编在一起。全书共95卷，包括原集67卷，别集26卷，世系图、年谱、附录2卷。

许穆在其构建的朝鲜半岛古史谱系中提出了一种捏合古朝鲜系统与扶余系统的方法，即将解夫娄、金蛙、朱蒙、温祚等皆视为檀君的后代，虚构出一个将古朝鲜、扶余、三韩三种不同的古史系统捏合起来的朝鲜半岛古史谱系。[①]分析许穆对高句丽的认识，考证高句丽在许穆构建的朝鲜半岛古史谱系中的位置，我们要对许穆的正确观点加以弘扬，错误观点进行批判，才能最终摒弃受许穆错误史观影响而产生的诸多观点。有鉴于此，本文将许穆《记言》中有关的高句丽史料进行辑录，以供学界参考借鉴。

关于许穆《记言》，目前有高丽大学校中央图书馆癯庵文库藏本（图书番号：치암 D1—A371）、延世大学校中央图书馆藏本（图书番号：920—허목—미—판）等，

---

*　本文为中国博士后科学基金第67批面上资助项目"10至13世纪东亚国际体系研究"（项目编号：2020M670840）和2020年度吉林省社会科学基金项目（博士和青年扶持项目）"辽朝节镇体制与地方治理模式"（项目编号：2020C127）成果。

**　陈俊达，吉林大学文学院博士后；王征，吉林大学文学院中国史2018级硕士研究生。

①　杨军：《略论朝鲜古史谱系的演变》，《黑龙江社会科学》2011年第2期，第102—103页。

今据《韩国文集丛刊》第98册收录韩国民族文化推进会1996年影印标点本录文整理。

一、《记言》卷32《记言东事序》

神市、檀君之世，当帝喾唐虞之际，君臣肇有，人民希少，朴蒙睢盱，无文字可述。至箕子治朝鲜，始有俎豆礼俗之治。自卫满、三韩以降，攻战不休，亡灭既多，载籍不备，既无文献可征，后世杂出于传记者实多。扶娄、朱蒙、赫居世、温祚之世传道，古事而已。上自檀君，下至新罗末世，大国六，附庸诸小国十余九域。初无君长，自神市始教生民之治。至檀君，始建国立号，作《檀君世家》。箕子治朝鲜，立八政之教，作《箕子世家》。肃慎氏，周公旦辅成王，贡楛矢石砮，作《肃慎氏列传》。卫满本亡人，据朝鲜并古秦云障地，以兵威财物，拓地千余里，作《卫满世家》。扶余本解扶娄之地，出善马、貂豽、美珠，入贡于晋，作《扶余列传》。王准逐于卫满，立国马韩，并国五十，传二百年。秦韩、弁韩各有君长，三韩属国七十八，作《三韩列传》。新罗朴、昔、金三姓相承千余年，有德之治，作《新罗世家》。句丽壤接中国，强大之治七百余年，作《句丽世家》。百济并吞马韩国，以富强传六七百年，作《百济世家》。秽貊海隅山泽问国，立国最旧；靺鞨强大，后称渤海，降契丹为东契丹，作《秽貊、靺鞨列传》。驾洛称神明之治，大伽倻作十二弦琴，作《驾洛、大伽倻列传》。毛罗，南海中小国，出善马、蠙珠、玳瑁，始通于新罗，国号耽罗，附于新罗之下。

述职方、地员、货殖，作《地乘》二千言。

黑齿，东海中蛮夷强国，七道、六十一州、六百十一县，作《黑齿列传》。

上之十四年癸丑溽暑节，孔岩许穆序。

二、《记言》卷32外篇《东事一·檀君世家》

上古九夷之初，有桓因氏。桓因生神市，始教生民之治，民归之。神市生檀君，居檀树下，号曰檀君，始有国号曰朝鲜。朝鲜者，东表日出之名。或曰："鲜，汕也"。其国有汕水，故曰朝鲜。都平壤。陶唐氏立一十五年，檀君氏生夫娄，或曰解夫娄，母非西岬女也。禹平水土，会诸侯于涂山，夫娄朝禹于涂山氏。后檀君氏徙居唐藏，至商武丁八年，檀君氏殁。松壤西有檀君冢。（松壤，今江东县。）或曰：檀君入阿斯达，不言其所终。泰伯、阿斯达皆有檀君祠。

夫娄立，为北扶余。夫娄祷于鲲渊，得金蛙。以貌类金蛙，命曰金蛙。夫娄之世，商亡，箕子至朝鲜。后周德衰，孔子欲居九夷。

夫娄卒，金蛙嗣，徙迦叶原，为东扶余。金蛙末，秦并天下。秦亡人入东界，为秦韩。汉高后时，卫满据朝鲜，朝鲜侯准南奔，至金马，为马韩。孝武时，略秽貊，秽君南闾降，初置沧海郡，用丞相弘计罢之。

金蛙传带素，带素恃其强大，与句丽争攻伐，卒为所击杀。其弟曷思代立，至孙都头，降句丽，东扶余亡。（曷思，非王名，都曷思，（故）号曰曷思。）考其年代，在莽之世。桓因、神市之世，无所考。檀君之治，自陶唐氏二十五年，历虞夏氏，至商武丁八年，千四十八年。解夫娄之后，至曷思亡于莽之世，亦千年。亦有余种通于晋。

金蛙悦优渤水之女，（优渤，泽名，在泰伯山南）。感日影照身，生朱蒙。朱蒙少子曰温祚。檀君氏之后，有解夫娄。解夫娄之后，有金蛙。金蛙之后，有朱蒙、温祚，为句丽、百济之祖，皆本于檀君氏。

三、《记言》卷33外篇《东事二·新罗世家上》

新罗本辰韩之地，宜五谷，饶蚕桑之利。其俗俭啬，男女有别。新罗出于赫居世。原史曰：赫居世化生，为生民之祖。其生也，六部长以为神，立为君，号居西干，国号徐罗伐，以朴为姓，当西汉孝宣五凤元年。立阏英氏为妃，有二龙见而阏英生，号曰二圣。乐浪来侵伐，见国人门不夜扃，以为有道之国，乃引归。赫居世遣瓠公，聘于马韩，其国君留欲劫之。瓠公曰："寡君修德以治，天道顺而五谷穰熟，人民敬让，傍国多归之。寡君修礼与国，遣下臣来聘，礼甚厚而欲劫之者，何也？"其国老惭，言于其君，乃还瓠公。其明年，马韩国君死。或曰："西韩前辱我使，甚无道，不如因其丧伐之。"赫居世曰："幸人之丧，不仁。"不听。东沃沮献良马曰："闻南韩有圣人来献"云。弁韩降。

赫居世卒，子南解立，号次次雄，立始祖庙。昔脱解，本婆那国人，力学，家贫渔钓，南解闻其贤，妻以女，以为大辅，任国政。南解卒，遗命立脱解，太子儒理让于脱解，脱解不肯立，而立儒理，号尼师今。（婆那，在日本东一千里。）

儒理立，六部大人皆赐姓，为贵臣，曰李，曰崔，曰孙，曰郑，曰裴，曰薛。初置官十七等，曰伊伐飡，曰伊尺飡，曰匝飡，曰波珍飡，曰大阿飡，曰阿飡，（阿飡，自重阿飡至四重阿飡）。曰一吉飡，曰沙飡，曰级伐飡，曰大奈麻，（大奈麻，自重大奈麻至九重大奈麻）。曰奈麻，（奈麻，自重奈麻至七重奈麻）。曰大舍，曰舍知，曰吉士，曰大乌，曰小乌，曰造位。问鳏寡孤独废疾者，四方归之，百姓富乐，有兜率之歌。

驾洛始祖金首露，立为附庸之国，于是有五伽倻，曰阿罗伽倻，曰古宁伽倻，曰大伽倻，曰伽倻，曰小伽倻。儒理卒，国人皆曰先君之命也，立昔脱解。

昔脱解立，以瓠公为大辅，脱解得阏智于始林。阏智之生，有鸡瑞，脱解以为天祚我以胤嗣，改始林曰鸡林，因以为有国之号，赐其姓曰金。脱解卒，立儒理子婆娑。

婆娑立，劝农桑，修城池，治器械，黜不勤职者，国大治有年，行者不赍粮。

婆娑卒，祇摩立。祇摩卒，无子，儒理子逸圣立，令郡县大修堤坊，禁民毋用金银珠玉。逸圣卒，长子阿达罗立。

三年开鸡立岭，明年置迎日县，又明年开竹岭。阿飡吉宣谋叛，事觉奔百济。阿达罗遗书盖娄曰："宣不还，无相好也。"盖娄不听，阿达罗遣兵伐百济。阿达罗卒，无子，国人立脱解之孙伐休。

伐休立，巡行郡县，问谣俗，下令毋作土木，毋夺民时。伐休卒，太子骨正早死，太子之子助贲幼，立次子之子奈解。奈解卒，故太子之子助贲立，遣伊飡昔于老，灭甘文国为郡。助贲卒，母弟沾解立。自阿达罗之世，与百济相攻伐五世。新罗自儒理灭伊西之国，脱解灭干尸、居漆，婆娑降悉直、押督、比只多伐、草八音汁伐，沾解连克甘文沙伐，并国十一，国益强，百济遣使求和。倭遣兵来侵，烧杀贵臣于老，后倭使者至，于老之妻请享，使者饮醉而烧杀之。曰："所以报之也。"

沾解卒，无子，国人立味邹，阏智之七世孙也。味邹卒，助贲子儒礼立。筑城沙道，徙沙伐州豪富于沙道。赐印观、署调二人爵。二人者，鬻绵，相让不相取，儒礼闻之，贤而爵之。儒礼卒，助贲孙基临立。问高年，赈穷乏，望祠太白，乐浪、带方来朝。基临卒，无子，国人立于老之子讫解。讫解卒，无子，立味邹之从子奈勿。奈勿母曰休礼，味邹之女也。奈勿立，问鳏寡孤独，赐谷人三斛，举孝弟异等。百济秃山城主，以其民来附，令分居六部，其国君近肖古遣使责还。奈勿曰："民无常怀，怀则归之，不怀则去之，不患民之不怀，而责寡人乎？"济使大惭。奈勿卒，子幼，国人立实圣，阏智之后也。奈勿时，实圣质于句丽，深怨之，既立为君，欲杀讷祇，释憾于其子。谋泄，讷祇弑实圣而自立，号摩立干。

讷祇二弟，卜好质于句丽，未斯欣质于倭，讷祇思欲还归而无计策，问歃良州干堤上。堤上曰："忠臣事不辞难，义不辞死。"请行。往说丽君曰："贤王尚信，质子，五霸之所不为。卜好，寡君之爱弟也，质于大国今十年，寡君思相见，日望大王之推爱也。大王许之，寡君德大王之高义，修好不在于质子也。"丽王从之。既还卜好，堤上曰："倭难谕以义，伪得罪亡者，可绐而归。"语王曰："我既行，即囚妻子，使闻于倭。"至倭，绐言得罪亡状。先有百济亡人，言新罗与句丽谋伐倭，又闻未斯欣、堤上，妻与子皆已系累，以为两人深怨于新罗，乃举兵伐之，令两人前导。堤上阴遣未斯欣逃归，而身不去，以听倭。倭酋长怒其卖己也，召堤上具五刑以待，堤上终不屈，乃烧杀堤上。堤上妻及其二女，登鸱述之岭，哭望悲号乃死。国人哀之，立祠以祀之，命曰神母祠。晋太元元年，遣使入贡于晋。行养老礼，执馈以养，赐谷帛。始用牛车。倭围金城十日，解归，讷祇亲帅轻骑追击之，大败，倭围王数重，忽有大雾，倭以为有神助，乃解而去。

地震，金城城门坏。其年讷祇卒，长子慈悲立。倭攻歃良州，命代智、德智大破之。慈悲卒，子照智立。初置邮，定列肆，通百货。百济饥，流民至者六百户。

王之妻有外私，谋杀王，适有乌报，事发觉，诛之。立报日，以正岁十五日，祭乌。立慎日，以龙致雨，马服劳，豕鼠耗百谷，每正岁，各以其辰祈禳，禁百事。照智卒，无子，智大路立，奈勿四世孙也，是为智证王。

四、《记言》卷33外篇《东事二·新罗世家中》

智证王立，建国号曰新罗，始称王。立丧服制，除殉葬。

定州郡县，命有司以时藏冰，教牛耕，作舟楫。于山国降，献土物。于山、悉直谷，东海中小国，曰郁陵。王卒，太子原宗立，是为法兴王。

王立，初置兵部，令颁律令，立官制，定服色七等。角干、大阿飡，紫衣。阿飡、级飡，绯衣牙笏。青黄衣，锦冠、绯冠，缨组有次。梁普通元年，遣使通于梁，于是佛法始行。群臣皆曰："浮屠，其言诡异，从其法，恐后悔。"王不听，乃下令禁屠杀。驾洛国君仇衡降，驾洛亡。时天下分裂，始称年号曰建元。王薨，弟立宗之子彡麦宗立，是为真兴王。方七岁，母太后听政，改元开国。

选童男良善，学孝弟忠信。以异斯夫为兵部令，治兵事。遣居漆夫，伐取句丽十郡。作浮屠百座，讲会，立八关法。百济与新罗谋伐句丽，王不听，句丽德之，与新罗连和。百济王明襛亲帅众，攻新罗管山，军主武力击杀王，斩佐平四人，卒二万九千六百，士卒无还者。异斯夫又灭大伽倻。先是，伽倻政乱，乐师于勤以乐器来奔，馆于国原。命知法阶、古万德，传伽倻十二曲，于勤作十二弦琴，又作玄琴。于是徙贵戚大姓六部豪杰于国原，以为小京。许度僧，广兴佛寺，作皇龙寺，铸钟重三万五千斤。改元弘济。异斯夫言于王，命大阿飡居漆夫招文学，作国史。

王山岳得七弦琴，变其制，命曰玄琴。有玉宝高者，作三十曲，传之续命得。续命得传之贵金，贵金传之安长，安长传其子克宗。克宗作七曲。克宗之后，传羽调、平调共百八十七曲。作乡琵琶宫调、七贤调、凤凰调共二百一十二曲。王幼而立，尊信浮屠，立三十七年，剃发为僧，号法云，妃为尼。立其子金轮，是为真智王。薨，故太子铜轮之子伯净立，是为真平王，改元建福。

王好猎，伊飡后稷谏，王不听。后稷死，谓其子曰："葬我于田猎之途，冀王之悟心。"后王问其冢，泣曰："生而谏，死而不忘君，忠臣义也。"终王之世，不复出猎。

置礼部，令掌礼式。调府，令掌贡赋。乘府，令掌车乘。

大水，没民户三万三百六十，发粟赈之。

隋开皇十四年，册王为乐浪郡公、新罗王。唐武德元年，遣使入贡于唐。帝劳问使者，遣使报聘，赐玺书、彩锦三百纯[①]，册封为王。百济攻西鄙，拔二城，大出兵，屯熊津。遣使如唐乞救，百济使者适至，帝以玺书责谕，令毋相侵伐，百济乃止，然相仇如故矣。

王遣末利舒玄，伐句丽不利。舒玄子庾信，率精兵击破之，拔狼臂。

贞观六年，王薨，无子，国人立其长女德曼，是为善德王。改元仁平，问国内鳏寡孤独。唐册命女主为柱国、乐浪郡公、新罗王。王宫西玉门池有虾蟆大集，主曰：虾蟆，兵像也，南边谷玉门，意有兵。遣兵击之，果有百济潜师欲袭边邑，急击尽杀之。七重南大石自移。遣子弟入学于唐。

百济王义慈亲率兵，伐取狐猴四十余城。又与句丽伐取党项，以绝唐路。主告急于唐。欲伐百济，遣伊飡春秋，乞师于句丽。初大野之役，品释死而其妻从而死，春秋女也。春秋将行，誓庾信曰："六十日不还，请于王，伐句丽。"至则无出兵意，乃曰："二岭之地，本我地，地不还，兵不出。"春秋曰："百济无道，寡君仗大国之威，欲伐罪，使下臣致命于下执事，无意出兵，劫人还地，臣有死而已。"王怒而囚之。春秋已六十日不还，庾信请于王，募战士三千人，将伐句丽。句丽闻之，厚礼春秋以归。使者至唐，太宗已先有东伐之意，至是，帝亲征句丽。主发三万众，助攻句丽。百济以新罗空国助王师，袭取西鄙七城。遣庾信伐百济。贵臣毗昙、廉宗举兵，欲废女主，庾信还击斩之。作瞻星台。主薨，立其母弟国饭之女胜曼，是为真德王。长七尺，垂手过膝。

主遣庾信伐百济，拔十二城，斩首二万级，获九千人。又屠九城，斩首九千级，获六百人。曰："报大野之役也。"百济归品释及品释之妻之骸骨于新罗。主遣伊飡春秋如唐，太宗见春秋状貌环伟，礼接之甚厚。从容问："欲有言乎？"对曰："百济恃强，侵伐小邦数十城，绝朝贡之路，陛下不借天威，小邦无所述职。"太宗命将军苏定方，出兵二十万人征百济。春秋观太学，请章服而归。用永徽年号，定百官冠服。

主作《太平颂》，织锦献之。

永徽五年，主薨，群臣迎立春秋，是为太宗武烈王，真智孙也。

五、《记言》卷33外篇《东事二·新罗世家下》

句丽与百济、靺鞨兵，伐取新罗三十余城，百济又攻陷七城，庾信击破之。攻百济

[①] "纯"，《记言》作"纯"，《旧唐书·新罗传》《三国史记·真平王本纪》作"段"。按：此处系年有误，应为武德四年（621）。《旧唐书》卷199上《新罗传》："武德四年，遣使朝贡。高祖亲劳问之，遣通直散骑侍郎庾文素往使焉，赐以玺书及画屏风、锦彩三百段。"（北京：中华书局，2000年，第3629页）；《新唐书》卷220《新罗传》："武德四年，王真平遣使者入朝，高祖诏通直散骑侍郎庾文素持节答赉。"（北京：中华书局，2000年，第4711页）；《三国史记》卷4《真平王本纪》："四十三年（621）秋七月，王遣使大唐朝贡方物。高祖亲劳问之，遣通直散骑常侍庾文素来聘，赐以玺书及画屏风、锦彩三百段。"（金富轼著，杨军校勘：《三国史记》，长春：吉林大学出版社，2015年，第56页）

之刀比，克之。显庆五年，苏定方以水陆兵十三万伐百济，帝敕王为行军总管。王亲帅师，次南川，遣太子法敏、上大等庾信，率精兵五万，与唐兵直趋泗沘。百济王义慈降，百济亡。王攻取百济二十余城，又连战连胜之，斩首二千余级。王论功赏，以庾信拜大角干，位十七等上。任用百济佐平忠常、常永等七人。

定方以义慈见帝，帝曰："何不因伐新罗？"定方对曰："其君仁，其臣忠，不可伐也。"句丽与靺鞨攻新罗述川，不克。攻北汉，城主冬陀川力战二十日，有大星陨于丽军，天大雷震，丽人惧而去。王以冬陀川为大奈麻。时百姓乐业，岁大熟，布匹、粟至五十石。

龙朔元年，王薨，太子法敏立，是为文武王。帝遣任雅相，合诸胡兵三十五军，伐句丽。帝谕王出兵，与大军会。苏定方破丽兵于浿江，进围平壤。庾信以精兵数万，直抵平壤。会有诏班师，句丽追蹑之，庾信击破之，斩首虏万五千。百济公子福信起兵，迎义慈子丰，西北部皆应之，围刘仁愿于熊津。帝诏郎将刘仁轨，发罗兵救之，连克支罗、大山、沙井，福信退保真岘，罗兵又击破之。丰忌福信，斩之，乞兵于倭以拒唐。仁愿请益兵，得淄青兵四十万，又与庾信等二十八将军急击之，遇倭兵于白马浦口，庾信等四战四捷，连烧斗舰四百，倭人悉降，丰兵败奔句丽。王前倭降者，数之曰："我与倭修好，无所失道，与百济谋我，何也？我不忍杀汝，归语尔主。"纵遣归国。

独任存城险粮多，攻之不下。又得黑齿常之别部沙吒，互为形势。旬日复二百余城。帝下诏，乃降，百济悉平。王以百济既平，大赦，命有司大酺，令国中男女，被服皆从唐制。①

句丽贵臣渊净土，见国内大乱，以诸从官及十二城户口三千五百四十来降。

总章元年，帝遣李世勣伐句丽，王令诸道总管领兵助攻句丽。王次汉城，兵二十万人，遣诸将与唐兵围平壤，克之。句丽王臧降，句丽亡。唐将李谨行击破句丽余众于瓠泸河，诸败兵皆降新罗。王加庾信太大舒发翰，位角干上，食邑五百户，上殿不趋。以句丽俘虏七千告祖庙，遂赉死事者帛有差。

六、《记言》卷34外篇《东事三·高句丽世家上》

高句丽始祖朱蒙，姓高氏。初扶余国君得优渤女，感日影而娠，生朱蒙，以为无人道而生，弃之，马牛避不践，以为神，遂收之。生七年，能执射，号曰朱蒙。朱蒙者，善射之名。国君有子七人，忌其才能，谋欲杀之。朱蒙乃与乌伊、摩离、陕父三人，亡至卒本扶余。能聚众立国，国号高句丽，当汉建昭二年。降松壤，灭荇人、北沃沮，始

---

① 《三国史记》卷6《文武王本纪上》："王以既平百济，命所司设大酺。"（金富轼著，杨军校勘：《三国史记》，长春：吉林大学出版社，2015年，第80页）

大。汉鸿嘉二年，朱蒙卒，号东明圣王。

子类利立，用扶芬奴，降鲜卑为属国。薛支言于类利曰："国内、尉那岩险阻，地宜五谷，多麋鹿，可居。"遂徙居。太子解明不肯从。好勇力，有黄龙国君遗太子弓，太子以慢礼辱己，折而弃之，使者惭。类利怒以为挑乱败国之子，赐剑曰："以此死。"太子曰："父命不可逃也。"遂之砺津原自杀。类利悔之，立祠原上，追思不已。

王莽时，发句丽兵以伐胡。类利不肯出兵，迫之。类利出塞侵辽，击杀太守田谭。莽怒遣严尤，击之类利，降封下句丽侯。扶余国君带素，责让类利曰："我先王与先君东明王义至厚，而诱我信臣，亡逃立国。国小兵弱，以小事大，以弱服强，礼之顺也。王不循此道，欲长保社稷，难矣。"类利谢曰："寡人僻在海隅，不闻礼义，今大王有教，敢不唯命？"王子无恤幼，闻之，以为失对。自请见使者，谢曰："我先君东明王，神灵受命，大王谮诸父王，辱我先君，令之牧马，我先君见几出国。今大王不悔前愆，恃强国蔑我耶？请使者还报。"既使还，扶余发兵攻之。遣王子无恤以拒之，无恤纵兵击杀尽之。天凤五年，类利卒，号瑠璃明王，太子无恤立。

百济饥，东北落亡入句丽者千余家。立始祖东明王祠。

王攻扶余，有怪由者，自言此溟人长九尺，请从。与余兵战，其国君马蹶，怪由直前斩其王，余兵犹力斗。围之数重，有大雾七日，无恤潜师遁去。既还国，深自责，吊死问孤，国人大悦。怪由死，葬于北溟之南，以时祭之。

有仇都、逸苟、焚永为部长，所为多黩货，百姓怨之。废为庶人，以毂素代之。毂素作太室居之，使三人者坐之堂下，三人者惭自悔，卒为善人。王曰："毂素贤，能服人改行。"以为沸流部长，赐姓太室氏。

用王子好童计，袭取乐浪，因以灭之。好童重于王，太子之母忌之，谮之曰："好童无礼"。王疑之。好童曰："不可自说彰母之恶"，遂自杀。建武二十年，帝遣兵攻取乐浪地，萨水以北属汉。无恤卒，号大武神王。太子解忧幼，国人立其弟解邑朱。五年卒，号闵中王。太子解忧立，不仁，射杀谏者，恣所欲，国人叛之。其臣杜鲁弑之，而立瑠璃孙宫，才七岁，母太后听政。葬解忧于慕本原，因以为号。王既长，伐东沃沮，取其地为邑，又侵掠辽东六县。王立六十六年，与秽貊袭汉玄菟。幽州刺史冯焕、玄菟太守姚光、辽东太守蔡讽伐句丽，王遣王弟遂成拒之。遂成出奇兵，击玄菟、辽东，陷其城，烧其邑，获首虏二千余人。又与鲜卑攻辽东。王以遂成领军国事，以沛者穆度娄为左辅，福章为右辅。穆度娄知遂成阴有谋，称疾。

丸都地震。王梦，有豹断虎之尾，卜之曰："王之族殆有谋绝王之后。"遂成出猎谓左右曰："王老而我且老矣，愿诸君为我计之。"左右曰："唯命。"有一人谏曰："王贤明，国人无叛心，王子不逊，祸且及矣，王知王子敬顺，当揖让而有位。"遂成不悦。左右曰："妄言，不杀谋泄。"遂成遂杀谏者。右辅福章言于王曰："遂成将叛，不诛乱作。"王不听，遂让于遂成。王立九十四年，称太祖。

遂成立，年七十六，杀太祖元子莫勤。其弟莫德，恐祸及，自缢死。太祖百十九卒。明临答夫弑遂成，左辅烟支留迎立王弟伯固，年七十七。伯固避入山中不出，至是立之。伯固立，号遂成为次大王。遂成子邹安逃匿山中，诣阙请罪，封邑为让国君。熹平元年，玄菟太守耿临攻句丽，王问计于群臣。沛者答夫曰："兵众者宜战，兵少者宜守。我深沟高垒，勿与战，汉兵远斗千里，馈粮不能持久，不过旬月，其势必归，我以精兵薄之，蔑不胜矣。"从其计。汉兵攻之不克，食尽而归，答夫率轻骑追击，大破之。

光和二年，国相答夫死，年百十三。伯固卒，号新大王。太子男武立，外戚贵臣比于羿留、左可虑执国命，国人内叛，王欲诛之。二人遂举兵叛，王伐而诛之，乃下令自责。征晏留任国政，晏留荐乙巴素，以礼聘之，拜为相。巴素明政教，慎赏罚，民人以安，内外无事。王以荐贤，受上赏，拜晏留大使者。

立赈贷法，问鳏寡孤独废疾贫者，自三月至七月，发粟贷民，冬则收之，以为恒式。时当东汉之末世，天下大乱，汉人来附者众。建安二年，男武卒，其妻于氏，秘不发丧，夜私见王之弟发岐曰："王死而无子，当立汝为君。"发岐不答，责其无礼。乃去，矫遗命，立发岐弟延优。

延优立，纳前王之妻，发岐奔辽东，乞兵于公孙度，讨延优不克，自刎乃死。汉平州民千余家来。魏太和元年，延优卒，葬山上陵，是为山上王。太子忧位居立。

吴主孙权遣使求和，王斩其使，传首于魏。魏幽州刺史毌丘俭，合玄菟兵伐句丽。王自将步骑二万，战于沸流上，败之。再战于梁貊，又败之。王有骄志，以五千骑击之，大败，收余兵奔鸭绿原。俭陷丸都，王出走，遂屠其城。初，王数侵辽东，有臣得来谏，王不听。叹曰："终见此地荆棘生焉。"因不食死。俭闻之，禁军中，有犯得来冢者斩，悉还其妻子虏者。王奔南沃沮，赖密友、纽由二臣力，退魏兵，得复国。以丸都残破，徙都平壤。

魏正始九年，忧位居卒，号东川王。王宽仁爱人，及卒，国人如悲亲戚，有自杀以殉者。太子然弗立，王之妻贯那艳而妒，王杀之。魏攻边邑，王以精兵五千，战于梁貊，大破之，斩首八千。晋泰始六年，然弗卒，号中川王，太子药卢立。

肃慎氏来伐边邑，王遣其弟达贾，拔檀卢，徙其民六百户于扶余南，降部落七，皆为附庸。有二弟逸友、素勃不逊，诱而杀之。元康二年，药卢卒，号西川王。太子相夫立，猜忌达贾，无罪而杀之，国人流涕。又杀其弟咄固，咄固子乙弗匿于民伍贩盐。三年，燕慕容廆来伐急，王出奔新城。北部小兄高奴子击破廆众，加奴子爵大兄。患慕容氏兵强，攻伐无已，拜奴子北部太守，以备廆。八年，国大饥，民相食，相夫大发国人治宫室。助利谏相夫曰："国相欲为百姓死乎？"助利与群臣谋废相夫，闭之外室，相夫自杀。迎立咄固子乙弗，葬相夫于烽山，号曰烽上王。

乙弗立，以三万兵攻玄菟，虏八千人移之平壤。大兴二年，慕容廆又遣兵伐之，乙弗求盟，乃还。咸和六年，乙弗卒，号美川王。太子斯由立，改名钊。咸康八年，还居丸都。其年，燕王皝自将劲兵四万，攻陷丸都，王出走。燕发前王乙弗之冢，载其尸，虏王母及妻男女五万，烧其宫室，夷其城郭而归。王献珍宝奇物，称臣于燕，燕乃还前王之尸，犹留其母为质。

永和十一年，燕还王母，封王为乐浪公。

咸安元年，以王屡侵百济，其王亲率师攻平壤，王力战拒之，为济兵所射杀，号故国原王。太子丘夫立。二年，秦符坚送佛经、佛像，佛法始行。其年，立太学，教子弟。遣将攻百济北边，陷水谷，将大举以报，年饥乃止。

太元元年，入贡于晋。太元九年，丘夫卒，号小兽林，无嗣，母弟伊连立。

出兵四万，攻陷玄菟、辽东，虏获万余。慕容农击之，复二郡。十七年，立国社，修宗庙，下令崇佛求福。伊连卒，号故国壤，太子谈德立。

王亲帅众四万，攻取百济边邑十城。又击关弥克之，筑七城。百济将真武来侵，王击破之，杀八千人。燕王盛自将三万兵，伐拔新城、南苏，拓地七百里，徙其民五千户。

义熙九年，谈德卒，号广开土。太子巨琏立，是为长寿王。

七、《记言》卷34外篇《东事三·高句丽世家下》

长寿王立，遣使如晋，献赭白马，晋封王为乐浪郡公、高句丽王。王立十二年，大有年，大享群臣。燕王冯弘患魏数侵燕，燕国日削，遣使来附。王遣兵数万，迎燕王弘。至辽东，王劳之曰："龙城冯君，爰适野次，士马劳苦。"弘惭怒，称制让之。王处之平郭，寻徙之北丰。弘其心素慢侮句丽，其所为一如在国时，无让于主。国王怒，悉收其侍人从者，取其太子仁为质。弘怨之，私遣使如宋求迎，宋发兵迎之。王遣将杀弘，其支属十余人，皆杀之。王自将伐百济，杀其王余庆。王立七十九年，薨，太孙罗云立，是为文咨王。魏闻王薨，素委貌深衣，哭于东郊，谥曰康。

扶余降。

王薨，太子安藏王兴安立。薨，弟安原王宝延立。薨，太子阳原王平成立。薨，太子平原王阳成立，移都长安城。隋开皇九年，灭陈，王惧，治兵为拒守计。隋玺书责之，王已薨，太子元立，封元为辽东郡王，赐车服，是为婴阳王。王连靺鞨兵万余，攻辽，大败之。隋主怒，削王爵，发水陆兵三十万伐句丽，不利还师，王亦上表谢。

命太学博士李文真修国史。隋召王入朝，不从。新罗患句丽连年攻伐，遣使乞师于隋。大业七年，隋主自将伐句丽，众百十三万，号二百万。八年，大军至辽上，丽兵阻水拒守，以浮梁渡兵，大战于东岸，克之。围辽东城，攻之不下。将军来护儿帅江淮兵浮海，入自浿水，遇丽兵，大破之，直至平壤，为伏兵所击破，大军遂溃，护儿仅免走还。王遣乙支文德伪降，觇其军士卒皆饥色，文德每战每北，将军宇文述一日七战七克，军士饥疲。城坚守不得拔，还至泸水，军半渡，丽兵击其后，大破之。及至辽东，余众二千七百，隋主还惭无功。九年，复伐句丽。四月，隋主渡辽督诸军攻辽东，丽兵拒战二十余日，不克，会杨玄感叛，乃引军还。十年，复议伐句丽，复征天下兵。三月，至临渝祃轩辕，斩叛者，衅鼓。时天下已乱，召兵多不至，丽王亦遣使谢，乃罢兵。征王入朝，不从。唐武德元年，王薨，弟建武立，是为荣留王。王遣使入贡于唐，帝以亡隋战士多陷于句丽，隋虏获丽人，追括遣归，令句丽隋战士在国者悉还。还者万余人。贞观五年，唐遣使葬亡隋战士。

句丽筑长城，自扶余东南至海上千余里，十六年而成。

十六年，泉盖苏文弑王，立其从弟臧，是为宝藏王。帝以盖苏文弑其君，专国政，欲发契丹、靺鞨兵伐之，用长孙无忌计，乃止。明年，新罗以百济、句丽共伐其国，乞救于唐。赐玺书，令戢兵，盖苏文不奉诏。贡白金，却之。帝自将伐句丽，布告天下，诏新罗、百济、奚、契丹共击之。十九年四月，大军皆集玄菟新城，李世勣拔盖牟城，张亮拔卑沙，帝渡辽拔辽东城，降白岩城为岩州，进攻安市城。北部耨萨延寿、惠真，连靺鞨兵十五万，救安市城。大战克之，延寿、惠真降，收靺鞨兵皆坑之。安市城力战日六七合，六十余日，终不下。筑土山，临城迫之。丽兵出战，夺据土山。帝督诸将，攻之三日，不能克。帝以辽左早寒草枯，士马难久留，诏班师，耀兵城下而归。城主从城上拜，帝赐缣百匹。还军渡辽，暴风雪，士卒多冻死。

日无光三日，东明王塑像泣血三日。

王及盖苏文遣使谢，献二美女，不受，复议伐句丽。明年，遣牛进达、李世勣伐句丽，世勣破南苏，进达拔石城。又明年，遣薛万彻伐句丽。

永徽六年，遣程名振、苏定方伐句丽。

乾封元年，遣李世勣、庞同善、契苾何力伐句丽。又命刘仁愿会新罗王伐句丽，赐罗王大将军旌节。

总章元年，薛仁贵为前锋，连战连胜，遂拔扶余川中四十余城皆降。时彗星见于毕、昴，许敬宗曰："句丽灭亡之兆也"。

盖苏文死，而其子男生代其父为莫离支，其弟男建逐之，男生奔国内城。遣其子入唐，为向导。世勣拔大行城，与新罗合兵，伐破鸭绿栅，围平壤月余。王臧降，句丽亡。自朱蒙氏至臧，二十八世，七百五年。

分句丽五部百七十六城，为九都督府、四十二州、百县，置安东都护府于平壤，留薛仁贵为都护以镇之。世勣以臧及诸王子、大对卢，虏获二十余万人归。

二年，移三万八千三百户于江淮之南及山南京西诸州。

有图谶曰："不及九百，当有八十大将灭之。"高氏有国将八百年，勣年八十。仪凤元年，封臧为朝鲜王。臧至辽东谋叛，召还，徙邛州而死。句丽之地，没于新罗。

赞曰：《周礼》幽州，其山镇曰医巫闾，其下辽东玄菟。句丽朱蒙氏，邑于卒本扶余，在玄菟之域，雄健桀骜，抚有诸部、诸傍国。弱者兼之，乱者灭之，拓地千余里，传三十君七百余年，可谓盛矣。其俗杂肃慎、鲜卑、靺鞨，引弓强战，以攻伐兴，以攻伐亡。然其壤界接于《禹贡》冀州中国之地，而实箕子之国。其民质实，有大国之遗风。

八、《记言》卷34外篇《东事三·百济世家》

沸流、温祚，句丽始祖朱蒙二子也，与太子类利不相能。及类利立，兄弟二人与乌干多黎亡至河南，沸流归弥邹忽，温祚归慰礼。温祚有良佐十人，国号十济。沸流死，并有其地，改国号曰百济。与句丽同出扶余，以扶余为氏，立始祖东明王祠。其立国当汉鸿嘉三年。与靺鞨相攻伐，用乙音为右辅，治兵事，筑城马首，立栅瓶山。乐浪太守使告曰："城不隳，栅不毁，请一战决之。"王谢曰："坚城设险，封疆之固也。执事恃强出兵，小国亦严兵以待。"乐浪连靺鞨，袭破瓶山。王遣使马韩，定疆域，北自浿江，南尽熊川，东至走壤，西极大海，筑城阙于汉山，徙慰礼民人以实之，遂徙居焉。立国母祠，制祀坛，以享天地神祇五帝之神。王宫鸿雁集，日者曰："当有远人至。"南沃沮来。立熊川栅，马韩国君责让温祚曰："王初济河而南，无尺寸地，我割百里地以与王，待大王不为不厚。及国完民聚，不见报德，反侵犯我疆域，此何义也？"温祚惭而毁之。明年，宫井溢，有马生牛，一体两头，卜之曰："国以昌大，并有邻国。"温祚大悦，与群臣谋曰："马韩削弱，百姓离心，兼弱攻昧，霸王之大权，时不可失也。"佯出猎，袭破马韩，尽有其地。惟圆山、锦岘不下，仍伐之。二城下，马韩亡。

大旱，东北诸部落饥，亡入句丽，浿带之间，空无民居。乙音死，解娄代之。解娄年九十余，有神知不老。温祚立四十六年卒，子多娄立。东部屹于与靺鞨大战于马首下，斩首虏甚多，赏良马十、粟五百。下令国南州县，始作溉田。靺鞨陷马首，烧其城。多娄卒，子己娄立。卒，子盖娄立。卒，子肖古立。潜师袭破新罗西鄙二城，虏获千人，新罗大发兵伐之，百济惧，还虏获乞和。后百济与罗兵战于蛙山，大破之。肖古卒，子仇首立。靺鞨围赤岘，仇首亲率劲骑击破之。仇首卒，子沙伴幼不慧，国人立肖古母弟古尔。

置佐平六官：曰内臣，掌宣纳；曰内头，掌库藏；曰内法，掌礼仪；曰卫士，掌宿卫；曰朝廷，掌狱刑；曰兵官，掌兵事。又置达率、恩率、德率、扞率、奈率、将德、施德、固德、季德、对德、文督、武督、佐军、振威、克虞十六品。佐平五率服紫，五德服绯，二督、佐军、振武、克虞服青。国君紫袍大袖，青锦袴、素革带、乌革履。

立赃法，赃禁锢，官人受财及盗，征三倍。

古尔卒，子责稽立。貊人来侵伐，责稽亲率兵拒之，为所杀。长子汾西立，又为乐浪刺客所刺杀。子幼，国人以仇首子比流久在民间，宽仁爱人，共立之。问民疾苦，赐穷人无所告者谷，人三石。卒，汾西长子契王立。卒，比流子近肖古立。

句丽来侵，大败而归。近肖古帅精兵三万，攻平壤，射杀其王钊。秃山民三百奔新罗。初置博士。近肖古卒，太子近仇首立。卒，子枕流立。遣使如晋，有胡僧摩罗难陀至自晋，佛法始行。枕流卒，太子阿莘幼，其弟辰斯立。

大发丁壮，设关防，自青木岭北距八坤城，西至于海。大猎狗原七日。治宫室，多聚异草木奇禽。又大猎狗原，卒于狗原，枕流太子阿莘立。

遣左将真武伐句丽，战于浿水上，大败，死者八千人。欲雪浿水之耻，大举者再，而皆不利还军。明年，又大征发，百姓怨之，多奔新罗。阿莘卒，太子腆支质于倭，次子训解摄政，以待太子归。少子碟礼杀其兄自立，腆支至，国人杀碟礼而立腆支。卒，子久尔辛立。卒，子毗有立。卒，子余庆立，是为盖卤王。

发东北部丁壮，筑沙口城。王欲伐句丽，乞兵于魏，魏不许，王怒遂绝魏。

句丽募浮屠觉琳，伪得罪来，以博奕见王，说以治城池，高宫室，大园囿，作石椁，更先王之葬。国内空，百姓离散。句丽王亲率三万兵来伐之，直趋王都急，王以数十骑遁去，为怨民所执缚，丽王杀之。子文周立，迁都熊津。

耽罗贡方物。耽罗或曰耽毛罗，南海中小国。佐平解仇擅权，王不能制。王出猎，解仇令盗弑之。太子三斤立。

德率真老讨解仇，诛之。三斤卒，文周弟昆支子牟大立，是为东城王。

魏遣兵伐百济，大败。百济大饥，盗贼多起，流民入新罗者六百家，入句丽者二千。起临流阁，谏者皆不报。王出猎，苅加使人弑之。子斯摩立，是为武宁王。

加据加林叛，王讨之。加出降，斩之。句丽袭取加弗圆山，虏获千余，王出击，大破之。

梁册王宁东大将军。王薨，子明禯立，是为圣王。迁都泗沘，改国号曰南扶余，遣使如梁。侯景已灭梁，景囚使者，后景平，使者乃还。王伐新罗，军主武力击杀王，斩佐平四人，士卒死者二万九千六百人。子昌立，是为威德王。

齐册王为车骑大将军、带方郡公、百济王。薨，子惠王季明立。薨，子法王宣立。下令严佛戒，禁杀生，禁网罟，大作兴王寺。王薨，子武王璋立。穿大池于王宫之南，灌水为海。王游泗沘北浦，名其浦曰大王浦。

隋大业八年，发天下兵百三十万众伐句丽。王遣使请为向道①，严兵境上，实持两端以观望。隋师大败而归。

唐武德七年，百济入贡于唐，唐册王为带方郡公、百济王。薨，太子义慈立。

王亲率众伐新罗，取四十余城。又遣将陷大野，军主品释出降。军乱，品释先杀其妻，自刎而死，百济取其尸而归，留兵守之。又攻新罗，连败于买利。

大野道躓大将殷相死，士卒亡者前后八万余人。

---

① 《记言》作"道"，通"导"。

有众狐入王宫，鬼夜哭。又有鬼入王宫，大号百济亡，忽入地，掘地得龟。其背有文曰："百济月满，新罗月新"，有巫释之曰："月满者亏，新者盈"，王怒杀其巫。

起望海楼于王宫之南。王都泉井赤，泗沘水赤，西海群鱼死，虾蟆集树上万数，市人相惊走有僵死者。义慈淫乱，佐平成忠谏，义慈怒以为谤己，囚之，成忠不食死。临死，上书言："忠臣死不忘君，相时占变，兵革已兆。有乱，守上流，毋令敌兵先得险阨。"遂死狱中。大野之败，军主品释之妻，新罗国君之女也，既积怒于济，日以灭济为谋，亲乞兵于唐矣。

显庆五年，唐遣苏定方率水陆兵十三万人伐百济，敕新罗王为行军总管，以助兵威。新罗以太子法敏、上大等庾信，率精兵五万，与唐兵会于德物。

佐平兴首忤于王，既斥去，王急遣人问于兴首曰："事急矣，为之奈何。"兴首曰："拒塞白马炭岘，以待食尽击之，可破也。"左右皆曰："兴首自以非罪，久入牢狱，常怏怏怨望，其言不可信用也。"大兵已过白马炭岘，直趋王都，将军阶伯受命，先杀其妻子，率死士出战，罗兵四战四却，阶伯力战死之。义慈叹曰："悔不用成忠之言。"与太子孝夜遁去，保熊津，诣定方降，诸城皆下，百济亡。百济自温祚至义慈，三十世，凡六百七十八年。新罗王与唐将置酒，大享将士，坐义慈于堂下，使之行酒，百济群臣皆欲死泣下。定方以义慈及太子孝，诸王子、贵臣、将士八十八人，百姓万二千八百七人归。

置熊津、马韩、东明、金涟、德安五都督府，使郎将刘仁愿留镇泗沘城。

义慈死于唐，诏葬孙皓、陈叔宝冢傍。

唐以王子隆为熊津都督，归国与新罗释憾。新罗王与扶余隆盟于熊津，其誓曰："各除宿憾，结好和亲，有背盟侵犯者，神明监之，祼祀磨灭。"既歃血，埋牲币，藏其书于祖庙。后唐加隆带方郡王，令返国安辑余众，隆畏新罗不敢归，寄治句丽死，百济遂绝。

赞曰：百济自温祚，以强战立国，专务富国强兵，虽享国长久传六七百年，然特强暴之国，世无遗风善俗，国君以强战杀死者四，君亦可为有国者之戒。

九、《记言》卷34外篇《东事三·秽貊》

秽貊，本朝鲜古地，南与辰韩接，北与高句丽、沃沮接，东极大海，西至乐浪。

汉孝武元朔五年，秽君南间叛朝鲜，率二十八万人诣辽东降，以其地为沧海郡，数年罢。建武间，封其渠帅为县侯，皆岁时朝贡。

其言语法俗与高句丽同。人性愚悫，少嗜欲。有廉耻之风，同姓不相娶。不宝珠玉。邑落有相犯者，责出生口牛马。有出军调赋如中国。汉建光元年，幽州刺史冯焕、玄菟太守姚光、辽东太守蔡讽，将兵击杀秽貊渠帅，尽获其兵仗财物。

周时，已有貊貊之居①，山深阻陁，为不争之地。貊人不知兴亡易世，亦不知貊立国于何世，绝种于何世，《史记》不言。

至唐时，靺鞨置庆、盐、穆、贺四州于秽貊古地。

《地志》，江陵古秽国，寿春古貊国，江陵有秽城。

十、《记言》卷48续集《四方二·关西志》

朝鲜九域之地，在海隅，燕齐之外。初无君长，有神市始教生民之治，民归之。神市生檀君，居檀木下，号曰檀君，始有国号曰朝鲜。朝鲜者，东方日出之名。或曰："鲜，汕也"。其国有汕水，故曰朝汕。都平壤，尧立二十五年后徙都唐臧。儒州有唐臧京，《丽史》以为檀君氏之国都。商武丁八年，檀君殁。今江东县，传说檀君冢。

或曰："檀君入阿斯达"，不言所终。

泰白、阿斯达，皆有檀君祠。

檀君传解夫娄，为北扶余。禹平水土，会诸侯于涂山，解夫娄朝禹于涂山氏。解夫娄母，非西岬女也。解夫娄祷于鲲渊，生金蛙，貌类金蛙，命曰金蛙。解夫娄传金蛙，金蛙徙迦叶原，为东扶余。金蛙末，秦并天下。

金蛙悦优渤水之女，感日影照身，生朱蒙。朱蒙，善射之名。有少子温祚。朱蒙、温祚，为句丽、百济之祖。

金蛙传带素。带素与句丽争攻伐，有北溟怪由者，请从，击杀带素。大雾七日余，兵犹力斗，句丽国君无恤，潜师遁归。至孙都头降句丽，东扶余亡，当莽之世，五世二千年。

金蛙之世，殷亡。殷亡，箕子至朝鲜，殷民从者五千余人，诗、书、礼、乐、巫、医、卜、筮、百家技艺皆从之，周武王因以封之而不臣也，都平壤。始至，言语不通，译而通其志。重礼俗，敬鬼神。行八政之教，相杀者偿以命，相伤者偿以谷，相盗者没为奴婢。欲赎者，人五十万，俗犹羞之，嫁娶无所售。黎民乐业，民无盗，门不夜扃，行旅野宿。平壤兔山有箕子冢。其国，汉之玄菟、乐浪、古朝鲜地，在肃慎氏之西。

至周之末世，燕伯称为王，东略地，朝鲜侯欲伐燕以尊周室，大夫礼谏而止。六国时，燕略属朝鲜，筑塞置吏，又攻其西地二千余里，以满潘汗为界。

及秦始皇帝遣蒙恬筑长城，至辽东，朝鲜王否惧，服于秦。太子准立，与燕王绾约以浿水为界，守辽东古塞。后为卫满所袭破，王准南奔为马韩。箕子传国四十一世，九百二十八年，马韩又二百余年，为百济所并。

卫满者，燕亡人，魋结为蛮夷服，聚傥千余，逐王准，据朝鲜，以兵威财物，并古

---

① 《记言》作"貊貊之居"，应为"秽貊之居"。

秦云障地，拓地数千里。二世至孙右渠，汉孝武灭之，分其地为乐浪、玄菟。玄菟治沃沮，乐浪治朝鲜。

孝昭时，筑辽东城，以玄菟为东州。

弁韩，乐浪之苗裔也。《韩书》曰："弁韩、乐浪，箕子所封也。"《唐书》曰："弁韩，在乐浪之地。"

高句丽始祖朱蒙，扶余国君金蛙子也。金蛙悦优渤水之女，感日影照身，生朱蒙。以为无人道而生，弃之。马牛避不践，遂收之。生七年，能执射，号曰朱蒙。朱蒙，善射之名。长则智慧过人。金蛙有子七人，忌之，谋欲杀之。朱蒙与乌伊、摩离、陕父三人者亡至卒本扶余，因立国为君，国号高句丽。其俗杂肃慎、鲜卑、靺鞨。降松壤，灭荇人、沃沮，始大，当秦王政并六国之时。卒，号曰东明王。类利立，用扶芬奴，降鲜卑为属国。有臣薛支，言于类利曰："尉那之地，险阻土沃，宜五种，多麋鹿，可居。"遂徙居焉。

无恤立，攻扶余。有怪由者，自称北溟人，长九尺，目有光，请从，无恤异而许之。与余兵战，怪由击杀其君带素，其众犹力斗，围之数重，有大雾七日，无恤惧而逃归。怪由死，葬北溟之南，丽人以时祀之。

无恤既杀带素，并玄菟、乐浪，遂霸东夷。卒，号大武神王。汉建武二十五年，伐取乐浪，地至浿水。解忧立，无道，国人叛之，为其臣所弑，立类利孙宫。宫立六十六年，任用贤良，国治兵强。王弟遂成畔，王曰："我今老矣，让于遂成，以绝恶声。"遂成立，杀前王之子，为明临答夫所弑，迎立王弟伯固，伯固七十七。遂成子邹安亡匿山中，诣王请罪，王封让国君。伯固传男武，得乙巴素为相，年八十余。明政教，信赏罚，国以治平。当东汉之末，天下大乱，汉人多归之。立赈贷法，春夏发粟赈之，冬则收之，至今州郡县上计是也。

寿王六世，至王元立，隋炀帝大发兵伐句丽，不利而归。乙支文德乘其不利，袭击大破之。隋败兵至浿水，无舟可渡，追兵在后急，有浮屠七人前徒涉，隋兵从之，皆溺没，丽人浿水上作七浮屠以祀之。

至建武立，泉盖苏文筑长城，自扶余西南薄海千余里，十六年而成。遂弑其君建武，立臧，专国政。唐太宗亲征句丽，诏新罗、百济、奚、契丹共击之。帝降白岩城，至安市城，攻之三月不克。辽左早寒，士马冻死，诏班师。安市城主从城上拜，帝谢曰："士各为其主也。"帝赐缣百匹。

总章元年，薛仁贵为前锋，拔扶余川中四十余城。盖苏文死，而其子为莫离支，既势穷，遣其子亡入唐，向导灭国。时彗星见于毕、昴。李世勣乘胜，合新罗兵围平壤。王臧降，句丽亡。自朱蒙传二十八世，七百五年。

高氏国都三迁，朱蒙立国卒本扶余，留利徙居尉邦，十世而魏毌丘俭攻陷丸都，忧位居走保南沃沮，因徙都平壤。晋时，王钊立，还居丸都。寿王三世，复迁于平壤，至臧亡于唐。

唐既灭句丽，分其地为九府、四十一州、百县，后为靺鞨所并，置西京于青河上，卒并于新罗。

至高丽定疆域，为浿西地。今为平安道西京，三州、十一府、二十八郡县，幅员千里。其星箕，其次析木，西滨燕、齐之海，东接闾延、虞芮古肃慎之地，北至青河，青河以外，古玄菟、扶余，又其西辽东古地。

平壤，国之西京。自檀君淳厖之治，被箕子之化，为有道之国。自卫满以降，俗变劲悍，扶余、句丽以善斗立国。然霸王之所更居，五民之所聚。浿西尚富丽，多杰俊。龙湾、安朔，中国之途，物货之所流，其利丝、麻、盐、铁、海错。万年青塞以东，贡参、漆、貂貊皮革之物。

壤界，接于《禹贡》冀北之地，其民质实，有大国之风。

（编辑：郑春颖）

《东国李相国集》成书、流传、版本考*

朴哲希　时　哲**

摘　要：李奎报所作之诗文，在其74岁时被辑成《东国李相国集》41卷。李奎报去世之后，李涵又搜罗遗稿，辑为《东国李相国集后集》12卷。这是现存最早的高丽文人的个人诗文集，共收诗2000余首、文500余篇。该文集既体现了李奎报文学上高深的造诣，同时也具有重要的史料价值，然而目前国内对《东国李相国集》的相关研究还比较少。因此，本文主要从李奎报的生平，文集刊行的年代、版本、流传等几个方面介绍《东国李相国集》及其所具有的历史及文学价值。

关键词：《东国李相国集》　成书　流传　版本　价值

公元1232年，高丽迁都江华岛并开始板刻大藏经，此时李奎报已经官至"门下侍郎平章事"[①]，其官职为从二品，所以他的文集被称为《东国李相国集》。李奎报是朝鲜古代最伟大的诗人之一，而这部全集也是现存最早的高丽文人的个人诗文集。故此本文拟就《东国李相国集》成书时间、各版本的刊行年代和编写原则等问题进行考证，力图揭示《东国李相国集》写作与刊行的真实面貌，使《东国李相国集》的研究得到进一步的深化。

一、作者及生平简介

李奎报（1168—1241），其谥号为"文顺公"，人称"李文顺"，字春卿，初名仁底，黄骊县人。其儿时便被人言为"千金之子"[②]。乙酉年司马试时，因梦魁星报异端而改名奎报。后被禅宗吸引，号白云居士。为了表达对白居易的仰慕，他又自称为"诗琴酒三

---

* 本文系辽宁省社会科学基金项目"朝鲜诗话的东亚视野与比较意识研究"阶段性成果（项目编号：L20CWW001）。
** 朴哲希，辽宁师范大学文学院讲师。时哲，辽宁师范大学文学院比较文学与世界文学专业硕士研究生。
① 〔韩〕李涵：《东国李相国集年谱》，《影印标点韩国文集丛刊一》，汉城：景仁文化社，1990年，第291页。
② 〔韩〕李涵：《东国李相国集年谱》，《影印标点韩国文集丛刊一》，汉城：景仁文化社，1990年，第284页。

酷好先生"①。当时的文人皆称他的文风为"走笔李唐白"②。

在性格上，李奎报外向，喜好交游，一生经历丰富。方未冠时，就与年长其三十余年的名儒吴世才结为忘年之交。吴世才是"海左七贤"的成员之一，"每于名流广会中，以得予（李奎报）为夸"。③李奎报与其结交后，接触到方方面面的人物，眼界大开。

李奎报出身于士大夫家庭，其父李允绥曾任户部郎中，母金氏。他9岁时便能属文，被称为"奇童"。稍长，经史百家、佛书道峡，无不遍览。14岁时开始钻研学业，他虽然轻视科举，认为"不事科举之文，作赋荒芜不合格律"④。但在父亲严格的督促下，22岁时高中状元。然而他仅仅为官10年便被进谗言，遭到陷害。此后，所作的《四轮亭记》《南行记》等作品，皆为他作为兵马禄事时，在随军过程中记录下的生活细节。他40岁的时候，凭借与李仁老、李元老、李允甫等一起所写的文章，第一次入选成为翰林。后任左右司谏、太仆少卿，55岁时任宝文阁待制、国子监祭酒、侍讲学士、判卫尉事等职。后因反对派的抵制，他的仕途一直不顺。高宗十七年（1230）被流放到猬岛，从其所作的诗中可以看到他当时的不幸境遇。

> 旧读离骚悼楚臣，岂知今日到吾身。
> 为儒已误为僧晚，未识终为何等人。⑤

他70岁的时候，辞官归隐故里，最喜诗酒为乐，他穷困的一生从下面的诗里可以有所体现：

> 伊昔一布衣，夤缘作邦宰。
> 宰相已退老，宁复宰相态。
> 佣保与亲作，人亦何必怪。
> 况此一户壶，自奉所可办。
> 拥炉自添炭，有酒手自暖。⑥

高宗二十八年七月，在李奎报患病期间，崔怡开始将其诗收集、编纂⑦，同年，74岁的李奎报离开了人世。被整理成的《东国李相国集》53卷，为我们留下了诸多诗文作品并展示了他跌宕起伏的一生。

---

① 〔韩〕李奎报：《白云居士语录》，《影印标点韩国文集丛刊一》，汉城：景仁文化社，1990年，第503页。
② 〔韩〕李需：《守大保金紫光禄大夫门下侍郎平章事修文殿大学士监修国史判礼部事翰林院事太子大保致仕，赠谥文顺公墓志铭》，《影印标点韩国文集丛刊二》，汉城：景仁文化社，1990年，第258页。
③ 〔韩〕李奎报：《吴先生德全哀词》，《影印标点韩国文集丛刊二》，汉城：景仁文化社，1990年，第83页。
④ 〔韩〕李涵：《东国李相国集年谱》，《影印标点韩国文集丛刊一》，汉城：景仁文化社，1990年，第286页。
⑤ 〔韩〕李奎报：《入岛作》，《影印标点韩国文集丛刊一》，汉城：景仁文化社，1990年，第472页。
⑥ 〔韩〕李奎报：《拥炉》，《影印标点韩国文集丛刊二》，汉城：景仁文化社，1990年，第211页。
⑦ 另一种观点认为，在他74岁时，由其子李涵辑为《东国李相国集》41卷。参见李岩、徐健顺：《朝鲜文学通史》（上），北京：社会科学文献出版社，2010年，第354页。

二、《东国李相国集》的刊行年代及版本

（一）刊行年代

高宗二十八年（1241）李奎报74岁时，晋阳公（崔怡）得知李奎报患病的事实，一面遣名医探望治疗，一面派人加紧搜集李奎报的文章并命人刊印。遗憾的是，李奎报没有亲眼看到自己的文集面市就去世了，今人可以通过《东国李相国文集》年谱的记录和礼部侍郎李需所作的序言还原李奎报生前事迹。

> 其平生所著，不蓄一纸。嗣子监察御史涵，收拾万分之一。得古赋古律诗笺表碑铭杂文并若干首，请为文集。公可其请，分为四十一卷，号曰《东国李相国文集》。涵又请曰："集已成矣，不可无序。"①

由上文可以推断，因编纂者的互相推脱，故只编纂了 41 卷。此外，我们从后集序里也可以看到：

> 大人平生所著多矣，然本不收蓄。又为人取去不还，或焚弃之。前集有焚蒿诗。仅存十之二三，故难于编缀。凡大人所尝游践儒家释院及交游士大夫间，无不搜觅。得诗文凡若干首，分为四十一卷，编成前集，侍郎李需序之。集成之后，又得遗逸及近所著古律诗八百四十七首，杂文五十首，成后集十二卷。②

最后，李奎报之子李涵根据前集 41 卷，后集 12 卷，总共编成了 53 卷的《东国李相国集》，并于高宗二十八年 12 月左右完成编刻，刊行于世。

（二）刊行种类与跋尾、刊记

初刊本因为急于刊行，脱漏现象十分严重。高宗三十八年，在刊刻《大藏经》的时候，高宗接受李奎报嗣孙李益培的谏言，敕令改刊。这一点从《东国李相国集》跋尾的记录可知：

> 嗣孙益培言，祖《文顺公全集》四十一卷，后集十二卷，年谱一轴，行于世者尚矣，多有讹舛脱漏之处。今者，分司都监，雕海藏告毕之暇，奉敕镂板。予幸守比郡，以家藏一本雠校流通耳。辛亥岁，高丽国分司大藏都监奉敕雕造。③

---

① 〔韩〕李需：《东国李相国文集序》，《影印标点韩国文集丛刊一》，汉城：景仁文化社，1990 年，第 283 页。
② 〔韩〕李涵：《东国李相国后集序》，《影印标点韩国文集丛刊二》，汉城：景仁文化社，1990 年，第 133 页。
③ 〔韩〕李益培：《李相国集跋尾》，《影印标点韩国文集丛刊二》，汉城：景仁文化社，1990 年，第 261 页。

该书流传到朝鲜朝以后，经过"壬辰倭乱"等浩劫，几乎遗失。其后的几番刊行都不完整。后来在日本找到了许多佚本书籍，引入朝鲜后再次刊行。朝鲜朝后期实学派的代表人物轮山君李濯认为，现在看到的完整本可以推断为英祖时期的复刻版。①

（三）版本情况

首尔大学本：木版本，53卷，13册，四周双边，纸张大小：19.5×15cm；一页10行，每行18字，上下向内花纹鱼尾。

延世大学本：①木版本，33卷，10册（拓本），四周单边，纸张大小：19.8×15.2cm，有界，一页10行，每行18字，上下向内花纹鱼尾。②②木版本，12卷，2册，纸张大小：23×19.5cm，无界，一页12行，每行17字（根据高丽时代本推测）。

圣岩曹秉顺本：①木版本，8卷，2册（拓本），四周双边，纸张大小：21×17.4cm；一页10行，每行17字。②木版本，4卷，1册（拓本），四周单边，纸张大小：21×17.4cm；一页10行，每行18字，无鱼尾。③木版本，4卷，1册（拓本），有界，四周双边，纸张大小：19×14.8cm；一页10行，每行18字，上下向内花纹鱼尾。④木版本，32卷，7册（拓本），四周双边，纸张大小：19.5×15cm，有界，10行，18字，上下内向花纹鱼尾。⑤木版本，5卷，1册（拓本），四周双边，纸张大小：18.6×14.3cm，有界，10行18字，上下内向花纹鱼尾。

高丽大学晚松文库本：①木版本，2册（拓本），四周双边，纸张大小：19.8×14.7cm，有界，10行，18字，上下内向花纹鱼尾。②木版本，4卷1册（拓本），四周单边，纸张大小：21.8×17.3cm，无界，10行，20字，无鱼尾。③木版本，4卷，1册（拓本），四周单边，纸张大小：21.8×17cm，无界，10行，20字，无鱼尾。④木版本，2册（拓本），四周双边，纸张大小：21.7×17.4cm，10行，18字，上下黑口内向鱼尾。

韩国国立图书馆本：木版本，16卷，4册（拓本），四周单边，纸张大小：21.5×18.2cm，无界，10行，18字，无鱼尾。

庸斋白乐浚本：木版本，12卷，3册（拓本），四周双边，纸张大小：19.6×15.2cm，有界，10行，18字，上下内向花纹鱼尾。

韩国历代文集丛书：木版本，53卷，4册（拓本），纸张大小：该版本由景仁文化社1993年出版，字体大，较清晰，适宜为研究者所使用，为延边大学图书馆等所收藏。

影印标点韩国文集丛刊：全集41卷，后集12卷、年谱，共14册，总1111板。影印底本首尔大学奎章阁藏本（图书番号：奎5270）。半页10行18字。纸张大小：21×16.3cm。影印底本全集卷5的板次3—2和2—3为误记，因为卷13的板次20重

---

① 〔韩〕朴宗基：《从〈东国李相国集〉看高丽时代的李奎报》，《震檀学报》1997年第83辑，第275—292页。
② 〔韩〕徐首生：《白云李奎报的文学研究》，汉城：形成出版社，1974年，第125页。

复的原因,板次 21 为误记。由韩国民族文化推进会 1990 出版,为延边大学图书馆等所收藏。

三、《东国李相国集》的构成及编写原则

首先,从全集的构成上看,该书分前集 41 卷,后集 12 卷,总 53 卷。所包含的文体有赋、律诗、上梁文、口号、赞、颂、偈、铭、箴、韵语、语录、传、说、序、杂文、记、榜文、杂著、书、表、状、笺、教书、批答、诏书、麻制、官诰、碑铭、墓志、谏书、哀词、祭文、疏、亲议、问答等共 30 余种文体。

作品构成大致如下(表 1、表 2)。

表 1 《东国李相国集》前集

卷	内容	卷	内容
序		21	说、序
年谱		22	杂文
1	古赋 6 首古律诗 6 首	23	记
2	古律诗 73 首	24	记
3	古律诗 64 首	25	记、榜文、杂著
4	古律诗 43 首	26	书
5	古律诗 44 首	27	书
6	古律诗 96 首	28	书、状、表
7	古律诗 59 首	29	表
8	古律诗 52 首	30	笺、表、状
9	古律诗 66 首	31	表
10	古律诗 78 首	32	状
11	古律诗 68 首	33	教书、批答、诏书
12	古律诗 56 首	34	教书、麻制、官诰
13	古律诗 77 首	35	碑铭、墓志铭
14	古律诗 82 首	36	墓志、谏书
15	古律诗 64 首	37	哀词、祭文
16	古律诗 90 首	38	道场斋醮疏、祭文
17	古律诗 80 首	39	佛道疏、醮疏
18	古律诗 103 首	40	释道疏、祭祝
19	上梁文、口号、赞、颂、偈、铭、箴	41	释道疏
20	韵语、语录、传		

表2 《东国李相国集》后集

卷	内容	卷	内容
序		序	
1	古律诗 105 首	7	古律诗 97 首
2	古律诗 105 首	8	古律诗 57 首
3	古律诗 101 首	9	古律诗 58 首
4	古律诗 98 首	10	古律诗 41 首
5	古律诗 97 首	11	赞、序、记、亲议、问答
6	古律诗 97 首	12	书、表、亲著、诔书、墓志铭、跋尾

其次，通过相关资料和诗文的编排顺序，笔者推知《东国李相国集》的编写原则，即基本上按照写作时间排序。

> 嗣子涵既撰家公前后文集，因据公之手草家状，又成年谱。涵观古人文集年谱，各于年中，备详所著本末端由，以相参考。大抵古人诗集，未必皆著所述年月矣，未知据何本而载之之详耶。今家公文集，其不标年月者亦多，故不得各随年载。一一标之，但存十之一二耳。然公之著作，虽一年一月，宁有所阙者耶。①

从上文可知，在全集的年谱序中，暗示作品（诗歌）以写作时间排序。例如：《东明王篇》《开元天宝咏史诗》《三百韵诗》及南游等诗作，分别是其26岁、27岁、28岁、29岁时所作，因此也相应地被记载在第三卷、第四卷、第五卷和第六卷上。

我们再从李奎报71岁时（戊戌年）至72岁所作的诗歌来看（表3）。

表3 李奎报71—72岁时所作诗歌一览表

序号	作品名称	位置
1	戊戌元日	《东国李相国集》后集卷二
2	正月七日受禄	《东国李相国集》后集卷二
3	六月三日李侍郎需金状元莘鼎来访家泉饮席次韵	《东国李相国集》后集卷四
4	八月十五弹琴有作	《东国李相国集》后集卷四
5	九月六日闻房兵来屯江外国人不能无惊以诗解之	《东国李相国集》后集卷五
6	九月十三日泛菊	《东国李相国集》后集卷五
7	十月电	《东国李相国集》后集卷五
8	正月五日	《东国李相国集》后集卷五
9	二月闻房兵犹在南	《东国李相国集》后集卷五
10	三月三日无聊有作	《东国李相国集》后集卷五

综上所述，可知编者的选文原则是按作者写作时间排列。

此外，简洁是另一原则。李奎报之嗣子，时任监察御史的李涵在编辑《东国李相国集》时，将李奎报散文分为古赋、杂著（包括上梁文、口号、颂、赞、铭、韵语、语录、

---

① 〔韩〕李涵：《东国李相国文集年谱序》，《影印标点韩国文集丛刊一》，汉城：景仁文化社，1990年，第284页。

传等）、说、序、杂文、记、榜文、书、表、状、笺、教书、批答、诏书、麻制、官浩、碑铭、谏书、杂议、问答、墓志、哀词、祭文和佛道疏，共二十四大类。这一分类同梁代刘勰的《文心雕龙》仅在标题中就将散文分为三十四类，明代吴讷的《文章辨体》把散文分为四十九类，徐师曾的《文体明辨》将散文分为一百零一类相比，显然更为简洁。

四、《东国李相国集》的价值

崔滋在《补闲集》中说："观其（李奎报）诗文，如日月不足誉……纵意奔放，一扫百纸，皆不践袭古人，卓然天成也。"[①]弃庵居士安淳之对李奎报亦不惜赞誉之词："发言成章，顷刻百篇。天纵神授，清新俊逸，人以公为李太白。"[②]韩国学者赵润济在评价高丽末期著名作家李齐贤时说："其诗歌终高丽一代无可企及者。"而在评价李奎报时说："以文学而论，高丽一代无所企及者。"[③]显然，在赵润济看来，仅就诗歌而言，李齐贤的成就要在李奎报之上。而就文学创作整体而言，其中自然包括散文，李奎报的成就要在李齐贤之上，意即李奎报为"高丽一代无所企及者"。

从众人的评价中，我们可知这部书具有重要的文学价值。但是我们更应关注这部书所具有的重要史料价值。

第一，《东明王篇》的价值。《三国史记》是朝鲜半岛现存的最早的一部史书，这部历史巨著由高丽时代的金富轼根据《旧三国史》重新撰写。在《三国史记》中即有关于朱蒙创世的相关记载。1193年，李奎报写成《东明王篇》。在诗歌的序言中曾提到金富轼及其作品："金公富轼重撰国史，颇略其事，意者公以为国史矫世之书，不可以大异之事为示于后世而略之耶。"[④]而李奎报《东明王篇》后约100年，僧一然所作《三国遗事》中再次提到了东明王事迹。

《东明王篇》的最大价值在于，该书是依据《旧三国史》中的东明王传说所作，对于朱蒙传说描写得更为生动、传奇。因此，在《旧三国史》已经佚失的情况下，我们可以通过该诗一窥朱蒙传奇本来的面貌。同时，通过对比《东明王篇》与《三国史记》的不同，可以分析金富轼与李奎报思想倾向的差异。

第二，宋朝版本的《大藏经》传入高丽后，促进了高丽佛教文化的发展。而高丽的统治者也极为重视佛教。在《东国李相国集》卷25的《大藏刻板君臣祈告文》中我们可以看到，这里面有朝鲜半岛海印寺所藏《大藏经》刻板由来的记载。

---

① 〔高丽〕崔滋：《补闲集》，载蔡美花、赵季主编：《韩国诗话全编校注一》，北京：人民文学出版社，2012年，第91页。
② 〔韩〕陈澕：《评品》，《影印标点韩国文集丛刊二》，汉城：景仁文化社，1990年，第290页。
③ 〔韩〕赵润济：《韩国文学史》，张琏瑰译，北京：社会科学文献出版社，1998年，第109页。
④ 〔韩〕李奎报：《东明王篇》，《影印标点韩国文集丛刊一》，汉城：景仁文化社，1990年，第315页。

海印寺所藏《大藏经》刻板于高丽朝显宗时期开始推行。显宗元年（1010），契丹军大举入侵，开京沦陷。显宗遂向南逃亡罗州（全罗南道）避难。契丹军威势甚强，横行一时。显宗近臣河拱臣看到这种情况，便与契丹讲和。余者众人因为笃信佛教，想要借佛之力打退契丹军，国王更是亲率百官来到佛前祷告。随后，契丹国王以高丽王亲朝为条件同意讲和。高丽君臣以为是佛祖显灵才使契丹军自退。在契丹退军后，便刻 6000 余卷的《大藏经》。这也就是前期的《大藏经》。高丽朝中期定宗朝时，义天板刻《续大藏经》4000 卷，与之前的《大藏经》一起放置在大邱符仁寺内。高宗二十四年（1237），蒙古军攻入大邱，大邱符仁寺所藏的《大藏经》随即付之一炬。君臣看到这一局面，便模仿显宗，一同到佛前祈祷，渴望佛祖再次显灵，帮助高丽度过困境，击退蒙古军。这也就产生了现在海印寺的《大藏经》。《东国李相国集》中的《大藏刻板君臣祈告文》，便是高宗二十四年君臣在佛前祈祷时文字记录。同时在这篇文章里也记载了前期《大藏经》板刻的由来、毁板等事实，具有宝贵的史料价值。

第三，《东国李相国集》后集卷十一的《新序祥定礼文跋尾》，详细记载了关于铸字的《祥定礼文》二十八部印刷的情况。《详定礼文》是仁宗朝时期崔允仪等奉王命编纂的五十卷册子。高宗朝二十一年，在江都铸字并印刷二十八部。这些在《高丽史·高宗世家》里也有记录。这些史记都证明了朝鲜半岛比西洋早二百余年开始使用金属活字印刷，是当时世界最早使用金属活字印刷的几个国家之一。

除此之外，《东国李相国集》所记载的诗文全部是在高宗朝时期所作，因此可以看作对研究高宗朝史料的有力补充。故我们也可以把《东国李相国集》看作研究高丽时代历史的珍贵资料，用以还原当时高丽朝的时代面貌。①

李涵在《东国李相国后集》的序言中说，李奎报的作品"仅存十之二三"②。李奎报在《与俞侍郎升旦手简》也说道："予自弱龄嗜作诗，想平生所著，无虑八千余首。乃缘人取去不还，或焚弃，或见失，扫箱箧无遗矣。"③可见，现存的《东国李相国集》远远不是李奎报创作的全部，全集中的作品大都是李奎报中晚年所作，早期作品所剩不多。这一点在他的《焚稿》《诗癖》中都有体现。他常自称"诗翁""诗癖"，中了"诗魔"，直至去世前四天，他还有诗作留存。可见诗文已成为李奎报生命的一部分。

总之，目前国内对李奎报生平，《东国李相国集》的成书、版本流传、编选原则等方面的研究几乎处于空白；而韩国也只有不到 5 篇论文。因此，未来对《东国李相国集》的研究上还有很大的空间。

（编辑：刘喜涛）

---

① 具体内容可参见〔韩〕朴宗基：《从〈东国李相国集〉看高丽时代的李奎报》，《震檀学报》1997 年第 83 辑，第 275—292 页。本文就不再赘述。
② 〔韩〕李涵：《东国李相国后集序》，《影印标点韩国文集丛刊二》，汉城：景仁文化社，1990 年，第 133 页。
③ 〔韩〕李奎报：《与俞侍郎升旦手简》，《影印标点韩国文集丛刊一》，汉城：景仁文化社，1990 年，第 578 页。

从《金史简编》看张博泉的史学思想

胡 珀[*]

摘 要：张博泉被誉为"我国第一位专事金史研究的学者"，同时也是最具代表性的学者。学界公认张博泉所著《金史简编》为"新中国第一部完整的金朝断代史，也是我国第一部金朝断代史"，被视为研究金史入门必读之书。本文从《金史简编》的内容框架和成书经过入手，通过对《金史简编》主要特点的总结来探析张博泉的史学思想，同时归纳学术界对《金史简编》的评价与肯定。

关键词：张博泉 《金史简编》 史学思想 史学史

张博泉（1926—2000），满族，又名甫白，字在清，号东梁，祖籍辽宁辽阳，晚年自号犁牛子。张博泉先生于1948年12月考入东北行政学院，1950年3月毕业并留校工作。1952年9月，张博泉考取中国人民大学和东北人民大学（1949年由东北行政学院改名而来）联合培养的研究生，导师为尚钺、吕振羽先生。1954年9月毕业后，张博泉在东北人民大学（1958年更名为吉林大学）历史系任教。张博泉被誉为"我国第一位专事金史研究的学者"[①]，同时也是最具代表性的学者。《金史简编》（辽宁人民出版社1984年出版）是"新中国第一部完整的金朝断代史，也是我国第一部金朝断代史"[②]，为张博泉先生代表作之一。该书虽然出版于三十多年前，但是其内容、观点在今天仍然焕发出强大生命力，历来为治金史及东北民族史、东北地方史者所推崇，被视为入门必读之书。笔者不揣谫陋，从《金史简编》的基本框架和成书经过入手，通过分析《金史简编》这一个案，提炼总结张博泉先生的史学思想，同时对三十余年来学术界对《金史简编》的评价与肯定予以归纳，以就教于方家。

---

[*] 胡珀，2022年毕业于长春师范大学，历史学博士。哈尔滨市档案馆四级调研员，系张博泉先生再传弟子。
[①] 景爱：《张博泉先生的金史研究》，《史学史研究》1994年第2期，第20页。
[②] 宋卿、禾女：《宠辱不惊人之道 山高水长学之风——忆著名金史、地方史学家张博泉先生》，《东北史地》2004年第10期，第40页。

一、《金史简编》的基本框架和成书经过

《金史简编》"全书共分为九章，三十三万多字"。第一章为总论，主要集中论述作者对金史若干重大问题的基本观点。第二章为金以前女真人的历史。第三章至第八章分别论述金朝从建立到灭亡的各个历史阶段的政治、经济、民族关系、人民起义等问题。第九章为金朝的文化。①该书可以说是张博泉先生此前二十余年金史研究的集大成之作。

张博泉先生自 20 世纪 50 年代末就致力于辽金史研究，并把金史研究作为其主要研究方向，"坚持马克思主义的历史唯物主义理论与科学的实证方法相结合，对辽金史研究领域的一些基本问题进行了科学、客观、具体而细致入微的考察，得出许多精当的结论"②。20 世纪 60 年代以降，张博泉先生先后对金代的社会性质、奴婢问题、租佃关系及猛安谋克制度等问题进行了扎实、深入的研究，发表了一系列具有独到见解的论文，为后来出版专著奠定了坚实的理论基础。例如，关于猛安谋克的性质，当时学术界有各种不同的看法，张博泉先生提出了自己的新见解，在《论金代猛安谋克制度的形成、发展及其破坏的原因》一文中，从猛安谋克的形成及其特点、金初猛安谋克的向南发展和猛安谋克的整顿、猛安谋克的破坏及其原因等三个方面进行论述。③在《论猛安谋克在女真族社会发展中的作用》一文中把金政权建立以前、太祖太宗时期、金熙宗以后作为时间断限，结合女真族的历史，分析猛安谋克在女真社会发展中的作用。张博泉先生强调"猛安谋克在金代社会发展中所起的作用与影响，前后是不同的，它是随着女真贵族在北方的统治的政治、经济关系的变化而变化"④。

党的十一届三中全会召开以后，特别是进入 20 世纪 80 年代，张博泉先生的学术研究日益精进，成果迭出，先后在《历史研究》发表《金代女真"牛头地"问题研究》《辽金"二税户"研究》⑤两篇重要论文，并于 1981 年开始指导研究生，培养了一批优秀的金史、地方史研究人才。张博泉先生最早的专著是 1981 年辽宁人民出版社出版的《金代经济史略》。"这是迄今为止，国内外惟一的一本研究金代社会经济史的专著，它为研究中国经济史提供了完整的参考资料。"⑥

张博泉先生认为编写金朝史"是项义不容辞重要任务"，这是因为从中华人民共和国成立到 20 世纪 80 年代初，"国内还没有一本较为完整的金朝断代史问世，发表的文

---

① 宋德金：《金史研究的新成果——〈金史简编〉》，《中国社会科学》1985 年第 4 期，第 142 页。
② 宋卿：《张博泉著〈甫白文存〉评介》，《北方文物》2012 年第 1 期，第 97 页。
③ 张博泉：《论金代猛安谋克制度的形成、发展及其破坏的原因》，《文史哲》1963 年第 1 期。
④ 张博泉：《论猛安谋克在女真族社会发展中的作用》，《吉林大学社会科学学报》1963 年第 1 期，第 67 页。
⑤ 张博泉：《金代女真"牛头地"问题研究》，《历史研究》1981 年第 4 期；张博泉：《辽金"二税户"研究》，《历史研究》1983 年第 2 期。
⑥ 景爱：《张博泉先生的金史研究》，《史学史研究》1994 年第 2 期，第 20 页。

章不多，研究的内容也不全面"。①张博泉先生从 1980 年暑假拟定编写大纲，开始编纂工作。"在这次编写中，是想以个人对金朝史研究的总看法和已发表及未发表的文章、著述作为主要线索；兼容他人在考古、史学等方面发表的书、文成果，撷取采纳以成篇幅；如果还感不足，只好在编写过程中再补作一些研究，力求在内容上有个全貌。"②张博泉先生于 1981 年 11 月完成书稿，辽宁人民出版社于 1984 年 6 月正式出版《金史简编》。该书于 1986 年获得辽宁人民出版社优秀作品一等奖。

二、《金史简编》体现出的张博泉先生史学思想

张博泉先生在《金史简编》的前言中强调史论结合，总结历史规律的重要性，即"编写历史书不应完全停止在史料的编纂上，应当是史论结合，总结历史上的一些经验，提出一些带有规律的问题，并对当前史学界争论的问题应有所涉及"③。

观点鲜明，总结规律。张博泉先生认为金朝的历史虽然短暂，"但它确是不容忽视的一个重要朝代"，在《金史简编》一书开宗明义地归纳为如下三点原因："第一，它是由远在祖国东北边疆白山黑水间的女真族建立起来的一个王朝，因而历史赋予这个王朝的统治以许多特点，并从中可以看出由少数民族统治者所建立的王朝，是怎样的在发生着变化而最终走向历史先进行列的。第二，它是在南北朝之后又一次出现的与南宋长期对峙的一个王朝，它更加充分的反映出南北对峙阶段历史发展的诸特点，由此而发生的许多重要历史问题，应给予合乎实际的研究和回答。第三，它是在先后灭亡辽和北宋两个都比自己先进的王朝之后发展起来的，这就不能不使这个王朝更为错综复杂。"④

对于金史研究涉及的重大理论和具有争论的问题，张博泉先生没有回避，而是认为"这些问题，对金史编写来说都带有总论的性质。有鉴于此，因于本书第一章中把它提出来陈述，作为以下诸章有关问题的概括的看法"⑤。关于"金朝女真族的社会性质"，张博泉先生指出，"金朝女真族的社会性质与金政权的社会性质有区别"⑥，女真族建国后的社会性质是奴隶制社会，大致分为三个时期："第一个时期，是太祖、太宗时的'一如本朝之制'时期"；"第二个时期，是熙宗、海陵'姑宜仍旧，渐祈胥效'的时期"；"第三个时期，是世宗时女真族奴隶制的最后瓦解时期"。金朝"至章宗时，方正式承认出租土地的合法，并颁布废除奴隶制的法令"。⑦关于"正确估计金朝社会的发展"，针对一些

---

① 张博泉：《金史简编·前言》，沈阳：辽宁人民出版社，1984 年，第 1 页。
② 张博泉：《金史简编·前言》，沈阳：辽宁人民出版社，1984 年，第 1 页。
③ 张博泉：《金史简编·前言》，沈阳：辽宁人民出版社，1984 年，第 1 页。
④ 张博泉：《金史简编》，沈阳：辽宁人民出版社，1984 年，第 1 页。
⑤ 张博泉：《金史简编》，沈阳：辽宁人民出版社，1984 年，第 1 页。
⑥ 张博泉：《金史简编》，沈阳：辽宁人民出版社，1984 年，第 2 页。
⑦ 张博泉：《金史简编》，沈阳：辽宁人民出版社，1984 年，第 4—5 页。

著作中的倾向性看法——"在金朝发展过程中，从头到尾一直处于残破落后阶段，其中没有一个恢复、发展时期，把金朝历史中一些重要改革和进步以及与之有关的一些重要人物却被勾消（销）了。好象（像）是在整个金朝，毫无建树，一点也没有给历史的发展提供点新东西。留给人们的印象是：北方人口一减再减，生产残破再残破"。张博泉先生不同意上述看法，认为"这不合乎历史唯物主义观察和解决历史问题的方法"。强调"金朝和其他王朝一样，都有其发展的全过程，在金朝统治的期间，毫无疑义的，也曾经过了恢复、发展的阶段"。① 张博泉先生从户口的恢复与发展、课税收入、汉制改革、经济发展等方面论述金朝从熙宗到世宗时期走向恢复一直到章宗时期达到极盛的社会发展过程，对金朝的作用和贡献应"给予恰如其分的估计，把它看做是中国历史发展中不可缺少的阶段"。② 关于"金、宋的战和"，张博泉先生指出，"金、宋战和，是客观历史的事实，其中必有它发生、发展和变化的依据。象（像）这样的问题，是不能单凭某种民族感情和狭隘的民族意识所能判断清楚的，要本着历史唯物主义的实事求是的精神进行具体分析"③。最终的结果是"金、宋双方都没有能力统一对方，而且又各自为敌，使当时在实际上已成为金、宋主要威胁的蒙古，得以乘机发展，先后亡于蒙古，中国又出现了统一"④。关于"金朝的阶级斗争"，张博泉先生指出，"在阶级社会中，人民反抗统治者的压迫和剥削的斗争是社会发展的根本动力。""金代北方人民的斗争始终没有停止过，其中有高潮时期和低潮时期，有战争时期的大规模的反抗斗争，也有和平时期小规模的零星的反抗斗争"。⑤ 此外，张博泉先生还把有关辽代女真部族制、猛安谋克制、金代社会经济等方面的研究成果在相关章节之中有所体现，分析精辟，结论精到。

不囿成见，勇于创新。《金史简编》一书多有独辟蹊径的见解，试举数例。第一章"总论"："金初派系的形成、斗争和对一些人物的评价"，对熙宗、宗翰、宗弼等人物予以评价。"熙宗是当时汉化和主张汉制改革的主要人物之一，宗翰一派谋立熙宗为谙班勃极烈，是因熙宗年幼易制，亦合太祖遗训，借此以防止太宗子宗磐继为帝，因而促使与宗磐一派的矛盾，他从挞懒手中夺去刘豫，又使他与挞懒间矛盾。熙宗联合宗磐、挞懒铲除宗翰、高庆裔，反过来又利用宗翰一派的希尹铲除宗磐。熙宗在诛挞懒后，又铲除希尹、肖庆及其所扶植的韩企先一派的原辽官僚集团。"⑥ 张博泉先生认为："宗翰是由一个新兴奴隶主发展为最反动、最残暴的女真奴隶主贵族旧势力的代表，他在汉化与反汉化的斗争中失败"。张先生指出"宗弼在支持熙宗、宗干同各派斗争中是最得力的人物"，"可以说宗弼是女真族中一个军事家、改革家和熙宗的重要辅佐人物之一"。⑦ 金史

---

① 张博泉：《金史简编》，沈阳：辽宁人民出版社，1984年，第6页。
② 张博泉：《金史简编》，沈阳：辽宁人民出版社，1984年，第10页。
③ 张博泉：《金史简编》，沈阳：辽宁人民出版社，1984年，第11页。
④ 张博泉：《金史简编》，沈阳：辽宁人民出版社，1984年，第13页。
⑤ 张博泉：《金史简编》，沈阳：辽宁人民出版社，1984年，第16页。
⑥ 张博泉：《金史简编》，沈阳：辽宁人民出版社，1984年，第13—15页。
⑦ 张博泉：《金史简编》，沈阳：辽宁人民出版社，1984年，第15—16页。

学界对于对海陵王完颜亮的评价,往往是负面评价多于正面评价。在该书第四章,张博泉先生一方面对完颜亮善于伪装,夺取帝位的阴谋活动予以客观记述,但是另一方面强调,"海陵的最终目的是想当皇帝,所以他在悼后的支持下暗中利用和联合各种谋反势力,最后夺取了皇位。在夺取皇位后,又反过来大杀旧贵族,以巩固其地位,在这点上与熙宗利用宗翰而后又杀宗翰之党是极为相似的"①,进而肯定其积极镇压旧势力,对熙宗改革的继承和发展的种种做法。"这种历史的全面的分析评价完颜亮,其方法是极为可取的,其看法是令人信服的。"②在该书的第六章,张博泉先生指出:"章宗是金朝发展的极盛时期,同时也是由盛到衰的转折,新的阶级矛盾与斗争不断爆发。"③进而,张博泉先生用两章的篇幅论述金朝的衰落与灭亡,展现比较完整的金朝历史。至于金朝的文化,张博泉先生认为"金朝文化已达到很高水平。""其文化发展的成就,在某些方面亦非北宋可比,启后世文化发展之先声"。④

史料运用精到,考古资料和文献资料互证。张博泉先生对于考古、文献资料的掌握和运用娴熟老到,看似信手拈来,实则炉火纯青。张博泉先生严格挑选出能够画龙点睛升华论点的史料,反映出其用力之勤和研究功力之深。其实,这都是张博泉先生常年在少见阳光自名为"不阳斋"的书屋里,苦心钻研古籍文献,惜时如金,笔耕不辍,孜孜不倦的结果。

此外,言简意明、引文不赘、笔法通俗,将纷繁复杂的历史事实寓于平实生动的语言之中,也是该书的显著特点。对于初涉金史研究的读者而言,通过阅读该书对金朝一百余年的历史有了初步认识,并由此"登堂入室",培养学术兴趣,确定学术方向,都是大有裨益的。

全书除正文外,还附有金辽宋纪年对照表、金辽宋行政区划比较表、大事年表及多幅地图,文物照片近60幅,宋德金认为该书中的图表和照片,"可节省读者翻检其他工具书之劳,提高阅读效率,读者称便"⑤。

三、学术界对《金史简编》的评价与肯定

《金史简编》出版后,得到学术界特别是金史学界同仁的关注,给予充分肯定,一直享誉学林,绵延不绝30余年,堪称佳话。对《金史简编》最早予以评介的是署名史云1985年1月9日刊登在《光明日报》"史学版"第376期题为《一部颇有特色的断

---

① 张博泉:《金史简编》,沈阳:辽宁人民出版社,1984年,第138页。
② 景爱:《张博泉先生的金史研究》,《史学史研究》1994年第2期,第24页。
③ 张博泉:《金史简编》,沈阳:辽宁人民出版社,1984年,第238页。
④ 张博泉:《金史简编》,沈阳:辽宁人民出版社,1984年,第374—375页。
⑤ 宋德金:《金史研究的新成果》,《中国社会科学》1985年第4期,第143页。

代史——〈金史简编〉》的书评。文章指出:"本书除对金史研究做总体性论述外,对金朝以前女真史、金朝的建立和发展、统治集团内部矛盾与社会改革、北方经济和女真族由奴隶制向封建制转变及其完成、金的衰落乃至灭亡、金代文化,都有较全面的论述,基本上囊括了金朝一百二十年的历史。这是我国第一部比较完整的金朝断代史,填补了这方面的空白。"①宋德金指出:"《金史简编》是张博泉同志继他的《金代经济史略》(辽宁人民出版社1981年出版)之后的又一部新著,这也是我国第一部以历史唯物主义为指导写出的较完整的金朝断代史。"他认为,"(张博泉先生)是国内金史研究成果最多的学者。由于作者对金史的许多专题研究有素,在此基础上撰写的专著,内容充实,确有见地,反映了目前国内金史研究的水平,是我国金史研究的重大成果"。②此外,杨家振在《东北亚研究动态》1985年第2期上,对《辽史简编》《金史简编》予以介绍。③1993年,在《金史研究综述》一文中,景爱对张博泉先生及其著作给予高度评价,"这个时期成就最大、著作最多的,是张博泉先生。他将以前专题研究的结果,编为《金代社会经济史略》和《金史简编》两种专著,全面系统地介绍了金代的社会经济制度和金代历史"。认为"在国人中,张博泉先生是第一位专门致力于金史研究的学者"。④1994年,景爱又在《张博泉先生的金史研究》一文中评价指出:"《金史简编》(辽宁人民出版社1984年),是在《金代经济史略》的基础上编著的,这是国人第一部全面系统的金朝断代史,在金史的研究上,具有划时代的意义。""《金史简编》不仅是金史研究的成功之作,也为中国通史的研究,提供了丰富的资料。"⑤2004年,宋卿和禾女则在《宠辱不惊人之道 山高水长学之风——忆著名金史、地方史学家张博泉先生》一文中对《金史简编》的内容概括为:"书中全面系统的论述了金建国以前女真人的历史、金王朝的建立与发展、金朝统治集团内部的政治纷争、金朝由奴隶制向封建制的转化与完成、金朝的衰落与灭亡、金朝的文化……并且提出许多独到的见解。"⑥2008年,段光达和沈一民的《20世纪金史研究综述》一文认为,"自'文化大革命'结束一直到世纪末,是金史研究的繁盛阶段"。在断代史编纂方面,首推《金史简编》。他们指出,"1984年辽宁人民出版社出版了张博泉的《金史简编》,是第一部关于金朝的断代史专著。该书全面系统地论述了金建国以前女真人的历史,金朝的建立与发展,金朝的社会经济、政治制度,以及金代的文化"⑦。2013年,程妮娜教授将《金史简编》出版的意义归纳为:"该书的出版使金史研究在整

---

① 史云:《一部颇有特色的断代史——〈金史简编〉》,《光明日报》1985年1月9日,第3版("史学版"第376期)。
② 宋德金:《金史研究的新成果》,《中国社会科学》1985年第4期,第142—143页。
③ 杨家振:《辽金史研究新成果——〈辽史简编〉、〈金史简编〉简介》,《东北亚研究动态》1985年第2期。
④ 景爱:《金史研究综述》,《史学史研究》1993年第1期,第40页。
⑤ 景爱:《张博泉先生的金史研究》,《史学史研究》1994年第2期,第20—21页。
⑥ 宋卿、禾女:《宠辱不惊人之道 山高水长学之风——忆著名金史、地方史学家张博泉先生》,《东北史地》2004年第10期,第40页。
⑦ 段光达、沈一民:《20世纪金史研究综述》,《文史知识》2008年第4期,第156页。

体上摆脱了附属于他史研究的状况，第一次将金朝历史的各个方面完整地展现给读者，被学界誉为新中国第一部金朝断代史，是金史研究史的标志性成果，具有里程碑的地位。"①2015年，刘肃勇先生写道："1984年，张博泉撰著了我国第一部金朝断代史——《金史简编》（辽宁人民出版社）。书中全面论述了从女真族创建的金王朝初始发展，到盛强与衰亡的历史，对金朝史上各个方面及其主要问题都进行了精道详细的论述，提出了诸多新见解，开新中国成立以来研究金史并取得重大成果之先河。"②

正所谓"金无足赤"，《金史简编》一书亦有不足之处。宋德金认为："全书详于政治、经济，而文化部分过于简略。正文417页，文化只占44页，仅为全书十分之一强的篇幅，比重似嫌轻了一些。"③景爱指出："《金史简编》属于断代史，由于篇幅和体例的限制，有些重要问题无法深入详细的论述。"④此外，笔者认为，囿于当时铅字排版比较原始的条件，该书还有一些印刷错误，如第109页"北宋末年及金人进入中原之初，北方社会充满着矛盾。而阶级矛盾仍是当时社会的基本矛盾，它规定和影响着其他矛盾"。"规定"似应为"决定"；第117页，"五马山抗金以宗室信王赴臻作为号召"，"赴臻"实为"赵榛"之误等。但是上述问题实属白璧微瑕，无伤大雅。

正如程妮娜教授所强调的，"在《金史简编》问世后，又有几部金朝断代史著作出版，各有重点与特色。然时至今日，《金史简编》仍然是治金史者所必读的著作，也是高等院校历史专业的本科生、研究生学习金史的首选教材"⑤。这也许正是《金史简编》历久弥新的魅力所在。通过对《金史简编》的学习研读，强烈感受到张博泉先生矢志不渝、九死不悔的"犁牛子精神"。先生的史识、史才和史德，堪称治史者的典范。

（编辑：李　威）

---

① 程妮娜：《张博泉先生与辽金史研究》，《淮阴师范学院学报（哲学社会科学版）》2013年第3期，第342页。
② 刘肃勇：《张博泉的金史研究》，《中国社会科学报》2015年5月5日，第B03版。
③ 宋德金：《金史研究的新成果》，《中国社会科学》1985年第4期，第143页。
④ 景爱：《张博泉先生的金史研究》，《史学史研究》1994年第2期，第21页。
⑤ 程妮娜：《张博泉先生与辽金史研究》，《淮阴师范学院学报（哲学社会科学版）》2013年第3期，第342页。

海外译介

新发现的乐浪木简
——乐浪郡初元四年县别户口簿*

〔韩〕尹龙九 著　潘博星 译**

摘　要：平壤市乐浪区一处木椁墓中出土了刊行的名为"乐浪郡初元四年县别户口多少□□"的木简，孙永钟于朝鲜社会科学院历史研究所《历史科学》中对该木简进行了介绍。本文在孙永钟介绍内容的基础上对乐浪地区出土的简牍进行了梳理，推算出乐浪郡各县户口数和每户人口数，为理解乐浪郡的人口构成、分布情况、乐浪郡汉人和土著人之间的关系提供了判断依据。

关键词：乐浪木简　乐浪郡　初元四年　户口簿

一、引　言

20世纪90年代初，平壤市乐浪区一处木椁墓中出土了名为"乐浪郡初元四年县别户口多少□□"的木简，和木简一起出土的还有同时期的几份"公文书抄写本"。这些信息见于孙永钟刊载于朝鲜社会科学院历史研究所《历史科学》卷198—200的论文中。

孙永钟在论文中把"乐浪郡初元四年县别户口多少□□"木简所记元帝初元四年（公元前45）乐浪郡25县户口数以统计表的形式加以表述，但所记内容非常简略，除了从木椁墓中出土这一信息外，墓的具体构造、随葬遗物、出土木简的全部目录、相关照片、数量、形态、字体、判读全文等完全没有言及。内容仅限于介绍乐浪郡25县中约8个县的户数和以3—4个县为单位合算的户口数。全部的人口数区分了"汉族"和"原土著

---

* 本文系吉林省社科基金（2021G8）和长春师范大学社科基金（长师大社科合字[2021]第006号）项目阶段性研究成果。
** 尹龙九，韩国仁川城市工程园区技术队队长（原仁川市立博物馆学艺研究室长）；潘博星，长春师范大学高句丽渤海研究院助理研究员。

居民",但区分的具体标准以及木简中为加以区分所使用的词汇均未提及,只提到了数量和比例。

关于乐浪古墓的发掘工作,日本强占期发掘了 70 余座,朝鲜半岛解放后朝鲜发掘了 3000 余座[①],但其中 2600 余座均未形成调查报告。虽然出现了几份报告书形式的资料[②],但很难认定其作为研究资料的价值,特别是文字遗物的报告更为不实,甚至连其说明的内容也难以相信。因此,要了解初元四年所制木简的全貌尚需时日。即便如此,笔者认为目前所知的碎片化的信息对于相关领域的研究者来说也可提供一些启发。因此,即便很多内容未经打磨,也先呈现给众方家。

二、乐浪出土的简牍

由于郡县存续时间较短,调查发掘的数量不多,以大同江流域平壤一带为中心设置的乐浪郡出土的简牍是非常少的。1931 年,南井里 116 号墓(彩箧塚)出土过简牍,推测该墓主为王氏,简牍是记录墓主的故吏——朝鲜县丞田肱指派部下朝鲜县吏奉呈绸缎 3 匹的木札[③](长 23cm,宽 6cm,厚 0.6cm),与木札一起出土的还有书刀、成套的砚台、银制的铰具、带钩、冠帽和革沓等。[④]包括南井里 116 号墓在内,朝鲜共出土过 5 次简牍,整理如表 1 所示。[⑤]

表 1　乐浪出土简牍一览

遗迹名	出土时间	结构	年代	内容	性质
南井里 116 号墓（彩箧塚）	1931 年	木椁墓（横口式木室）	东汉末	木牍 1 片	木札
贞柏洞 3 号墓（周古墓）	1963 年	木椁墓（异穴合葬）	公元前 1 世纪后期	木简 3 片	不详

---

① 〔日〕梅原末治:《朝鲜北部的汉墓》,《东洋的文化与社会》,京都:京都大学支那哲学史研究会,1950 年,第 4 页;〔朝〕李顺珍:《关于平壤一带乐浪古墓的研究》,平壤:社会科学出版社,2001 年,第 2 页。
② 〔朝〕李顺珍:《乐浪区域一带的古墓发掘报告》,平壤:社会科学出版社,2002 年;〔朝〕韩仁德:《关于平壤一带的砖石室的研究》,《关于平壤一带的砖石室墓、高丽墓、三国时期马具的研究》,平壤:社会科学出版社,2002 年。
③ 译者按:原文为"名谒",名谒原意为拜谒尊长时用于通报姓氏的一种名片,与此木牍作用不符,此处暂用"木札"。
④ 〔日〕朝鲜古迹研究会:《乐浪彩箧塚》,京都:朝鲜古迹研究会,1934 年,第 57—58 页。
⑤ 朝鲜的报告书中将木简记为"木牌"或"写字木牌",将竹简记为"竹牌"或"写字竹牌",还有"木片"一类用词,难以分类。报告书中还记述了合葬型木椁墓的贞柏洞 37 号墓中出土了长方形木牌若干和刀子、砚台盒、冠帽和带钩等,典型的木椁墓贞柏洞 166 号墓中出土了 23cm 长的木尺和木牌 4 个,2003 年 3 月,乐浪土城西壁附近的井址也出土了 4 块断面有孔的木块。〔朝〕社会科学院考古学研究所:《考古学资料集》第 5 号,平壤:科学百科辞典出版社,1978 年,第 29 页;〔朝〕李顺珍:《乐浪区域一带的古墓发掘报告》,平壤:社会科学出版社,2002 年,第 169 页;〔朝〕郑峰灿(音译):《新发掘的乐浪井址与遗物》,《朝鲜考古研究》2005 年第 2 期,第 25 页。

续表

遗迹名	出土时间	结构	年代	内容	性质
乐浪洞1号墓	1981—1984年	木椁墓（同椁合葬）	1世纪前期	木简6片	不详
乐浪区域木椁墓	1990年2月—1992年初	木椁墓	公元前1世纪后期	竹简1批	《论语》残卷（卷11—12全文）
乐浪区域木椁墓	2005年（？）	木椁墓	公元前后	木简1批	户口簿等（公元前45年）

1963年，在建设工程中贞柏洞3号墓中出土了木简3片。长10.5cm，宽0.6cm，厚0.5cm，形状为薄且窄的长方形，一端有一穿孔，以类似白色马鬃之物将其连接。从墓葬的构造和随葬遗物的状态来看，墓主以细形铜鉾与花盆形土器随葬，推测应是土著出身的郡县官吏。还有刻有"周古"的汉式姓名银制印章、长方形的石砚，马鬃冠帽，带钩等，这些遗物显示出墓主的身份应是从事文书行政的官员。发掘当时虽显墨痕但非常模糊，难以判读。[①]墓的年代大概为公元前1世纪后期。

20世纪80年代初，乐浪区域统一街建造工程中乐浪洞1号墓中出土了木简6片。乐浪洞1号墓有内外二重椁，内椁中置有棺3具，是典型的同椁合葬的木椁墓。其中男子棺内出土木简2片，内椁北边与外椁之间划分出随葬品格中的漆椁内出土了木简4片、木制图章、石砚、书桌、带钩等。木简内容不明，棺内出土的遗物、随葬品与漆椁出土的木简性质应有不同。墓的年代推测为公元1世纪前期。[②]

另外，1990年初，平壤乐浪的一处木椁墓中出土了《论语》竹简。从墓的构造与《论语》竹简的出土推测墓应为公元前1世纪后期建造。竹简的形态与数量情况不明，内容为《论语》卷11和卷12的全文。[③]报告者将卷11和卷12标注出来，应是考虑到西汉末期之后的《论语》20卷本，卷11和卷12分别为"先进篇"和"颜渊篇"。除了孔壁本《论语》，乐浪《论语》竹简的出土是继1973年河北省定县八角廊40号墓（中山怀王刘修墓）出土残缺《论语》[④]后的第二例。定县的木简大概有现存《论语》的二分之一，未见完整的编目。相比之下，乐浪出土的《论语》木简虽然只有2篇，但因收录了全文，作为史料的价值还是很大的。总之，公元前1世纪后期乐浪木椁墓出土的《论语》木简反映了郡县设置后乐浪郡内文字接受和儒学普及的情况。[⑤]鉴于竹简材料的生产地不在乐浪地区，竹简从中国内地引入的可能性很大。

乐浪简牍均是在平壤市南部乐浪土城周边的汉代古墓中出土的。出土木简4次，出

---

① 〔朝〕社会科学院考古学研究所：《乐浪区域一带的古墓发掘报告》，《考古学资料集》1983年第6期，第10页。
② 〔朝〕李顺珍：《乐浪区域一带的古墓发掘报告》，平壤：社会科学出版社，2002年，第165—168页。
③ 〔朝〕刘丙洪：《考古学领域的成果》，《朝鲜考古研究》1992年第2期，第2页。
④ 河北省文物研究所定州汉墓竹简整理小组：《定州汉墓竹简论语》，北京：文物出版社，1997年。
⑤ 关于乐浪和边郡地区的文字流入是否一定意味着反映代表中国价值的儒教文化的接受这一问题，参考〔韩〕金庆浩：《汉代边郡统治的普遍原理与性质——以统治理念为中心》，《东洋史学研究》2005年第91辑，第27—57页。

土竹简1次，比较形态与大小，南井里116号墓的木牍与贞柏洞3号墓的木简为不同种类。内容分为遣册的一种——名谒、书册（《论语》）和簿籍等①。乐浪洞1号墓放置随葬品的格中发现漆椁，漆椁中置有木简，这些木简很有可能是写有物品内容的标签。

除了南井里116号墓出土的木简，乐浪出土的简牍均是从公元前1世纪后期到公元1世纪前期的墓中出土。这一时期简牍的编册、保管过程的痕迹都与乐浪出土封泥的使用年代相符。②另外，与作为文书行政标志的毛笔、砚台、书刀和封检用的印章、冠帽、带钩等官服附属物在乐浪古墓中出现的时间也一致。③乐浪出土的简牍可作为了解公元前1世纪中叶之后乐浪郡内文书制度和郡县管理施行程度的资料。

三、初元四年户口簿的内容

关于乐浪区域发现的木简，孙永钟做了如下介绍④：

> 平壤市乐浪区域的一处木椁墓中出土了木简，木简上记有名为"乐浪郡初元四年县别户口多少□□"的统计表。这些木简与几份同时期的公文书抄写本一起被发掘，是本应由乐浪郡官衙保管的文书。⑤

通过以上说明可知，从平壤市乐浪土城附近的木椁墓出土了公元前45年（即西汉元帝初元四年、丙子年）的木简，该木简与乐浪郡25个县户口统计的木简，还有同时

---

① 译者按：遣册是专门记录随葬品器物的简牍，此处应与名谒、书册和簿籍不构成隶属关系。
② 判断理由是汉代封检制度在武帝时期确立，王莽时期其实用性日渐衰弱，东汉以后实用性削减。参见〔日〕汉村治树：《陈介祺旧藏封泥的形式与使用法》，《春秋战国秦汉时代出土文字资料的研究》，东京：汲古书院，2000年，第724页。乐浪出土的封泥大部分时代为西汉晚期到东汉初，还有一部分是魏晋时期。参见孙慰祖：《朝鲜半岛出土的汉魏时代封泥考》，《孙慰祖论印文稿》，上海：上海书店出版社，1999年，第65—66页；孙慰祖：《封泥：发现与研究》，上海：上海书店出版社，2002年，第126—128页。
③ 〔韩〕尹龙九：《乐浪前期郡县统治势力的种族系统与性质》，《历史学报》1990年第126辑，第37页。
④ 推测初元四年户口簿已于2005年发掘，或虽然在此之前发掘，但内容的判读是在2005年完成的。详见〔朝〕孙永钟：《高句丽—新（王莽）战争与高句丽的辽东郡东部与南部地区收服》，《历史科学》2004年第189辑，第34—37页；《关于3—4世纪高句丽的西边》，《历史科学》2004年第192辑，第42—45页；《乐浪文化的朝鲜性质》，《高句丽史诸问题》，平壤：社会科学出版社，2004年，第207—213页；《"汉四郡"与辽东郡的位置》，《高句丽史诸问题》，平壤：社会科学出版社，2004年，第251—259页；《关于"汉四郡"位置的正确理解》，《社会科学院学报》2004年第45号，第6—12页；《乐浪文化的朝鲜性质》，《历史科学》2005年第193辑，第41—43、48页；《关于乐浪文化的遗迹遗物》，《历史科学》2005年第196辑，第64页；《乐浪郡南部地区（后带方郡地区）的位置——以"乐浪初元四年县别户口多少□□"统计资料为中心》，《历史科学》2006年第198辑，第30—33页；《辽东地方西汉郡县的位置与变迁（1）》，《历史科学》2006年第199辑，第49—52页；《辽东地方西汉郡县的位置与变迁（2）》，《历史科学》2006年第200辑，第31—35页。
⑤ 〔朝〕孙永钟：《乐浪郡南部地区（后带方郡地区）的位置——以"乐浪郡初元四年县别户口多少□□"统计资料为中心》，《历史科学》2006年第198辑，第31页。

期的若干公文文书一同出土。乐浪地区的木椁墓年代在公元前 1 世纪末前后[①]，据此推测上述出土木简的墓也应于公元前后建造完成。

"乐浪郡初元四年县别户口多少□□"是木简的表题，是按照"所属地+年月+簿籍名称"的顺序附以表题的簿籍类文书形式[②]，与 1993 年中国江苏省连云港市尹湾汉墓（M6）出土木牍中"武库永始四年兵车器集簿"的表题形式相似[③]。因此，木简表题的末尾未能判读的 2 个字可能是"集簿"或"计簿"。[④]

初元四年县别户口统计资料是汇集了西汉时期乐浪郡所属 25 个县的户口数的一种户口簿。孙永钟将其称为"户口统计"或"户口统计表"。20 世纪初斯文·赫定与奥莱尔·斯坦因虽然对汉代简牍进行了正式的调查，户口统计簿籍的出土仍是十分罕见。1993 年，江苏省连云港市尹湾汉墓（M6）中出土的木牍是一种记录了西汉末东海郡全部户口数与增减细目、性别与年龄差异的集簿，是上计簿一部分。1999 年，湖南省浣陵县虎溪山汉墓（M1）中出土了命名为"黄籍"的竹简，该竹简记录了西汉初浣陵侯国所属各乡的户口数与变化情况以及变化原因。[⑤]2004 年，安徽省天长市安乐镇汉墓（M19）出土了记载西汉临淮郡东阳县所属 5 乡户口数的户口簿。县总数（9169 户，40 970 人，每户 4.5 人）与之前相比，户口数减少，以"少前"示。[⑥]

与以上事例对比来看，初元四年县别户口簿辑录了当时乐浪郡 25 个县的户口资料，这是以县为单位辑录户口数的汉代简牍第一次出土。这可能是每年秋冬为了报告上计簿和上计吏的郡情而将垦田、钱谷、盗贼出入（多少）汇总起来，上呈中央（丞相、御史大夫）文书中的一部分。[⑦]这些户口调查的目的与中原一样，明显是为了人头税，即算赋的征收和通过税收来贯彻郡县的管理。[⑧]

因此，初元四年户口簿是乐浪郡郡府负责郡县事务的属吏生前履行职务的物品，是利用户口簿等或抄写相关内容放置起来的文书。在他死后，这些文书就成了随葬品。关于

[①] 〔韩〕李荣薰：《关于大同江流域乐浪木椁墓》，《汉民族与北方的关系史研究》，首尔：韩国精神文化研究院，1995 年，第 20 页。
[②] 〔日〕永田英正：《簿籍简牍的诸样式分析》，《居延汉简的研究》，京都：同朋社，1989 年，第 308 页。
[③] 连云港市博物馆、东海县博物馆、中国社会科学院简帛研究中心，等编：《尹湾汉墓简牍》，北京：中华书局，1997 年，第 77—78 页。
[④] 2007 年 4 月 14 日发表会当时，笔者将"户口多少"中"多少"理解为"增减"，后经庆北大学尹在锡先生的指正进行了修正，尹先生认为户口数本身并不论多寡，在没有看到木简全文的情况下，就算不补入缺字，也无法断定是否记载了与前面统计对比的增减的意思。
[⑤] 郭伟民：《浣陵虎溪山一号汉墓发掘记》，《文物天地》1999 年第 6 期，第 34—37 页；湖南省文物考古研究所、怀化市文物处、浣陵县博物馆：《浣陵虎溪山一号汉墓发掘简报》，《文物》2003 年第 1 期，第 36—55 页；骈宇骞、段书安编著：《湖南沅陵虎溪山 1 号汉墓》，《二十世纪出土简帛综述》，北京：文物出版社，2006 年，第 474—475 页。
[⑥] 天长市文物管理所、天长市博物馆：《安徽天长西汉墓发掘简报》，《文物》2006 年第 11 期，第 4—21 页；何有祖：《安徽天长西汉墓所见西汉木牍管窥》，武汉大学简帛研究中心，2006 年。
[⑦] 关于汉代上计簿辑录可参考《后汉书》38 卷《百官志》州郡条补注："胡广曰：'秋冬岁尽各计县户口垦田钱谷出入盗贼多少上其集簿'"与〔日〕佐藤武敏：《前汉的户口调查》，《东洋学》1967 年总第 18 辑。
[⑧] 〔日〕佐藤武敏：《关于前汉的户口统计》，《东洋史研究》1984 年总第 43 辑 1 号，第 121 页。

这一点，孙永钟认为：

> 记录初元四年乐浪郡各县户口数的木简在乐浪区域的一处木椁墓中出土，是因为作为乐浪郡衙前小吏的被葬者犯了某项罪名，或是在人民的反封建斗争中无法在原故乡继续生活而选择向乐浪国逃亡，在逃亡的过程中死亡，死后与其所有物品一同被葬，应该还存在一些与其相同的亡命客。①

孙永钟推测木椁墓的墓主应是乐浪郡衙前属吏，这也算是合理的解释。②但是从辽东半岛的乐浪郡为何逃到平壤一带的乐浪国？又为何在濒死之际将在乐浪郡官衙制作的木简一起埋葬？这种主张难有说服力。即，需要解释墓主为何从辽东携带一批文书抄写本逃亡平壤，又为何与辽东乐浪郡同时期在平壤又有一乐浪国，这样的基本背景本身也难以理解。即便存在如此疑问，孙永钟还是坚持认为新发现的户口簿就是乐浪郡在辽东半岛存在的确切证据，并做了如下说明：

> 带方郡7个县中留下了提溪、海冥和含资县，这3个县的户数全部相加起来如右所示③，仅为864户，6608名，相比乐浪郡，这些不过是乐浪大县的六分之一到三分之一。但是这些县管辖着黄海南道的西部与南部、黄海北道的中部与东部的广阔地区，占据着大概6个大县的充裕地域。以黄海南道地区为例……均为土地肥沃、农业兴盛的……人口密度很大的地带。但是从这儿到黄海北道……一共3个县不过864户6608名人口，实在是难以理解……"乐浪郡初元四年县别户口多少□□"相关统计表中所见7个县（之后的带方郡地区）的户口数应该对应的是辽东半岛南端历史地理和经济地理等环境条件。④

以提溪、海冥、含资三县为例来设定黄海道东南部全域的情况是荒唐的，将其比定为辽东半岛南端，认为公元前1世纪中叶乐浪郡在辽东半岛的论点难以成立。

综上，2006年孙永钟第一次介绍的，与初元四年县别户口簿一起出土的公文文书，应是公元前1世纪中叶，为掌握乐浪郡的居民构成，对郡县进行整体调查获得的数值，这样解释较为恰当。关于木简的性质与内容，要想进行更深层次的分析，没有朝鲜补充的报告是不可能的。现在可以做的是通过已经公开的户口数复原乐浪郡全部的户口数，并探讨其意义。

"初元四年县别户口簿"中可以确认《汉书·地理志》乐浪条中收录的25个县。在资料中罗列了25个县的户口数，乐浪郡全部的人口数值也在其中。但是全体人口数为

---

① 〔朝〕孙永钟：《乐浪郡南部地区（后带方郡地区）的位置——以"乐浪郡初元四年县别户口多少□□"统计资料为中心》，《历史科学》2006年第198辑，第31—32页。
② 如担当郡国的民户的户曹史，或者总管总务的功曹史、主簿和郡府的属吏。
③ 译者按：孙永钟原文文右应有图表或图示，下文此类同。
④ 〔朝〕孙永钟：《乐浪郡南部地区（后带方郡地区）的位置——以"乐浪郡初元四年县别户口多少□□"统计资料为中心》，《历史科学》2006年第198辑，第32—33页。

28万人，却没有体现全部户数。人口的14%为汉人，86%为土著居民。[1]虽然记载了各县户口统计，汉人与土著民却是以县汇总，没有加以区分。但乐浪郡全部的户数无从得知，汉人与土著民的户数和以此为基础的每户人口数也就无法计算，现试根据县别户口数试复原全部户口数。

首先，介绍得比较全面的带方县以下的列口、长岑、昭明与海冥、提溪、含资7县为乐浪郡南部都尉的情况，关于此7县孙永钟做了如下说明：

> 右表中的7个县户口数为7353户，50 167名，不到乐浪郡全部户口数的16%。右表7个县的户口中带方县占有4346户，29 941名，几乎占了58%—59%，剩下的6个县的户口数为2917户，21 226名，占41%—42%。另外，(列口县、长岑县、昭明县)……这3个县的户口数合计2148户，14 618名，与带方县的户口数为6494户，44 559名，海冥、提溪、含资县的户口数合计为864户，6608名。[2]

孙永钟介绍乐浪郡南部地区7个县的户口数共7353户，50 167名，将带方县与其他6个县的户口数以每3个为一组加以介绍。但从上文来看，数值似乎有些出入。[3]孙永钟介绍总户数为7353户，加上剩下6个县的户数为7263户，反而少了90户。孙永钟称总人口数为50 167名，而带方县加剩下6个县为51 167名，约有1000名的差异。而在户数和人口数方面并没有显示有遗漏。造成这种差异的原因应是在说明带方县与剩下6个县的户口数与比例时出现了印刷上的误植。列口、长岑、昭明县的总户数2148户与带方县户数相加为6494户，那么带方县的户数4346户应是没有错误。海冥、提溪、含资县的户口数为864户，6608名，这一数值反复出现了3次[4]，这应该也是没有错误的。因此，可得到如下较为可信的数字。

带方县　4346户　29 941名
列口、长岑、昭明合计　2148户　14 618名
海冥、提溪、含资合计　864户　6608名

据此，带方县等乐浪郡南部7县户口数应为7358户，人口51 167名。上引文中的7353户应是7358户的误值，50 167名应是51 167名印刷错误造成的。带方县以下6县户数2917户，应是3012户，以上数值整理见表2。

---

[1] 最近有观点认为乐浪郡将东夷与汉系加以区分登录名籍，参见〔韩〕李成珪：《作为中国郡县的乐浪》，《乐浪文化研究》，《东北亚历史财团研究丛书》第20卷，2006年，第31页。此观点以初元四年县别户口簿为依据。
[2] 〔朝〕孙永钟：《乐浪郡南部地区（后带方郡地区）的位置——以"乐浪郡初元四年县别户口多少□□"统计资料为中心》，《历史科学》2006年第198辑，第32页。
[3] 与2007年4月14日发表会当时的统计数字不一致，无法明确认识。发表后网络上有人指出发表文中的数字错误，之后将发表文与孙永钟的文章做了几次比对，可找出错误并确认导致错误的原因。借此机会向指出发表文中错误的统计者表达谢意。
[4] 〔朝〕孙永钟：《乐浪郡南部地区（后带方郡地区）的位置——以"乐浪郡初元四年县别户口多少□□"统计资料为中心》，《历史科学》2006年第198辑，第32页。

表2　乐浪郡南部都尉所属各县户口数

县名	户数/户	口数/名	每户人口数/人	备注
带方县	4 346	29 941	6.889	
列口县 长岑县 昭明县	2 148 （平均 716）	14 618 （平均 4872）	6.805	平均每户人口 7.047 名 海冥、提溪、含资户口数相当于大县的 1/6—1/3
海冥县 提溪县 含资县	864 （平均 288）	6608 （平均 2200）	7.648	
小计	7 358	51 167	6.954	

按照孙永钟的介绍，初元四年户口簿记载的乐浪郡总人口为 28 万名，带方县下 7 县计算为每户 6.954 名，按此数计算乐浪郡的总户数应为 40 270 户。但很难将此数看作实际的总户口数。如上所示，各县每户人口数差别是很大的。孙永钟如下文字为计算乐浪郡总户数提供了线索。

> 按照右侧统计，乐浪郡的总人口 28 万名中汉人人口大概 4 万名，占总人口数不到 14%，土著民人口约占 86%……右侧 7 县（带方、列口、长岑、昭明、海冥、提溪、含资——笔者注）的户口数为 7353 户，50 167 名，仅占乐浪郡全部户口数的 16%。①

带方县以下 7 个县的户口数占全部户口数的 16%，是可以计算的。总人口 28 万名的 16%，就是 44 800 名，上面的 50 167 名（实际是 51 167 名）远超出 16%。因此，上段引文中言及的户口数 16% 指的不是人口数，而是带方县以下 7 个县的户口数 7353 户，考虑到 7353 的误字 7358，乐浪郡的总户数大概是 45 987 户。

如此计算，公元前 45 年乐浪郡应有 45 987 户，28 万名，可知每户人口数约 6.08 名。全部人口数中 14% 为汉人，86% 为土著民，那么汉人为 6438 户，土著民为 39 548 名。②将公元前 45 年乐浪郡户口数与《汉书》和《后汉书》的记录相比较，将乐浪郡的户口数整理见表3。

表3　汉代乐浪郡的户口数

年代	户数/户	口数/口	每户人口数/人	所属县数/个
初元四年 （公元前 45）	45 987	280 000	6.08	25

---

① 〔朝〕孙永钟：《乐浪郡南部地区（后带方郡地区）的位置——以"乐浪郡初元四年县别户口多少□□"统计资料为中心》，《历史科学》2006 年第 198 辑，第 32 页。
② 汉代的家族形态以单婚小家族为主，西汉后期之后豪族层增长，三族制家族增加，存在更多样的家族形态。通过汉族和土著民的人口比例进行户数计算时汉族的家族构成与土著民采用统一标准，但与实际情况应有差别。关于汉代家族参见〔日〕佐竹靖彦：《中国古代的家族与家族的社会秩序》，《东京都立大学人文学报》1980 年第 14 辑；〔日〕稻叶一郎：《汉代的家族形态与经济变动》，《东洋史研究》1984 年总第 43 辑第 1 号；〔日〕饭尾秀幸：《中国古代的家族研究诸问题》，《历史评论》1985 年第 428 辑。

续表

年代	户数/户	口数/口	每户人口数/人	所属县数/个
元始二年（公元2）	62 812	406 748	6.48	25
永和五年（公元140）	61 492	257 050	4.18	18

通过表3可知西汉末乐浪郡的年平均人口增长率为0.8%。[①]这与西汉时期正常的年平均增长率0.7%—0.8%一致,略高于西汉末(公元前67—公元2)的年平均增长率0.6%。[②]下面,笔者将考察一下乐浪郡东部都尉管辖的7个县的户口数,同时也将孙永钟介绍的内容罗列如下:

东暆、蚕台、不而、华丽、邪头昧、前莫、夫租7县中不而、华丽、邪头昧、夫租县[③]户口数为1150—1564户,户口数比较多。东暆县最少,为279户。蚕台县与前莫县各544户。

与带方县以下7个县的记录不同,只记载了一部分的户数,并未言及人口数。7个县中可知其户数的为东暆、蚕台、夫租,还有虽不知具体是哪个县,但知其户数为1150户和1564户,还有剩下的两个县以1150和1564的平均数1357来换算,共6795户。

同在部都尉体制下,除了具有相似户口数的带方县,以列口县等6个县的平均每户户口数为基准,复原全部户口数见表4。

表4 乐浪郡东部都尉所属各县户口数

县名	户数/户	口数/口	每户人口数/人	备注
东暆县 蚕台县 前莫县	279 544 544	1 966 3 833 3 833	7.047	东暆县的户数最少 人口数由南部都尉6个县的每户人口数换算而成
不而县 华丽县 邪头昧县 夫租县	1 150—1 564 (平均1 357)	38 251	7.047	1 150户8 104名+1 564户11021名+1 357户9 562.7名 2县×19 125.5名=38 251名
小计	6 795	47 884	7.047	

---

① 开始年人口设为 P_0, n 年后人口为 P_n, $P_n = P_0 * \exp(r*n)$,此处 r 为人口增长率。此数字由统计厅仁川事务所崔由美(音译)协助算出。

② 葛剑雄:《西汉人口地理》,北京:人民出版社,1986年,第72—83页。再引用于〔韩〕李成珪:《虚像的太平——汉帝国的瑞祥与上计的造作》,《古代中国的理解》4,汉城:知识产业社,1998年,第124页。有观点认为西汉后期(昭帝—平帝)的年平均增长率为0.7%—1%,从昭帝后宣帝开始到平帝时期为1%。参见〔日〕肥后政纪:《关于前汉朝的人口数》,《集刊东洋学》1990年总第64辑,第115—131页,通过初元四年户口簿的人口与元始二年《地理志》中记载的户口数很难断定乐浪的年平均人口增长率0.8%高于当时的平均值。

③ 译者按:尹龙九先生文中作"불내",应是"불이"的笔误。

下面考察一下卫满朝鲜的中心地——乐浪郡直辖的 11 个县的情况。关于这部分孙永钟的介绍最为简略，只介绍了朝鲜县近 1 万户，其中䛁邯县 2284 户，吞列县 2000 户，增地县最少，为 548 户。①从乐浪郡的总户口数中除去东部都尉和南部都尉的户口数得到 31 834 户，180 949 名。由此得到每户人口数为 5.68 人，再以此带入已知户数的朝鲜以下 4 个县的数据，则得到数字见表 5。

表 5　乐浪郡直辖县户口数

县名	户数/户	口数/口	每户人口数/人	备注
朝鲜县 䭻望县 屯有县 遂成县 镂方县 浑弥县	近 10 000	56 800	5.68	人口数计算时采用了乐浪郡直辖地各县的平均值 䛁邯县为人口较大县 增地县的户数最少
䛁邯县 增地县 黏蝉县 浿水县	2 284 548	12 982 3 112	5.68	䭻望县以下各县的人口数无法得知，7 县合计 17 002 户，96 571 名，县平均值为 2428 户，13 795 名
吞列县	近 2 000	11 360		
小计	31 834	180 949	5.68	

另外，表 6 是利用上述方法算出的乐浪郡分区域的户口数并导出的其属县的平均值。从表 6 中大概可知公元前 45 年乐浪郡的形势和各区域的情况。

表 6　乐浪郡各区域户口数

区域名	户数/县平均（户）	口数/县平均（口）	平均每户人口数（人）	所属县数（个）
乐浪郡直辖	31 834/2 893	180 949/16 449	5.68	11
南部都尉	7 358/1 051	51 167/7 309	6.95	7
东部都尉	6 795/970	47 884/6 840	7.04	7
小计	45 987/1 839	280 000/11 200	6.08	25

四、论初元四年户口簿

利用 2006 年孙永钟介绍的内容将初元四年的乐浪郡各县户口数整理如上。虽然有部分内容使用了自定义的标准，但大体上接近原资料的数值。因为统计资料的准确性难以确定，目前没有方法来验证所示户口数与实际情况的一致度和信息的可信度。

---

① 〔朝〕孙永钟：《乐浪郡南部地区（后带方郡地区）的位置——以"乐浪郡初元四年县别户口多少□□"统计资料为中心》，《历史科学》2006 年第 198 辑，第 49—50 页。

与 47 年后（元始二年）的户口统计《汉书·地理志》来比较，年人口增长率与同时期正常的数值一致，每户人口数基本合理。当然，《汉书·地理志》的户口资料也与初元四年的户口资料一样，无法证实是否与在乐浪郡居住的所有居民实际情况相同。还有很多未被编户的其他民族、流民和奴婢，甚至是连官员也无法汇总的遗漏存在。[1]但初元四年，元帝时期前后的户口统计比其他时期操作的程度要低得多。[2]所以，初元四年乐浪郡的户口簿中所示统计资料虽不等同于实际户口数本身，但作为史料，在反映当时乐浪郡实际统治情况方面的可信度也不应过分低估。

目前掌握信息有限，在可利用初元四年户口簿进行缜密的分析之前，先试论几个相关问题。

第一，已确认"初元四年县别户口簿"记载的乐浪郡所属 25 县与《汉书·地理志》乐浪郡条中的名字相同。而且，推测由东部都尉管辖的东暆县以下"领东 7 县"列于户口簿的末尾（19—25）[3]，这也与《汉书·地理志》的记载顺序一致[4]。借此，可认为《汉书·地理志》中乐浪郡所属县的设立可追溯到公元前 45 年，到西汉末为止，所属县没有变动。但户口簿中所记领东 7 县，顺序为东暆县 279 户，蚕台县 544 户，不而县、华丽县、邪头昧县达千余户，前莫县 544 户，夫租县又千余户。总之，户口簿中领东 7 县并不是按照户口数的多寡排序的。[5]一般来说，簿籍的记载顺序应结合地理环境与通路等因素，一经确定，便成惯例。这一点，户口簿中记载的 25 县也不例外。《汉书·地理志》中南部都尉与东部都尉治所所在的不而县和昭明县户口数很难看出多于周边地区，将其选作治所可能也是综合考虑了地理、军事等因素。

第二，将乐浪郡 25 县分区域来看，乐浪直辖地具有绝对优势。乐浪直辖地属县的户口数是南部都尉和东部都尉的 3 倍以上。当然，乐浪直辖地作为卫满朝鲜中心，与真番郡、临屯郡的故地东部都尉相比，可确认户口数有较大偏差，这有可能是郡县设置

---

[1] 汉代的户籍分为三部分。第一，皇室、列侯、公卿、豪右和其所有的奴婢、宾客、徒附、隐匿的逃亡者；第二，之前不在户籍，后死亡，或出世者以及逃亡山林 1 年以上者；第三，未登载于官府户籍的流民等大量遗漏的居民。参见王毓铨：《"民数"与汉代封建政权》，《中国史研究》1979 年第 3 期，第 71—74 页。
[2] 〔日〕佐藤武敏：《关于前汉的户口统计》，《东洋史研究》1984 年总第 43 辑第 1 号，第 120—124 页。
[3] 孙永钟说明了"领东 7 县"〔东暆县、蚕台县（尹龙九原文作"잠시현"，不知是尹龙九笔误，还是孙永钟原文）、不而县、华丽县、邪头昧县、前莫县、夫租县〕的位置。原文为"公元前 82 年乐浪郡统合了临屯郡的大部分（苏子河—大洋河界以西地区），置于东部都尉，其属下有 7 县。此内容可见于'乐浪郡初元四年县别户口多少'统计表中 19—25 号"。参见〔朝〕孙永钟：《辽乐地方西汉郡县的位置与变迁（1）》，《历史科学》2006 年总第 199 辑，第 49 页。
[4] 孙永钟称《汉书·地理志》中不而县与蚕台县在户口簿中的顺序相反。另外，《汉书·地理志》中第 9 县驷望县位于首县朝鲜县与 13 县屯有县之间。参见〔朝〕孙永钟：《乐浪郡南部地区（后带方郡地区）的位置——以"乐浪郡初元四年县别户口多少□□"统计资料为中心》，《历史科学》2006 年第 198 辑，第 50 页。除东部都尉之外，其他的 18 个县在户口簿上的记载顺序与《汉书·地理志》的标记顺序也有可能不同。
[5] 安徽省天长市出土的临淮郡东阳县所属 5 乡的户口簿不依照户口数的多寡，算簿中的顺序也与赋税多少无关，与户口簿中的顺序也有所不同。参见何有祖：《安徽天长西汉墓所见西汉木牍管窥》，武汉大学简帛研究中心，2006 年。

前形成的。①古朝鲜灭亡后，汉在其地设置郡县，不久，真番郡、临屯郡经历废置分合统治主体发生改变，但成为乐浪直辖地的原卫满朝鲜中心地的功能一如从前。另外，在每户人口数方面，乐浪直辖地以汉代编户的标准，可达到每户 5—6 人（与南部都尉相比，每户多 1.27 人，与东部都尉相比，每户多 1.36 人）。②如果说编户化的进展和郡县的户口数可以反映出管理的程度，那么都尉府对所属地区的管辖要迟滞于直辖地的郡县。都尉府中的南部都尉对郡县的管理要强于东部都尉。关于这些内容，早前市川任三曾言及西汉时期边郡部都尉问题，认为与乐浪郡东部都尉不同，他再三强调南部都尉并没有放弃，而是在向郡县体制转换的过程中，受到来自汉的统治力的影响。③如表 2 所示，南部都尉的地理情况是以带水河口的带方县为中心，包括列水河口的列口县、廉斯鑡从海路前往辰韩的出发地长岑县，以及推测位于黄海道信川的昭明县等交通要冲，这些县也是分布户口数较多的县。汉虽未能即刻将乐浪郡南部都尉转换成郡县体制，但由于掌握了交通要地和由此形成的据点，一定程度上扩大了影响力。但带方县以外县的形势比起东部都尉的不而县④、华丽县则没有表现出悬殊的优越性。因此，没有放弃南部都尉的理由应是为了应对乐浪郡的中心部和确保到三韩和倭的通路。但是，对这一地区的统治已并非之前的领域支配，而是据点支配的方式。

第三，从 25 个县的形势来看，东部都尉的东暆县 279 户 1966 名，数量最少，蠶台县与前莫县 544—1000 户的 10 个县（南部都尉 6 个县，东部都尉 6 个县，乐浪直辖地 1 个县）达到全部的 40%。另有不到 1500 户的东部都尉 4 个县，2000 户以上南部都尉 1 个县，乐浪郡直辖地 548 户的增地县，其他各县均多于 2000 户。这些户口数的编纂工作虽然发生在 3 世纪前期，但根据《三国志》韩传中对马韩小国规模的介绍，可知马韩"大国万余家，小国数千家"，辰韩、弁韩"大国四五千家，小国六七百家"的记录，这样的情况是否是人为造成的？当然，郡县设置后有不少汉人进入到都会地区，每年的偏差随着居住环境的变化也会有很大不同。以朝鲜县为代表的乐浪郡直辖地的人口非常密集，南部都尉位于交通据点，东部都尉原为肥沃的地带，所以人口密度较大。但乐浪郡初元四年县别户口簿表现出的是，同样是以县为单位，却存在着极不和谐的人口差异，而国家也容忍了这样不和谐的情况存在。总之，乐浪郡 25 个县的划定并不是按照户口数所做的整齐的区划，而是接受了之前的社会基础再加以利用的结果。再宏观一点来说，公元前 45 年乐浪郡形式上与中国内地一样执行同样的法律和文书行政

---

① 《史记》卷 115《朝鲜列传》将真番郡、临屯郡编入卫满朝鲜，以"旁小邑"加以记录，索引中将真番郡、临郡屯理解为东夷小国，乐浪直辖地与南部、东部地区在人口方面有一定差异。
② 〔日〕越智重明：《汉代的户与家》，《史学杂志》1969 年总第 78 辑第 8 号，第 23—29 页。汉代小农的农家构成形态为每户平均 5—6 人程度。
③ 〔日〕市川任三：《前汉边郡都尉考》，《立正大学教养学部纪要》1968 年第 2 辑，第 2—4 页。
④ 译者按：原文作"불내"。

下的郡县管理①，实际上却仍然利用郡县设置前卫满朝鲜原来的社会基础与管理结构，进行以征税为主的郡县事务。

第四，公元前 45 年乐浪郡居住的与土著民区分开的汉人约 4 万人，占全部人口数的 14%之多。按照平均每户人口数来计算约为 6438 户。以往的研究认为虽然没有徙民、屯田民等大规模汉人的流入，但不难想象郡县设置后，赴任的长吏、军兵、商人等汉人的移住。②从实际的数量和比例来看，比预想的更多。当然，也不能说 4 万汉人都是郡县设置后流入的"新来汉人"。《三国志·秽传》记录郡县设置后有"胡汉稍别"的事实，战国末期之后，还有数万口从燕齐赵等国前往朝鲜的记载。通过《后汉书·王景传》可知，从战国末期到西汉初年，进入此地区的汉人在郡县设置后，作为当地掌握一定力量的人在乐浪是一种主宰的姿态。王家从山东琅琊出发渡海到达訚邯县并以此地作为其籍贯地。像这样在户口簿记录的 4 万汉人中，在郡县设置之前就已经在此居住的数量也不少。另外，边郡太守率兵，与敕任的长吏在乐浪郡设置初期就已从辽东进入乐浪，根据《汉书·地理志》，乐浪的朝鲜系居民和内郡的贾人等汉人已起纷争，可见实际进入乐浪的数量不少，以往认为数量不多③，应是错误的推论。当然，也很难认为这 4 万汉人是均匀分布在乐浪全域，以朝鲜县为代表的都邑和交通要道，出产海盐、海产等特产的供给地，以及东部都尉、南部都尉的一些经济较为发展的区域都有可能成为汉人集中分布的地区。郡治朝鲜县的户口数为 10 000 户 56 800 名，其中也应有大量的汉人，但全部户数的 86%是土著民是事实存在，汉族居住在都会和交通要道等地形成据点支配，而古朝鲜以来形成的土著社会基础依然存在。

五、结　　语

2006 年孙永钟第一次介绍了"乐浪郡初元四年县别户口簿"，相比其重要性，所得信息真是少之又少。期待同时期的"公文书抄写本"和全部木简、其他随葬品和墓葬相关的详细报告能早日出现。

撰写拙文，叨扰方家。向檀国大学徐荣洙老师，世宗大学河文植老师，国立博物馆

---

① 1980 年以来发现的乐浪古坟研究较为强调乐浪郡的地区特性，最近，援引中国各地出土的汉代简牍资料对这种特殊性研究多有反省，认为应该强调乐浪郡作为汉代郡县具有的普遍性管理方式，代表性研究成果如下：〔韩〕金庆浩：《汉代统治的普遍原理与性质——以统治理念为中心》，《东洋史学研究》2005 年第 91 辑；〔韩〕金秉骏：《通过中国古代简牍资料看乐浪郡的郡县支配》，《历史学报》2006 年总第 189 辑；〔韩〕李成珪：《作为中国郡县的乐浪》，《乐浪文化研究》，《东北亚历史财团研究丛书》第 20 卷，首尔：东北亚历史财团，2006 年。
② 〔韩〕尹龙九：《乐浪前期郡县统治势力的种族系统与性质》，《历史学报》1990 年第 126 辑，第 14—16 页。
③ 〔韩〕尹龙九：《乐浪前期郡县统治势力的种族系统与性质》，《历史学报》1990 年第 126 辑，第 16 页。

李镕贤老师、吴永赞老师,高丽大学郑仁盛老师,翰林大学金秉骏老师,统计厅仁川事务所崔由美(音译),东亚日报文化部尹完俊(音译)记者,朝鲜日报统韩问题研究所方宝英(音译)老师,以及藏书阁期刊室文银熙(音译)老师致以真挚的谢意。

(编辑:郑春颖)

高句丽左右辅的起源与性质（节译）

〔韩〕曹泳光 著　申秋月　包雨鑫 译*

摘　要：左右辅在国相出现之前是高句丽早期的最高官职。那部里拥有强大势力的人被任命为左右辅，起到调节王权与大加势力的作用。不但高句丽实行了左右辅制，百济也实行了该制度。早期百济统治阶层出身于北方夫余或者高句丽移民集团，这表明高句丽与百济的左右辅制的根源相同。高句丽与百济早期的左右辅制表明两者都是实行以未分化的族系统治秩序为基础的初步统治体制。从高句丽桂娄部王室是游牧传统浓厚的夫余，以及早期的高句丽社会有娶嫂婚、婿屋制等游牧民族习俗的情况，也能推测高句丽早期在政治社会上具有较强的游牧性质。但是，具有这样性质的左右辅制随着高句丽集权化的发达逐渐消失，最后被国相制替代。考虑到左右辅的名称源于汉朝三辅制，不排除高句丽在谋求集权化的过程中为建设京畿地区而引进这个官职的可能性。

关键词：高句丽　左右辅　起源　性质

一、绪　言

学界从宏观上对高句丽早期官制展开研究，以一些官等和官职的初步考察为开始，到了 20 世纪七八十年代对最高官职左右辅、国相及其组织构成与业务分管等内容进行研究。[①]此后，出现那部体制论与集权体制论两种不同的观点，并在此基础上进行了积

---

* 曹泳光，韩国国史编纂委员会研究员。译者申秋月，韩国长安大学历史学硕士研究生；包雨鑫，延边大学世界史专业博士研究生。
① 〔韩〕卢泰敦：《关于三国时代部的研究》，《韩国史论》1975 年第 2 期；〔韩〕卢钟国：《高句丽国相考》（上、下），《韩国学报》1979 年第 16、17 期；〔韩〕李钟旭：《高句丽早期左右辅与国相》，《全海宗博士花甲纪念史学论丛》，汉城：一潮阁，1979 年；〔韩〕李钟旭：《高句丽早期的中央政府组织》，《东方学志》1982 年第 33 期；〔韩〕金光洙：《关于高句丽古代集权国家成立的研究》，延世大学博士学位论文，1983 年；〔韩〕金光洙：《高句丽的国相职责》，《李元淳停年纪念历史学论丛》，汉城：教学社，1991 年。

极的探索。①最近还出现了针对特定官等考察其政治社会性质的研究。②

本文以既往高句丽早期官制研究成果为基础,深入探讨左右辅制在高句丽、百济的运作方式与性质,并进一步对其起源进行分析。

二、左右辅的运作方式与性质

高句丽早期那部与王权势均力敌,旗鼓相当。作为最高官职,前期有左右辅制,后期有国相制。其中,后者出现时期明确,历任国相的活动与汉式官名的起源与性质比较分明,而前者的官名或是制度的起源及性质等诸多问题有待商榷。本部分将批判性地分析高句丽早期最高官职和官制——左右辅制的运作状况。在高句丽实行左右辅的时候,百济也实行了同样的制度,因此将其一起进行探讨。

高句丽的左右辅大约在大武神王八年首次出现,在新大王二年转换成国相制之前是高句丽早期最高职位。那么,左右辅制的起源是什么,它是以什么样的方式运作的呢?

关于左右辅的起源与性质,一般认为是与王权关系密切的早期君臣集团的代表③,或者名称上与高句丽琉璃王时期陕父历任的大辅官职雷同,因此被认为是随着桂娄部王权的发展而分置的官职④。关于其运作,有人认为主要由桂娄部出身人物任职⑤,或者是桂娄部出身的左辅和那部出身的右辅共同运作⑥。下面,笔者以表1整理《三国史记·高句丽本纪》中历任左右辅和国相的情况。

表1 高句丽的左右辅与国相

官名	人名(出身部)	官等	任命时期	备考
右辅	乙豆智(不详)		大武神王 八年	最早记载
左辅	乙豆智(不详)		大武神王 十年	由右辅升为左辅

---

① 〔韩〕余昊奎:《高句丽早期那部统治体制的成立与运作》,《韩国史论》1992年第27期;〔韩〕余昊奎:《三世纪高句丽的社会变动与统治体制的变化》,《历史与现实》1995年第15期;〔韩〕余昊奎:《高句丽早期诸加会议与国相》,《韩国古代史研究》1998年第13期;〔韩〕余昊奎:《高句丽早期政治体制的性质与成立基础》,《韩国古代研究》2000年第17期;〔韩〕林起焕:《高句丽初期官阶组织的成立与管理》,《庆熙史学》1995年第19期;〔韩〕金贤淑:《高句丽早期那部的分化与贵族的姓氏》,《庆北史学》1993年第16期;〔韩〕金贤淑:《高句丽前期那部统治体制的运作与变化》,《历史教育论集》1995年第20期;〔韩〕琴京淑:《高句丽早期中央政治结构》,《韩国史研究》1994年第86期。
② 〔韩〕金斗镇:《高句丽早期的沛者与国家体制》,《韩国学论丛》2009年第31期;〔韩〕余昊奎:《高句丽早期的王位继承原理与古邹加》,《东方学志》2010年第150期。
③ 〔韩〕李钟旭:《高句丽早期左右辅与国相》,《全海宗博士花甲纪念史学论丛》,汉城:一潮阁,1979年,第493—494页。
④ 〔韩〕林起焕:《高句丽政治史研究》,汉城:大翼,2004年,第86—88页。
⑤ 〔韩〕李钟旭:《高句丽早期左右辅与国相》,《全海宗博士花甲纪念史学论丛》,汉城:一潮阁,1979年,第493—494页。
⑥ 〔韩〕金贤淑:《高句丽早期那部的分化与贵族的姓氏》,《庆北史学》1993年第16期,第3页。

续表

官名	人名（出身部）	官等	任命时期	备考
右辅	松屋句（沸流那部？）		大武神王 十年	
左辅	穆度娄（不详）	沛者	太祖王 七十一年	称病辞官
右辅	高福章（桂娄部？）		太祖王 七十一年	被次大王杀害
右辅	弥儒（贯那部）	沛者	次大王 即位	于台→沛者
左辅	菸支留（桓那部）	大主簿	次大王 即位	于台→大主簿
国相	明林答夫（椽那部）	沛者	新大王 二年	首任国相
国相	乙巴素（方位部？）	于台	故国川王 十三年	死于山上王七年
国相	高优娄（桂娄部？）		山上王 七年	死于东川王四年
国相	明林於漱（椽那部）	于台	东川王 四年	死于中川王七年
国相	阴友（沸流那部）	沛者	中川王 七年	死于西川王二年
国相	尙娄（沸流那部）		西川王 二年	烽上王山三年
国相	仓助利（南部）	南部大使者	烽上王 三年	大使者→大主簿

从表1来看，高句丽的左右辅或者国相基本上是终身职位，由大加级别的官员担任。但是，左右辅制与国相制在时间上有些区别，左右辅大部分由沛者以上级别的官员担任，而担任国相的有于台级别的官员。这是因为国相比左右辅更与王权有关联。因此在高句丽的集权化尚未成熟的阶段，左右辅很可能由高等级官员即那部中拥有强大势力的人担任，起到一种调节王权与大加势力的作用。

早期百济实行与高句丽同样的左右辅制，通过比较分析有利于深入探讨高句丽左右辅制的起源与实质。笔者整理的《三国史记·百济本纪》中左右辅情况见表2。

表2 百济的左右辅

官名	人名（出身）	任命时期	备考
右辅	乙音（王的族父）	温祚王 二年	
右辅	解娄（北部，夫余人）	温祚王 四十一年	乙音死后更替
右辅	屹于（东部）	多娄王 七年	解娄死后更替
右辅	屹于（东部）	多娄王 十年	右辅升任（新设？）
右辅	真会（北部）	多娄王 十年	
右辅	质（王的叔父）	古尔王 九年	
右辅	真忠（北部）	古尔王 十四年	前左将

从表2来看，同高句丽一样百济的左右辅制作为最高官制具有两个特征：其一，除了东部屹于之外大多数人出身王族或者北部，是原来的高句丽、夫余人；其二，

是除了真会与质二人无法确认，其他人基本上是终身任职。这一点与高句丽的左右辅或国相相同。

此外还需指出的是，百济的左右辅没有官等。因为当时百济属于尚未形成集权体制的早期阶段，还没有制定系统的官等制。也就是说，百济的左右辅制是在官等制度尚未确立之前在早期国家阶段实行的初步性统治体制。考虑到百济的统治阶层源于高句丽、夫余，归根结底高句丽与百济共同拥有的左右辅制都是以尚未分化的族系统治秩序为基础的带有初步性统治性质的体制。

三、左右辅制的起源

与上文分析的早期高句丽、百济左右辅制相像的统治体制频繁见于东北亚游牧民族政权，这很值得关注，特别是最早建立游牧帝国的匈奴就是一个典型的例子。

> 置左右贤王，左右谷蠡王，左右大将，左右大都尉，左右大当户，左右骨都侯。匈奴谓贤曰屠耆，故常以太子为左屠耆王。自如左右贤王以下至当户，大者万骑，小者数千，凡二十四长，立号曰万骑。诸大臣皆世官……而左右贤王、左右谷蠡王最为大，左右骨都侯辅政。诸二十四长亦各自置千长、百长、什长、裨小王、相封、都尉、当户、且渠之属。（《史记》卷110《匈奴列传》第五十）

从上述史料可以看出，游牧政权匈奴以君主单于为中心，把包括左右贤王以及左右骨都侯的麾下领域或是统治阶层分为左右编制。其中，左右贤王和谷蠡王等由单于宗室担任，主要负责军政，而左右骨都侯帮助单于处理内政。[①]即匈奴置单于、左右贤王为顶点，其下面设左右队长、大都尉、大当户等，以阶序化、累层化的形式编制。[②]从纵向结构来看，这与高句丽很相似，高句丽的那部结构[③]是几个那国结合成为那部，那国再率领隶属的谷集团。[④]

游牧民族的统治方式是以部落传统为基础，这与百济有惊人的相似，如表2所示，百济古尔王时期任左辅的真忠前职是左将。这表示百济很可能在最高官职左右辅下面设左右将。[⑤]而且左将的名称与匈奴左大将相似，于是便可以推测百济统治阶层至少有游牧政权的习俗。考虑到百济的统治阶层是高句丽、夫余后裔，这样的推测并不勉强。

---

① 马长寿：《北狄与匈奴》，桂林：广西师范大学出版社，2006年，第53页。
② 〔日〕山田信夫：《匈奴二十四将》，《北亚史》，东京：东京大学出版会，1989年，第20—22页。
③ 〔韩〕林起焕：《高句丽初期官阶组织的成立与管理》，《庆熙史学》1995年第19期，第22—23页。
④ 从鲜卑的记录中也能发现类似例子，在檀石槐的鲜卑帝国，中部和东部、西部即左右大人管理各自的邑落。参见〔日〕山田信夫：《匈奴二十四将》，《北亚史》，东京：东京大学出版会，1989年，第9—10页。
⑤ 真忠的后任左将由真勿接任，见《三国史记》卷24《百济本纪·古尔王14年》，首尔：乙酉文化社，2009年，下册，第31页。

此外，时间上虽有些距离，但有记录表明百济确实任命过左右贤王。① 而且从高句丽的东川王被吴国封为游牧政权君主称号"单于"的事实来看②，高句丽与百济的统治阶层源于拥有游牧传统的集团。高句丽与百济的统治阶层都宣称自己起源于夫余，而夫余游牧文化传统浓厚。

夫余因为位于农业经济与游牧经济地带的交叉点，因此畜牧业发达。以六畜命名夫余官名正是反映了这样的经济结构。③ 而且有不少考古资料表明夫余的游牧文化传统很浓厚。近来发现的夫余遗物中有北方游牧民族喜欢使用的动物纹装饰品。④

最近被确认是夫余墓葬的西岔沟、彩岚等遗迹，发掘初期甚至被认为是属于游牧民族鲜卑。⑤ 高句丽的统治阶层从具有游牧传统的夫余迁移过来，因此不难猜测他们也拥有这样的习俗。

早期的高句丽不但有左右辅制，而且在建国神话或者社会习俗等方面也表现出游牧文化特性。众所周知，高句丽建国神话即朱蒙神话的来源是夫余建国神话即东明神话。这两个神话的重要主题即日光感应传说均见于鲜卑族等北方游牧民族的传说。⑥ 鱼鳖浮桥的传说也常见于北方游牧民族的传说。⑦

史料暗示高句丽社会有过匈奴等东北亚游牧民族共有的收继婚风俗⑧，收继婚即娶嫂婚⑨。高句丽桂娄部王室出自夫余，史载夫余有娶嫂婚，"其俗似匈奴"。⑩ 该史料所载婿屋制习俗⑪，普遍存在于游牧民族⑫。这些事实证明，早期高句丽社会留存较浓厚的游牧民族传统。

综上所述，高句丽的左右辅制与未分化的游牧政权族系统治体制有同一起源。这一体制随着高句丽以王权为中心的集权体制的建构很快解体，即2世纪中期开始向国相制转换。

那么，为什么在夫余却找不到这样的痕迹呢？高句丽与百济统治阶层出自夫余，而夫余游牧民族文化传统性最为强烈。在下列史料中可以找到理由。

---

① 《宋书》卷97《夷蛮·百济国》，北京：中华书局，2000年，第1594页。
② 《三国志》卷47《吴书·吴主传》，北京：中华书局，2000年，第843页。
③ 〔韩〕李丙焘：《三国史记（原文篇）》，汉城：乙酉文化社，1976年，第214页。
④ 刘升雁：《东辽县石驿公社古代墓群出土文物》，《博物馆研究》1983年第3期，第84—88页。
⑤ 林沄：《西岔沟型铜柄铁剑与老河深、彩岚墓地的族属》，《林沄学术文集》，北京：中国大百科全书出版社，1998年，第352—367页。
⑥ 〔韩〕朴元吉：《欧亚草原帝国的萨满教》，汉城：民俗苑，2001年，第264—265页。
⑦ 〔日〕三上次男：《鱼桥传说与北亚人》，《古代东北亚史研究》，东京：吉川弘文馆，1966年，第485—489页。
⑧ 冯继钦：《我国阿尔泰语系诸族的收继婚述略》，《黑龙江社会科学》1995年第1期，第59—62页；谢冰雪：《匈奴风俗中的"收继婚"——人类学视野中的婚姻合理性》，《青海民族研究》2007年第2期，第37—41页。
⑨ 《三国史记》卷16《高句丽本纪·山上王》，首尔：乙酉文化社，2009年，上册，第389页。
⑩ 《三国志》卷30《魏书·东夷·夫余》，北京：中华书局，2000年，第624页。
⑪ 《三国志》卷30《魏书·东夷·高句丽》，北京：中华书局，2000年，第626页。
⑫ 〔韩〕卢泰敦：《高句丽史研究》，汉城：四季节，1999年，第186—187页。

国有君王，皆以六畜名官，有马加、牛加、猪加、狗加、大使、大使者、使者。邑落有豪民，名下户皆为奴仆。诸加别主四出道，大者主数千家，小者主数百家……汉末，公孙度雄张海东，威服外夷，夫余王尉仇台更属辽东。时句丽、鲜卑强，度以夫余在二虏之间，妻以宗女。尉仇台死，简位居立。无适子，有孽子麻余。位居死，诸加共立麻余。牛加兄子名位居，为大使，轻财善施，国人附之，岁岁遣使诣京都贡献。正始中，幽州刺史毌丘俭讨句丽，遣玄菟太守王颀诣夫余，位居遣大加郊迎，供军粮。季父牛加有二心，位居杀季父父子，籍没财物，遣使簿敛送官。(《三国志》卷30《魏书·东夷传·夫余条》)

上段史料反映了3世纪左右夫余的官制与政治面貌。这里值得注意的是，与高句丽的大加一样它具有独立的基础，除了有掌管四出道的马加、牛加、猪加、狗加之外，国王的直属官僚军人使者系列分为大使、大使者、使者等，具有相当分化的特征。如果没有王权支撑，这是不可能的。①

此外，牛加的侄子位居任大使独揽专权，处死自己的伯父夫余大加牛加。大使这一官职大体上是以王权发达为基础建立的②，因此比起高句丽的左右辅更接近于国相，即这时期的夫余已经建立相当程度的集权体制，许多早期部族传统已经被消除。

而这个时期高句丽的左右辅已经不复存在，因此在上面的史料里找不到左右辅的存在。不过，高句丽对左右辅制留下记录，因能以此为基础勾勒出早于3世纪的情况，而夫余却没有留下相关记录，所以只能推测在以王权为基础设置大使职位之前有过与高句丽左右辅制相似的制度。

综上所述，高句丽早期的官制与官等是二元化、未分化的原始形态，随着桂娄部王权集权体制的建立，便逐渐开始形成系统的、二元化的制度。这与古邹加和沛者等最高官等逐渐被消灭或被授予王族爵位如出一辙，古邹加和沛者由小国首领出身的人物或者那部的部长级人物担任并且有权拥有独自的家臣组织。

而国王直属官等主簿或使者系列则更加被分化，成为中期官等制的基础，于台性质也发生变化成为兄系列的官等，尤其被认为是国王的直属高官的主簿，从早期就被分化成大主簿，由此可以推测较早时期就随着王权的发达形成了集权体制。3世纪与沛者一起成为最高官等的对卢就是由主簿分化的大主簿衍生而来，这也同样证明了上述推论。③

总而言之，高句丽早期的最高官制左右辅制是那部体制集权化尚未发达的情况下产

---

① 高句丽的王权得以迅猛强化的3世纪以后，使者系列的官等开始分化。
② 关于夫余的大使，有些人主张是以王权为基础掌权的最高行政实务及掌管包括诸加的最高国政职位。参见〔韩〕金光洙：《夫余的大使职》，《水邨朴永锡教授花甲纪念韩国史学论丛》(上)，汉城：探求堂，1992年，第63—68页。
③ 〔韩〕曹泳光：《高句丽早期官等的起源与性质》，《史学研究》2015年第119期，第57页。

生的以未分化的族系统治秩序为基础的制度。随着桂娄部王权主导的集权体制的发展最终被国相制替代而消失，北方游牧民族与早期的百济也有与左右辅制相似的制度，该制度表明高句丽统治阶层是具有强烈游牧传统的夫余后裔。这说明，左右辅制作为早期的政治制度具有重要意义，而且通过它可以了解早期高句丽的游牧文化与狩猎、农耕文化共存的社会面貌。

关于百济左右辅制的起源，有研究表明它与汉朝的三辅制有关联。[①]汉景帝分京师为二，设左右内史，武帝又将其分为京兆尹、左冯翊、右扶风，这就是三辅。三辅既是该地区地名又是官名。实际上三辅是汉首都长安周围几个郡县的地方官，而且其辖区相当于一个郡。[②]

三辅是首都及畿内的地方官，有权参加中央的朝会，地位如同九卿，具有京官的性质。他们与高句丽、百济的左右辅的区别在于没有起到最高执政官或者辅政的功能。因此，迄今为止找不到汉代的三辅与高句丽、百济早期政权的以族系统治秩序为基础产生的左右辅制的关联。

但是，高句丽的左右辅这一官名本身肯定源于汉代三辅，而且有可能是早期高句丽在同汉郡县或者汉朝直接交流过程中掌握其官名以及性质的情况下引入的。今后有必要进一步研究高句丽左右辅制的实施与集权化或者京畿地区形成过程的相互关系。

四、结　　论

左右辅在国相出现之前是高句丽早期的最高官职。将历任该职位人物与其后国相历任者相比较的结果表明，沛者级最高官等占很大比例。这个时期的沛者被授予部长级的官等。这就表明，那部里拥有强大势力的人被任命为左右辅，起到调节王权与大加势力的作用。

此外，不但高句丽实行了左右辅制，百济也实行了该制度。早期百济统治阶层出身于北方夫余或者高句丽移民集团，这表明高句丽与百济的左右辅制的根源相同。类似的制度常见于匈奴、鲜卑等北方游牧民族或者政权。游牧民族的政治制度反映的是社会发展阶段较低、政治上依赖未成熟的族系统治秩序的社会面貌。

高句丽与百济早期的左右辅制同样表明两者实行以未分化的族系统治秩序为基础的初步统治体制。从高句丽桂娄部王室是游牧传统浓厚的夫余，以及早期的高句丽社会有娶嫂婚、婿屋制等游牧民族习俗的情况，也能推测早期的高句丽在政治社会上具有较

---

① 〔韩〕朴守贞：《百济的左辅与右辅》，《先史与古代》2008年第28期，第293—319页。
② 孔令纪、曲万法、刘运珍，等主编：《中国历代官制》，济南：齐鲁书社，1993年，第62—63页。

强的游牧性质。但是，具有这样性质的左右辅制随着高句丽集权化的发达逐渐消失，最后被国相制替代。然而，考虑到左右辅的名称源于汉朝，不能排除高句丽在谋求集权化的过程中为建设京畿地区而引进这个官职的可能性。

（编辑：郑春颖）

日本的渤海史研究现状

——以文献史学为中心

〔日〕古畑徹 著　姜成山 译*

摘　要：日本在第二次世界大战前对渤海史进行了研究，这些研究为日本侵略"满洲"提供了所谓合理性支撑。第二次世界大战结束后，日本的渤海史研究一度陷入低谷。20世纪70年代后，日本学界开始引入朝鲜、韩国将渤海史纳入朝鲜史框架的看法。20世纪80年代，中国的相关研究进入日本学界后，日本很多研究者开始怀疑在朝鲜史框架内理解渤海问题的准确性。进入20世纪90年代，克服"一国史观"成为日本历史学界的重要课题，渤海史成为超越"一国史"框架的案例，分属于朝鲜史和中央欧亚史。进入21世纪后，研究重新进入低谷。近10年（2008—2017）来，渤海史研究建立了包括渤海在内的"东北亚"和"东部欧亚"广域史框架。在个别研究上，古畑徹等从文献学、史料论的视角，用实证主义的方法进行研究，其方法为年轻学者所继承。

关键词："一国史观"的克服　广域史　朝鲜史　中央欧亚史　东部欧亚　实证主义方法

一、绪　言

2015年7月6日，引领日本前近代对外关系史研究和渤海史研究的石井正敏[①]英年早逝，享年仅68岁。石井正敏在日本学术界的影响极其巨大，其去世半年后，12月20日于东京大学史料编纂所举行了大型的"追悼会"[②]，以会间与石井正敏有过往的学者

---

* 〔日〕古畑徹，日本金泽大学人间社会研究域历史言语文化学系教授；姜成山，延边大学人文社会科学学院副教授。

① 〔日〕石井正敏，1947年生于日本横滨市。1969年毕业于日本法政大学文学部，1975年修满中央大学大学院文学研究科博士课程学分，1976年任东京大学史料编纂所助教，1986年出任同所助教授，1987年转入中央大学文学部任助教授，1990年出任同大学教授，2015年去世。其大略年谱及著作目录收录于《石井正敏著作集第1卷·古代日本列岛与东亚》，东京：勉诚出版，2017年。

② 另外，在所属大学中央大学文学部和"国书之会"研究会也举办了"追悼会"。

所做的报告为基础，2017 年 9 月出版了荒野泰典、川越泰博、铃木靖民、村井章介编《前近代日本与东亚——石井正敏的历史学〈亚洲游学214〉》，同时开始出版发行 4 卷本《石井正敏著作集》。

《前近代日本与东亚》一书是由诸多论文组成的论文集，在回顾石井正敏所做各方面研究的基础上，展望今后发展的方向。该书已成为思考日本对外关系史研究、渤海史研究现状以及今后研究方向时不可或缺的重要论文集。[1]本文以该论文集为线索，介绍日本的渤海史研究现状，以达到进一步加深中日两国学术交流的目的。

石井正敏的研究重点为日本与渤海的交流史，所以《前近代日本与东亚》中所论述的渤海史研究现状与展望较为偏重日本学界。该论文集几乎没有涉及日本历史学界用何种历史框架理解渤海及其理解前提的问题。就此，笔者曾撰写过两篇论文，回顾 2007 年之前的日本渤海史研究[2]，笔者认为其中所使用的方法对探讨日后渤海史研究的历史理解的框架仍然有效。故本文首先基于两篇旧稿，回顾 2007 年之前的日本渤海史研究动向，然后再探讨 2008 年以来日本学界在何种历史框架下理解渤海的问题。在此基础上，综合考虑两种框架的相关性与石井正敏研究的影响，来叙述日本渤海史研究现状，并思考今后日本渤海史研究的发展方向。

此外，笔者是文献史学研究者，所以本文的介绍以文献史学为中心，只附带性地涉及考古学研究，请读者谅解。

二、日本的渤海史研究历程（20 世纪初至 2007 年）

首先，介绍笔者曾撰写过的两篇关于回顾 2007 年之前的日本渤海史研究内容和分析方法的论文。

日本的渤海史研究始于日俄战争之后日本对"满洲"的关注，20 世纪 20 年代曾一度萎靡，进入 20 世纪 30 年代后，在"九一八"事变，伪满洲国建立的背景下重新活跃起来。其间的渤海史研究论调为：主张渤海国主要组成民族为满族的祖先靺鞨族，将其定位为蒙昧民族，认为渤海国是深受高句丽和唐文化影响的他律且非主体之存在；与此同时，还因渤海向日本称臣纳贡，有人认为渤海通过频繁的交流深受日本的影响；根据靺鞨族与满族谱系上的联系，认为伪满洲国为"古代朝贡国渤海跨越千年之岁月由宗主国日本所再

---

[1] 该书由 15 篇论文组成，其中与渤海史研究相关的有〔日〕榎本涉「対外関係研究における石井正敏の学問」；〔日〕近藤剛「三別抄の石井正敏－日本・高麗関係と武家外交の誕生」；〔日〕鈴木靖民「石井正敏と古代対外関係史研究－成果と展望」；古畑徹「『日本渤海関係史の研究』の評価をめぐって－渤海史・朝鮮史の視点から」；〔日〕石見清裕「中国唐代史から見た石井正敏の歴史学」；〔日〕浜田久美子「日本渤海関係史－宝亀年間の北路来朝問題への展望」；〔日〕赤羽目匡由「大武芸時代の渤海情勢と東アジア」等 7 篇论文。

[2] 〔日〕古畑徹「戦後日本における渤海史の歴史枠組みに関する史学史的考察」『東北大学東洋史論集』、2003；「日本の渤海史研究について」『日本學』、韓国東国大学日本学研究所、2009。

兴"之言论泛滥。战前的渤海史研究，为日本侵略"满洲"的"合理性"提供了支撑。

战后日本历史学，始于对自身成为侵略战争帮凶之事进行反省，这种反省如实地表现在曾为侵略提供"合理性"的渤海史研究上。至20世纪60年代为止，每年发表的论著仅为0—2篇，作者均为从战前开始研究的学者，几乎没有新生代学者加入。①当时日本历史学界深受马克思主义史学的影响，对历史的关注主要集中在时代划分和发展阶段上，研究各国的社会经济史成为历史研究的主流，存在轻视对外关系史和国际关系史，周边、边疆地区历史等问题的倾向。值得注意的是，即便是到了战后，包括渤海史研究在内的北亚史研究并没有从根本上对帮助侵略的战前研究方式进行批判和总结。关于此点，只要看一下《史学杂志·回顾与展望》②中渤海史的归类便可一目了然。表 1 是 1949—2007 年渤海史归类一览表。"回顾与展望年份"表示《史学杂志·回顾与展望》所涉及的年度，"东北亚地域项目名"列包括渤海国所存在的地区，即，将朝鲜半岛、中国东北部、俄罗斯滨海地区和西伯利亚地区归入"东北亚地域项目"一列，前述相关地区的研究回顾与展望按年份归入具体的项目名。其中，提到渤海史的项目加粗。没有加粗的或是没有渤海史相关论文、著作，或是有论著也不值得在《回顾与展望》中提及。

表 1 《史学杂志·回顾与展望》中所涉及的渤海史（1949—2007）

回顾与展望年份	东北亚地域项目名	回顾与展望年份	东北亚地域项目名
1949	朝鲜/**满洲**	1965	朝鲜/**满洲**·蒙古·北亚
1950	朝鲜·**满洲**·蒙古	1966	朝鲜/**满洲**·蒙古·北亚
1951	**满洲**·朝鲜	1967—1968	朝鲜/北亚
1952	朝鲜·**满洲**	1969	**朝鲜**/北亚
1953	朝鲜·**满洲**	1970	**朝鲜**/北亚
1954—1955	朝鲜·**满洲**	1971—1972	**朝鲜**/北亚
1956	朝鲜·**满洲**	1973	**朝鲜**/北亚
1957	朝鲜·**满洲**	1974	**朝鲜**/北亚
1958	**满洲**·朝鲜	1975	**朝鲜**/北亚
1959	满洲·朝鲜	1976—1977	**朝鲜**/北亚
1960	**满洲**·朝鲜	1978	**朝鲜**/北亚
1961	朝鲜/**满洲**·蒙古·西伯利亚	1979	**朝鲜**/北亚
1962	朝鲜/**满洲**·蒙古·西伯利亚	1980	**朝鲜**/北亚
1963—1964	朝鲜/蒙古·满洲·西伯利亚	1981—1982	**朝鲜**/北亚

---

① 当时从战前开始进行研究的学者可列举鸟山喜一、三上次男、日野开三郎等。新晋学者有新妻利久，而其问题意识、研究方法均可定位为战前的国史框架。

② 《史学杂志》是由日本的史学会（1889 年创立，2012 年 4 月改为公益财团法人。总部事务局设在东京大学文学部内。至 2013 年 3 月会员数约 2400 人）编辑发行，是日本代表性的历史学专业期刊。月刊，每年的第 5 号采取题为《□□□□年的历史学界——回顾与展望》（□□□□是发行年的前一年）的特辑号（称此为《回顾与展望》），将前一年度的各地区、各时代的研究动向，由相关的各地区，各时代的专家分担执笔。执笔人每年不同，由编辑委员委托。项目名（地区名、时代名）由编辑委员决定，多数情况下承袭前一年，偶尔为了适应当时历史学界的状况会有所变更。执笔各项目内的研究动向之地理和时代范围，则委以各个执笔者的判断，一般是由当时的学界动向所定。

续表

回顾与展望年份	东北亚地域项目名	回顾与展望年份	东北亚地域项目名
1983—1985	朝鲜/北亚	1988—1993	朝鲜/内陆亚洲
1986	朝鲜/内陆亚洲	1994—2003	朝鲜/内陆亚洲
1987	朝鲜/内陆亚洲	2004—2007	朝鲜/内陆亚洲

据表1可知，至20世纪60年代"满洲"这一项目名以"朝鲜·满洲"或"满洲·朝鲜"的形式使用，直接继承战前的"满鲜史"框架。1966年之前一直使用"满洲"这一项目名称，该项目名称从1967年到20世纪70年代作为北亚之中的一个地域名称所使用。1968年之前渤海史只出现在"满洲"及之后的北亚[1]项目中。在日本学界，20世纪80年代后，"满洲"一词被"东北亚"或"北东亚"等词所取代。1961年朝鲜项目的独立只是朝鲜史研究活跃的结果，并非源自历史框架的批判。20世纪60年代，当时北亚史研究代表学者之一的外山军治，曾撰写文章慨叹因为战败失去实地调查的有利条件致使北亚史研究停滞，字里行间完全没有对其研究活动协助侵略战争的反省。[2]同一时期进行认真反省后的朝鲜史呈现新研究活跃的景象，渤海史研究的低迷是由以往学者的心态所致，当时的北亚史学界还没有可以超越其局限的能力。

1973年、1974年左右，曾经低调的渤海史研究重新活跃起来。此后，整个20世纪70年代都保持着一定数量的论文发表，陆续出现了如石井正敏、酒寄雅志、滨田耕策、铃木靖民等新一代研究者，尤其是石井正敏的实证性研究突破了战前以来的渤海对日朝贡史观，在描绘出新的"日本渤海关系史"方面具有划时代意义。

日本渤海史研究重新活跃的背景是1973年之前在研究动向、研究视角上出现的两种变化。

第一，1964年朝鲜学界将"渤海应纳入朝鲜史中理解"的观点介绍到日本学界。[3]日本的朝鲜史研究者开始考虑如何回应这些学术观点，在1969年的《回顾与展望》中，渤海史在朝鲜项目上第一次登场，自1974年起，将"渤海史纳入朝鲜史框架中"的理解成为常态。

第二，1962年西嶋定生发表了"册封体系论"，1970年发展为"东亚世界论"，1971年由石母田正提出"国家形成史中的国际契约论"[4]，如何应对这些学术假设成为日本

---

[1] 在日本当时北亚一词是指中国东北部、俄罗斯远东地区、西伯利亚、蒙古利亚一带。
[2] 〔日〕外山军治「日本における満洲史研究」『歴史教育』、1967年第15卷第9期、第10页。
[3] 〔朝〕朴时亨：《为了渤海史研究》，《历史科学》（朝鲜），1962年，第1页。最初的翻译是由在日本朝鲜人科学者协会历史部会进行，刊载于在日本朝鲜人科学者协会编：《朝鲜的现代科学技术》第2辑，在日本朝鲜人科学者协会中央常任委员会，1964年，第53—101页。其后，收录于〔朝〕朴钟鸣译：《古代朝鲜的基本问题》，东京：学生社，1974年，再录于〔朝〕朱荣宪著，〔日〕在日本朝鲜人科学者协会历史部会译：《渤海文化》，东京：雄山阁，1979年。
[4] 〔日〕西嶋定生「6—8世紀の東アジア」『岩波講座日本歴史（旧版）』、東京：岩波書店、1962。后为西嶋定生『中国古代国家と東アジア世界』、東京大学出版会、1983年所录；「東アジア世界の形成I総説」『岩波講座世界歴史（旧版）』、東京：岩波書店、1970。后为『中国古代国家と東アジア世界』等所录；〔日〕石母田正『日本の古代国家』、東京：岩波書店、1971年。

古代史或古代日朝关系史的重要课题。渤海史研究的新一代领军人从日本古代史或古代日朝关系史角度开始了相关研究，足以说明这些学术假设之影响。然而，需要注意的是，只有石井正敏所做的研究与西嶋定生、石母田正理论无关。①

20世纪70年代还有一个值得注意的问题。《回顾与展望》从20世纪60年代后半期开始将"满洲"纳入到"北亚"项中，渤海史曾在该项目上出现过，进入20世纪70年代以后，渤海史既有在"北亚"项上出现的年份②，也有不在"北亚"项上出现的年份。进入20世纪80年代后，渤海史不在北亚及后续的"内陆亚洲"项上出现成为常态。这一期间，从辽、金在"北亚"项中出现来看，北亚中并非不包括"满洲"，而只是不包括渤海。究其原因，当时的日本历史学界，以当今的国民国家为前提，用"一国史"框架直线式地看待世界史已习以为常，就是说既然渤海史在朝鲜史中出现，就应该从其他地区的历史中剥离出来，即20世纪70年代渤海史从北亚史转移至朝鲜史的过程可解释为"渤海史由所谓朝鲜史这个'一国史'所占有"认识的产物。

20世纪80年代是为了突破研究现状而求变的时代，渤海史研究与"渤海史由朝鲜史占有"的常规认识发生变化。第一个变化是中国的渤海史研究成果介绍到了日本③；第二是渤海对外关系研究的关注点从对日关系扩大到对唐关系；第三是史料的基础研究从日本的官修史料扩大到中国史料甚至是日本的古文书；第四是开始出现新的研究领军人，这些人或是接受中国史、朝鲜史训练的东洋史出身学者或是考古学出身的学者④。在这些变化中积累实证研究之后，渤海史只在朝鲜史的框架内研究，尤其是韩国、朝鲜的"南北国时代论"⑤的问题就凸显了出来。

"南北国时代论"具有在潜意识中将民族统一作为政治课题的倾向。20世纪70年代该理论被介绍到日本，当时日本朝鲜史学界欲以其克服战前朝鲜史停滞史观、他律性史观的"内在发展论"，因此其民族主义性质得到极高的评价。然而，新参与的研究者所进

---

① 〔日〕榎本渉「対外関係研究における石井正敏の学問」；〔日〕鈴木靖民「石井正敏と古代対外関係史研究——成果と展望」；古畑徹「『日本渤海関係史の研究』の評価をめぐって——渤海史・朝鮮史の視点から」（『前近代日本と東アジア』勉誠出版，2017年）
② 以下所述，"内陆欧亚"一般指称草原地带的北亚和绿洲地带的中亚，然而以往的研究中将中国东北部定位于北亚的概念比较模糊，北亚有时包括中国东北部，有时亦不包括。然而，在20世纪80年代的《回顾与展望》中，如本文所述，以往北亚项目中所涉及的大部分中国东北部政权、民族继续在内陆亚洲所提及，只有渤海出现变化。另外，除了战后非常短暂的一个时期以外，高句丽基本上在朝鲜项上出现，讨论北亚或内陆欧亚时，一般不包括高句丽。
③ 当时，中国的渤海研究被介绍到日本的契机是东北大学学者访朝、访中团（团长井上秀雄）于1980年11月28日访问了吉林省文物局王承礼教授。当时的座谈会记录与接收的论文翻译成日文后收录于东北大学学者访朝、访中团编《访问高句丽故地》（宁乐社1981年版）中，但是并没有受到关注。后来王承礼将《唐代渤海〈贞惠公主墓志〉和〈贞孝公主墓志〉的比较研究》（《社会科学战线》，1982年）送给井上秀雄，井上秀雄委托给笔者进行翻译。其翻译稿刊载在发表日本朝鲜学成果的学术期刊《朝鲜学报》（王承礼「唐代渤海「貞惠公主墓誌」と「貞孝公主墓誌」の比較研究」古畑徹訳訳『朝鮮学報』1982年第103期），使日本学界开始关注中国的渤海研究。
④ 20世纪80年代出现的东洋史学者有李成市、河上洋、古畑徹，考古学者有小嶋芳孝、西川宏。
⑤ 按照朝鲜学界的"南北国时代论"，南国指新罗，北国指渤海，朝鲜虽然亦有类似的历史叙述但原则上不用。这里存在着韩国与朝鲜微妙的思考差异，本文为了方便起见，双方观点均用"南北国时代论"来表示。

行的实证研究虽并不刻意评论该历史主张，但得出的结论倾向于在某种意义上否定"南北国时代论"的作用。中国渤海史叙述与"南北国时代论"完全不同，即中国学界把渤海视为靺鞨族的政权，重视唐文化的影响，将渤海定位为唐朝的一个地方民族政权。中国的渤海历史叙述背景中存在民族问题等现实政治需要，日本学界在理解这种需要的同时，将韩国、朝鲜"南北国时代论"的政治性与之同等对待，并开始客观地看待其主张，对一度确立起来的"渤海史属于朝鲜史"历史框架进行变更，这对于日本研究者来说并非易事。评价"南北国时代论"的日本朝鲜史研究者几乎都是对战前日本统治朝鲜和与之相应的朝鲜史研究进行真挚反省的"有良心"的群体。正因如此，否定"南北国时代论"肩负巨大的心理压力。第一次打破这种僵局，正面批判"南北国时代论"的是在日韩国人研究者李成市，这并非偶然。

李成市1988年发表的《渤海史研究中的国家和民族》一文反思了"渤海史属于朝鲜史"的现象所体现的历史学研究方法论与认识论，其反思的结果明确指出渤海应该被视为多民族国家，不能用特定的"一国史"框架讨论。[①]之后，日本的渤海史研究从朝鲜史框架的禁锢中解放出来，不在特定的"一国史"框架内进行思考成为常态。1994年以后的《回顾与展望》中，渤海不仅在"朝鲜"项中出现，还重新在"内陆亚洲"项中出现。出现渤海史在朝鲜史、内陆亚洲史的两属现象就是这种状况的反映。20世纪90年代以后日本历史学界的最重要课题之一便是克服"一国史观"，渤海史研究是思考这些课题的绝好案例。正因如此，20世纪90年代，在多种学术课题设定和多种框架下涉及的渤海史研究呈现活跃的态势。[②]

20世纪90年代日本的渤海史研究除了超越"一国史"的多种学术课题设定以外，还具有三个特点。第一，国际学术研讨会和联合研究增加，以20世纪80年代末至90年代初韩国经济的成长、冷战结束、苏联解体等一系列国际环境变化为背景，中国、日本、韩国、俄国等国研究者互相往来，学术讨论逐渐活跃。第二，日本史中北方史研究的新进展为日本与渤海的关系史研究提供了新的学术视角，与考古学成果相结合，渤海与靺鞨、女真与虾夷等北海道人群的关系受到关注。第三，出现可以称之为"渤海热"的现象，该现象在冷战结束背景下出现，与环日本海开发热相关，无视研究现状，面向大众

---

① 〔朝〕李成市「渤海史研究のおける国家と民族—「南北国時代論」の檢討を中心に—」『朝鮮史研究会論文集』、1988。该论文是在1987年10月17—18日于立教大学举办的"朝鲜史研究会第24回大会"上的发言稿基础上修改而成。该大会主题是"朝鲜史中的国家与民族"，这次大会是在本质上批判20世纪70年代之前的重视"内在的发展论"甚至评价民族主义史观的日本朝鲜史研究者思考方式，顺应20世纪80年代发生巨大变化的历史学潮流，重新提出朝鲜史研究方法的划时代的大会。

② 20世纪90年代，渤海史研究呈现活跃的情况在渤海相关论文的增长量上有如实的反映。根据前面提到的古畑徹的两篇论文（〔日〕古畑徹「戦後日本における渤海史の歴史枠組みに関する史学史的考察」『東北大学東洋史論集』、2003；「日本の渤海史研究について」『日本學』韓国東国大学日本学研究所、2009）。统计如下：1949—2007年，每年发表的渤海相关论文、著作等数量为两位数，1988年的10篇是前所未有的，其后，1993年（论文12），1994年（著作1、论文9），1995年（著作1、论文32），1997年（著作2、论文13），1998年（论文27），1999年（论文29），2000年（著作1、论文9），2003年（著作1、论文19），2005年（著作1、论文23）。

宣传"迷中王国"这样富有浪漫色彩的渤海史形象。然而，随着泡沫经济的破灭，"渤海热"现象也趋于平静。

进入21世纪，除了"渤海热"现象，20世纪90年代的研究倾向并没有多大改观。窥其实质，虽然渤海史跨越"一国史"框架之存在已被广为认同，随着选题空间的逐渐狭窄及进入21世纪以后日本研究环境恶化，20世纪90年代从多个领域参与渤海史研究、进行活跃讨论，生机勃勃的现象已不复存在。

另外，从2004年开始《史学杂志·回顾与展望》在"内陆亚洲"项中不再出现渤海。本来"内陆亚洲"一词是在20世纪70年代开始使用的，日本战后历史学界将草原游牧民世界的"北亚"和以绿洲为主体、东西交易的历史色彩浓厚的"中亚"并列的情况下，讨论青藏问题的过程中出现概念混乱的状况，对其进行批判时，作为囊括这些地区的历史总结用词出现了"内陆亚洲"一词，该词的使用到20世纪80年代中期成为常态。如表1所示，《回顾与展望》自1986年开始使用内陆亚洲就是源于此。问题是，这一概念不能将草原地带和绿洲地带横跨至欧洲。丹尼斯·塞诺[①]所提出的"中央欧亚"概念至20世纪90年代迅速地被内陆亚洲学界所推广并固定下来。20世纪90年代中期以后的《回顾与展望》中所指的内陆亚洲实际上指的就是"中央欧亚"。然而，"中央欧亚"所指的地理范围亦有些模糊，起初被包括在内的东北亚自2000年左右被排除在外的情况较为普遍。在《回顾与展望》不包括中渤海原因即是受此影响。另外，对此框架的批判也很强烈，可以认为渤海不在内陆亚洲中出现只是一时的现象而已。

三、近十年（2008—2017）日本渤海史研究——关于其历史框架

上文结合日本历史学界整体动向介绍了2007年之前的日本渤海史研究动向。本部分就其后十年间的动向，探讨理解渤海的历史框架问题。为此，按表1，整理2008年以后《史学杂志·回顾与展望》中渤海的项目（表2）。

表2 《史学杂志·回顾与展望》中所涉及的渤海史（2008—2017）

回顾与展望年份	东北亚地域项目名	回顾与展望年份	东北亚地域项目名
2008	朝鲜／内陆亚洲	2010	朝鲜／内陆亚洲
2009	朝鲜／内陆亚洲	2011	朝鲜／内陆亚洲

---

① 〔法〕丹尼斯·塞诺（1916—2011）：匈牙利出生的阿尔泰学者。法国国籍，执教于英国剑桥大学、美国宾夕法尼亚大学，同时，自1958年开始，长期担任国际阿尔泰学家会议（the Permanent International Altaistic Conference, PIAC）常任秘书长。"中央欧亚"一词始于1963年法语出版的《中央欧亚研究入门》。参考宫脇淳子「デニス·サイナー教授の逝去を悼む」『東方学』、2011。

续表

回顾与展望年份	东北亚地域项目名	回顾与展望年份	东北亚地域项目名
2012	朝鲜／内陆亚洲	2015	朝鲜／内陆亚洲
2013	朝鲜／内陆亚洲	2016	朝鲜／内陆亚洲
2014	朝鲜／内陆亚洲	2017	朝鲜／内陆亚洲

如前所述，2004—2007年的4年期间，《回顾与展望》的"内陆亚洲"项目中没有出现渤海，而这种状况自2008年回到原状后，到2013年为止基本未变。然而，自2014年开始连续3年在"内陆亚洲"项中渤海没有出现，可见渤海的历史框架依然不太稳定。

这种状况与日本内陆亚洲史学界依然对"中央欧亚"包括范围没有确立共同认识有关。整理和探讨该问题的杉山清彦认为：大致存在三种范围的理解，作为其定义方法有两种，即，将游牧势力的活动置于主线，以游牧社会、绿洲社会、国际商业等因素组成的范围视为一个历史区域，并将其定位在世界史的思考方式；以突厥—伊斯兰世界为轴，追溯其历史过程，将现代史与政治学、地理学、文化人类学相衔接。在此基础上，杉山站在前者的立场上，将"中央欧亚"轮廓描述为以多样性为特征的历史区域，提出以草原和绿洲为代表的核心部分与其他历史区域重叠、与外围构成具有双重性质的区域为"中央欧亚"。① 根据杉山清彦的想法，渤海所处的中国东北地区东部及其周边属于"中央欧亚"的外围，该地区具有东亚地区和中央欧亚地区的双重性质。杉山清彦的思考方式在内陆亚洲史学界得到多少支持虽尚不清楚，但是自1994年之后，渤海史在《回顾与展望》中分属于朝鲜史和内陆亚洲史的做法具有理论上的重大意义，2017年开始重新回到分属状态，今后分属状态将会常态化。②

2007年后开始出现渤海史与朝鲜史、中央欧亚史，以及东亚史等有所区别的现象，用另一种新的广域史框架把握渤海的思考方式。一个是"东北亚"，另一个就是"东欧亚"或"东部欧亚"。

笔者曾经也有过用"东北亚"的历史框架讨论渤海的想法③，但明确了"东北亚"合理性的是井上直树。井上直树重新检视战前"满鲜史"研究之后，发现"满鲜史"并非只是为了服务于日本侵略大陆的政治性所构想出来的，其中将高句丽的疆域作为前提，是为了建立具有体系性的历史而构想出来的想法。其思考方式在研究无法用"一国史"范畴囊括进去的高句丽和渤海史，现今依然有效。在此基础上，为了与战前的"满鲜史"划

---

① 〔日〕杉山清彦「中央ユーラシア世界—方法から地域へ—」载羽田正責任編集『地域史と世界史』、京都：ミネルヴァ書房、2016。

② 最近出版的〔日〕小松久男・荒川正晴・岡洋樹編『中央ユーラシア史研究入門』（東京：山川出版社、2018）与杉山清彦的「中央欧亚」定义不符，理解为与突厥—伊斯兰相关的地区概念。然而，该书是在杉山清彦2016年文章发表之前出版的，所以这并不表明杉山清彦论文在内陆亚洲史学界得不到支持。

③ 〔日〕古畑徹「古代における日本海沿岸諸地域間の交流—古代日朝間交流の一齣として」载原尻英樹・六反田豊編『半島と列島のくにぐに—日朝比較交流史入門』、東京：新幹社、1996。

清界限，提倡称其为"东北亚视角"。①井上直树在这种思路下推进了高句丽史研究，遗憾的是并未涉足渤海史研究。

另一种是"东欧亚"的视角，该视角脱胎于"中央欧亚史"研究，出现于2010年前后。"中央欧亚史"研究的重要成果之一是：自现在的河北省北部到甘肃省的农牧接壤地带是中国史中具有动态特征且非常重要的区域。受此影响出现了将中央欧亚东部和中国视为一体的主张，与此相呼应而出现的便是"东欧亚"。②在该语境里中央欧亚东部包括中国东北地区东部，这种思考方式反映了要把渤海也纳入广域的历史架构里的研究动向。从这种视角理解渤海的尝试包括：中央亚洲史研究权威森安孝夫自20世纪80年代开始把渤海看成契丹帝国等中央欧亚型国家的原型之一③；研究辽代史的高井康典行20世纪90年代中期以来，在追问渤海灭亡后辽朝的统治时，明确了辽朝与渤海的连续性④。这些研究成果的重要性重新受到关注。但是，最初在东洋史范畴中提出的"东欧亚"并未包括日本，而日本古代史方面也提出应该包括日本去重新建构"东欧亚"的主张。因此，目前有关"东欧亚"的定义出现了混乱，处于有必要进行一次整理的阶段。⑤

总之，当今日本学界渤海研究在各种广域框架下进行重构。然而，这些研究与其说是渤海专论性研究，不如说是包括渤海在内去思考广域框架本身的研究。加之，在讨论与渤海密切相关的日本和唐等问题时，渤海成为不可或缺的研究对象，与渤海史相关的思考见诸各种论著当中。至20世纪90年代，统计每年发表的渤海相关论文数量并非难事，然而，如果现在不明确统计标准，则很难统计出其具体的论文数量。

与此同时，若想澄清渤海的整体面貌，有必要参考各种广域的框架，还需要具有极广的视野和将其整合的构想能力。在曾一度掀起热潮，对渤海本身的关注较为强烈的20世纪90年代，出版过几本既具有专业性的同时又面向一般读者的渤海史书籍。然而，

---

① 〔日〕井上直樹『帝国日本と「満鮮史」—大陸政策と朝鮮・満州認識』、東京：塙書房、2013。
② 〔日〕森部豊『ソグド人の東方活動と東ユーラシア世界の歴史的展開』、関西大学出版部、2010；「新・中国学のヒント 7 東ユーラシア史学」『東方』、2010。
③ 〔日〕森安孝夫「渤海から契丹へ」載〔日〕井上光貞編『東アジア世界における日本古代史講座 7 東アジアの変貌と日本律令国家』、東京：学生社、1982，及『興亡の世界史 05 シルクロードと唐帝国』、東京：講談社、2007。
④ 〔日〕高井康典行『渤海と藩鎮—遼代地方統治の研究—』、東京：汲古書院、2016。
⑤ 广瀨宪雄主张的"东欧亚"概念是在东洋史的"东欧亚"概念上加上日本等地区的范围，参见〔日〕廣瀬憲雄「倭国・日本史と東部ユーラシア—6—13世紀における政治的連関再考」『歴史学研究』2010；「東アジア世界論の現状と展望」『歴史評論』、2012。山内晋次主张的"东欧亚"是在东洋史的"东欧亚"概念上加了东亚海域的范围，参见〔日〕山内晋次「9世紀東部ユーラシア世界の変貌—日本遣唐使関係史料を中心に—」；角田文衞監修・古代学協会編『仁明朝史の研究—承和転換期とその周辺』、東京：思文閣、2011；「「東アジア史」再考—日本古代史研究の立場から—」『歴史評論』、2011年第733期。另外，铃木靖民将《梁职贡图》中所记梁的国际世界称为"东部欧亚世界"，范围自贵霜朝波斯或嚈哒至朝鲜半岛、日本列岛，〔日〕鈴木靖民「東アジア世界史と東部ユーラシア世界史—梁の国際関係・国際秩序・国際意識を中心に—」『専修大学東アジア世界史研究センター年報』、2012；「東部ユーラシア世界史と東アジア世界史—梁の国際関係・国際秩序・国際意識を中心として—」；〔日〕鈴木靖民編『梁職貢図と東部ユーラシア世界』、東京：勉誠出版、2014。

在 2000 年滨田耕策出版《渤海国兴亡史》（吉川弘文馆）之后，曾一度断绝①，直到 2017 年末刊行的古畑彻《何为渤海国》（吉川弘文馆）②的出现为止有 17 年的空白。还有，空白期后的古畑彻的著作并非单纯的概论性书籍，而是将渤海纳入广域的世界里去，从多角度解读渤海的历史定位，该作品如实地反映了渤海史的研究视角和日本史学界、东洋史学界的变化。

四、近十年（2008—2017）日本渤海史研究——个别研究的动向

在日本，一段时间内有关渤海史的普及性读物未有现世，20 世纪 90 年代的渤海史热潮退去之后，一般民众的关注度低，理解渤海的视角发生变化，研究主题具有闭塞感。有关主题闭塞感问题，最先指出的是负责撰写 2003 年《回顾与展望·日本古代三》的水口幹记。2001 年，以酒寄雅志、石井正敏两大专著③出版所举办的史学研讨会"古代的日本与渤海"（2001 年 9 月 15 日）为基础刊行了《日本与渤海的古代史》④，就此书水口幹记指出：此书包含多种主题，富有启迪性的观点也不少，然而另一方面，因史料的问题使主题具有既视感等问题，渤海史研究开始具有闭塞感也是事实⑤。

该学术研讨会虽然强调渤海作为"跨越国境"历史研究课题的可行性，然而在发现井真成墓志后，这种历史研究课题大幅度地转向对该墓志的研究，这也可以印证水口幹记指出的状况。实际上，20 世纪七八十年代开始将渤海史作为主要课题的很多研究者，在进入 21 世纪后想将自己的研究课题转向他处，撰写的论文数大幅降低，如石井正敏也是在 2001 年出版专著之后，将其研究中心转移至遣唐使以后的东亚国际关系，尤其是入宋僧的问题，至 2007 年再没有撰写渤海专题论文。⑥

在这种背景下，近十年来，持续为撰写和出版研究论文及专著提出新见解的便是开头所示石井正敏追悼论文集《前近代日本与东亚》中以渤海为主题撰写论文的笔者（古

---

① 其后，2004 年，〔日〕上田雄出版了『渤海国—東アジア古代王国の使者たち』、講談社学術文庫。然而该书是上田雄『渤海国の謎—知られざる東アジアの古代王国』、講談社現代新書 1992 年的修订本，所以这里未纳入新书当中。
② 该书版权页标为 2018 年 1 月 1 日刊，然而实际上是 2017 年 12 月 15 日刊行。所以，《史学杂志》文献目录重视实际刊行的日期，作为 2017 年 12 月刊行，这里采用此说。
③ 〔日〕酒寄雅志『渤海と古代の日本』、東京：校倉書房、2001；〔日〕石井正敏：『日本渤海関係史の研究』、東京：吉川弘文館、2001。
④ 〔日〕佐藤信編『日本と渤海の古代史』、東京：山川出版社、2003。
⑤ 『史学雑誌』2004 年第 113 卷第 5 期，第 48 頁。
⑥ 〔日〕石井正敏「『金液還丹百問訣』にみえる渤海商人李光玄について—日本渡航問題を中心に—」載〔日〕鈴木靖民編『古代日本の異文化交流』、東京：勉誠出版、2008 年。后为『石井正敏著作集 1·古代の日本列島と東アジア』、東京：勉誠出版、2017 年所录。

畑徹)、赤羽目匡由、滨田久美子三位。可以说这是除了考古学的小嶋芳孝、中泽宽将等外,使用文献史的方法论现在还在坚持渤海史研究的全部学者。但是,其研究主题的方向各自不同。笔者关注渤海与周边诸国、诸地区的关系、交流等这些广域世界的结构性理解;赤羽目匡由则以缜密的地理考证为基础欲以解明渤海国家的内部结构;滨田久美子则是把外交礼仪作为线索探讨日本与渤海的交涉史。[1]从这些研究来看,可以说日本的渤海史研究略显分散。

但是,上述三人在研究方法上有共通之处,那便是在持有文献学、史料论视点的同时,认真地重读现存史料并重新探讨的实证主义研究方法。这是石井正敏在20世纪70年代研究日本官修史料中出现的渤海相关记载时所采取的研究方法,这种方法取得了非常大的成果。将这种方法导入到中国史料研究的便是笔者的渤海史研究,尤其是在其过程中笔者发现抄本系《唐会要》、四库全书《唐会要》、通行本《唐会要》三者间存在巨大的差异,直到近年其重要性才为中日唐代史学界所重视,最近,还出版了之前论文的中译本。[2]在日本近十年的论文中,用认真的考证来发现过去史料解析的错误,将其作为突破口重新立论的方式取得了一定成果。[3]

赤羽目匡由和滨田久美子虽然不如笔者成果显著,但在论证中也采用相同手法。但是,更值得注意的是二人均为"国书之会"的主要成员。"国书之会"是研读史料中仅存的古代日本国书(日本向周边各国的外交文书及周边各国向日本的外交文书)研究会,

---

[1] 三人近十年有关渤海史的论文和著作如下:(第一页注3前引论文之外)〔日〕古畑徹「渤海王大欽茂の「国王」進爵と第六次渤海使—渤海使王新福による安史の乱情報の検討を中心に—」『集刊東洋学』、2008;「歴史の争奪—中韓高句麗歴史論争を中心に—」『メトロポリタン史学』、2010;「唐王朝は渤海をどのように位置づけていたか—中国「東北」工程における「冊封」の理解をめぐって—」『唐代史研究』、2013;「張建章墓誌と『渤海国記』に関する若干の問題」『東北大学東洋史論集』、2016;「金毓黻『渤海国志長編』の成立過程について」『東洋史研究』、2017;赤羽目匡由「唐代越喜靺鞨の住地とその移動について」『メトロポリタン史学』、2010;『渤海国王の政治と社会』、東京:吉川弘文館、2011;「渤海使の太宰府航路『朝鮮半島東岸航路』をめぐって」『人文学報』、2015;「渤海王大武芸への官爵授与をめぐる二、三の問題」『メトロポリタン史学』、2016;「『類聚国史』所載の所謂「渤海沿革関係記事」の史料的性格について」『東洋史研究』、2017;浜田久美子「九世紀の日本と渤海—年期制の成立とその影響—」,『ヒストリア』、2008;『日本古代の外交儀礼と渤海』、東京:同成社、2011,同「日本と渤海との文化交流」『東アジア世界史研究センター年報』、2012;「藤原仲麻呂と渤海」『法政史学』、2015;「大宰府における外交文書調査権—「国書開封権」研究の現在」『ヒストリア』、2017。

[2] 〔日〕古畑徹:《〈唐会要〉的诸版本》,罗亮译,刘安志校,《山西大学学报(哲学社会科学版)》,2007年第1期;原著为「『唐会要』の諸テキストについて」『東方学』、1989;〔日〕古畑徹:《关于〈唐会要〉流传的考察》,李雨丰译,刘安志校,《魏晋南北朝隋唐史资料》2017年第36辑。原著为「『唐会要』の流伝に関する一考察」『東洋史研究』、1998。另外,通行本《唐会要》中有"渤海"项目,然而,抄本系统的《唐会要》,四库全书系统的《唐会要》中没有"渤海",而是分散于"靺鞨"项目中。这是因为原来的《唐会要》中只有"靺鞨"项目,"渤海"项目是清朝的学者从"靺鞨"的项目中分离出来所作。原来的《唐会要》中的"靺鞨"项目复原参考〔日〕古畑徹「『唐会要』の靺鞨・渤海の項目にって」『朝鮮文化研究』、2001。

[3] 例如,笔者在「張建章墓誌と『渤海国記』に関する若干の問題」一文中指出:张建章墓志中的"星纪再周"一词在服丧相关史料中意指"两年后"而频出的事实。认为以往所解释成"一年后"的意思和基于此,认为渤海使贺守谦抵达幽州的年份为大和六年(832)说为误,证明应为大和七年。

其成果《译注·日本古代的外交文书》于 2014 年刊行。①该书刊载了 50 封国书原文、校勘、译注。其中 38 封是日本与渤海交涉相关的国书，1 封是东丹国使向日本提出的启状，可以说是近 10 年日本渤海史研究中的突出成果之一，是今后研究渤海和日本关系史时必须要参考的重要文献。

根据滨田久美子所撰的《译注·日本古代的外交文书》的"后记"可知，"国书之会"是因滨田久美子在 2001 年向研究唐代国家关系与礼制的著名日本东洋史研究者金子修一提出想读渤海国书之请为其肇始，后经因研究唐代国际关系而著名的石见清裕和研究古代日本对外关系和日本古代史的年轻学者提议而发起成立的研究会。②参加译注工作的年青学者除滨田久美子、赤羽目匡由以外还有河内春人、泽本光弘、郑淳一、郑东俊、中野高行、广濑宪雄、堀井佳代子等 13 人，他们现在均是日本、韩国古代对外关系史研究和东欧亚大陆研究中的中坚力量，同时他们也发表有关渤海的专论。③在代表日本研究中国唐代史的东洋学者的指导下，由日本古代对外关系史年青学者进行校勘、译注的局面，将日本东洋史学的传统文献学、史料论的研究方法传递到下一代日本古代对外关系史研究中是值得瞩目的。从此，可以感知到有些闭塞倾向的日本渤海史研究的未来将从这种状况发展下去的可能性。

五、结语——石井正敏的遗产

如渤海研究文献史料较少的国家、政权、民族等问题上，考古学发挥着巨大威力。通过遗存具体地复原历史原貌的研究方法的有效性和即效性毋庸置疑。因此，20 世纪 60 年代，外山军治慨叹日本渤海史研究萎靡的原因是日本失去了对作为发掘现场的伪满洲国的控制。但是，除去因为侵略而得到伪满洲国这一事实，只是望洋兴叹的态度不会催生出任何结果。战前的研究者在战后没有取得较为新颖的研究成果，打开如此僵局的是石井正敏，石井正敏认真重读留在日本的渤海相关史料进行实证研究并与新的国际关系研究潮流相融合，在 20 世纪 90 年代至 21 世纪初期重现渤海史研究盛况。

如今热潮已过，可以说日本的渤海史研究处于退潮局面。但是这种局面与过去低迷期的状况大有不同。这里虽然没有谈及，考古学的国际性研究状况为发掘现场在国外成为普遍状况，日本的发掘队在俄罗斯进行发掘并取得了成果，与北海道、东北的北方考

---

① 〔日〕铃木靖民・金子修一・石见清裕・浜田久美子编『訳注日本古代の外交文書』、東京：八木書店、2014。
② 〔日〕铃木靖民・金子修一・石见清裕・浜田久美子编『訳注日本古代の外交文書』、東京：八木書店、2014、第 396—398 頁。
③ 例如，广濑宪雄在渤海史相关论文有〔日〕廣瀬憲雄「日本—渤海間の擬制親族関係について」『東アジア世界史研究年報』、2008；「渤海の対日本外交文書について—六国史と「類聚国史」の写本調査から—」『続日本紀研究』、2012 年。

古学的进展相结合后，使渤海的最新研究蕴含巨大的可能性。然而，期盼取得与曾为渤海中心地区的中国考古学研究一样有竞争力的成果非常困难，在考古学领域很难找出改变现状的突破口。

重要的是残留在日本的渤海相关文献史料的数量仅次于中国唐代的文献史料数量。彻底调查和解读日本的史料是日本渤海史研究者义不容辞的重要使命。近年的研究中指出：记载较多的渤海相关史料六国史或《类聚国史》的通行本在校勘上有较多的问题。与此同时，为迎合各种抄写本以数据化形式公开的现状，出现了制作严密校订文本的动向，并且已经发现了影响渤海相关史实解释的文本。[1]此外，宫内厅书陵部和东京大学史料编撰所等现在也在进行古文书整理、调查中也发现了新的渤海史相关文献，石井正敏在2007年所撰写的最后第二篇渤海相关论文便使用了这些史料。[2]以此为基础，认真进行日本国内史料的解读是日本在未来渤海史研究中承担人才培养的同时，提高其国际价值的必然出路。此种研究状态是站在石井正敏所进行的研究之延长线上，可以说就是石井正敏留下的巨大遗产。

1970年以后渤海史研究盛况的背景有：在石井正敏进行实证研究的同时，出现了称为"册封体制论""东亚世界论"的全新研究框架。但是如前所述，近年提倡新的广域史研究框架，出现了与20世纪70年代相似的氛围。笔者期待从今以后的10年，日本的历史学界会重新燃起对渤海史的关注。

（编辑：潘博星）

---

[1]〔日〕廣瀬憲雄「渤海の対日本外交文書について—六国史と『類聚国史』の写本調査から—」前掲。
[2]〔日〕石井正敏「藤原定家書写『長秋記』、紙背文書「高麗渤海関係某書状」について」『中央大学人文研究所紀要』、2007。后为『石井正敏著作集1 古代の日本列島と東アジア』、前掲所録。